中国文化发展论坛(2013)

Chinese Culture Development Forum (2013)

湖北大学高等人文研究院 ◎ 编

主　编 ◎ 周海春
副主编 ◎ 徐　瑾

社会科学文献出版社
SOCIAL SCIENCES ACADEMIC PRESS (CHINA)

《中国文化发展论坛》编辑委员会

顾　问　陶德麟　李景源　俞吾金　唐凯麟

主　任　刘建凡　江　畅

副主任　杨鲜兰　戴茂堂

编　委（以姓氏笔画为序）

万明明　王　扬　王忠欣　王泽应　邓晓红
冯　军　刘川鄂　刘文祥　刘建凡　刘　勇
江　畅　孙伟平　李义天　杨鲜兰　吴成国
吴向东　何元国　余卫东　沈壮海　张庆宗
张建军　陈少峰　陈　俊　陈道德　陈焱光
周海春　姚才刚　秦　宣　徐方平　高乐田
郭康松　郭熙煌　曹荣湘　舒红跃　强以华
靖国平　廖声武　戴木才　戴茂堂

发刊词

周海春

中华文化源远流长，绵延不绝，以其独有的特色，在世界文化之林熠熠生辉。然此文化之长河并非没有浪花，并非没有支流，并非没有暗礁，并非没有黑洞。辉煌的周文化在历经长期的"礼崩乐坏"的过程之后，最终被践踏在秦的严刑峻法的铁蹄之下。文化的韵味被经典的烦琐研读所代替，道教的兴起和佛学的传入使很多中国人找到了精神归宿。在历经长期的融合之后，中华文化重新缔造了儒、释、道高度合一的文化。宋志明老师曾经用"拿得起、想得开、放得下"来概括儒、道、释三种文化形成的生活态度，可谓简单精准。其中的某个都不是中国秦汉以降文化的主流，主流是三种精神的合一和相机应用。此为中华文化的第二次大的开展。在此文化精神氛围中，我们中国人过着自己的小日子，虽谈不上多么辉煌，但总是一次次度过各种各样的危机，包括异族的入侵、王朝的更迭，甚至是西方文化早期的冲击。文化和民族生命的日渐分离是近代文化发展的大事件，在西方文化冲击下，"保国""保种""保教"的问题严肃地摆在了中国人面前。处理东西方文化的关系始终像梦魇一般伴随着中国现代化的过程，其中每一种抉择都牵动着中国人的神经。在此背景下，重新以统一的文化价值诉求，重建文化价值和民族生命、政权运作、百姓生活之间的命运一体的关系，是新文化运动以后中国文化发展的大趋势。新中国的成立标志着这种努力获得了标志性的成果。但历史并没有停止自己的步伐，旧的话题不断以新的形式被重新提起，历史又提出了新的文化命题。数字化技术的迅猛发展改变了文化发展的传统态势，文化在国家安全、经济发展、人民生活中的地位和作用被提到了一个新的历史高度。文化研究更需要有全局性的眼光，需要更为专业的投入，需要多角度的视角。

然而，文化研究的现实还不能满足这种需求。我们还常常只是从自己的专业出发去思考文化的问题，文化的研究显得支离破碎。而专门的文化研究离开了专业的背景和基础，又显得那么的空洞。我们常常陷入中西文化传统之中不能自拔，互相批评，甚至互相鄙视，而忘记了当代中国文化中、西、马三者已经融合和必将深度融合的事实。我们常常只是局限在书斋中思考，"田野""人情""生活"似乎只是"俗人"的事情，"学问"和"生活"在我们的生命中成了两张皮，大众化、中国化总是那么的困难。我们常常会太关心所谓的文化战略的研究，而忘记了学术和文化的历史，或者太过关注文化的历史，而对现实问题置若罔闻。经济生活是当今时代人们生活的主旋律，文化也成了这个主旋律下的一个伴奏音符，一个"台"，所谓的"文化搭台、经济唱戏"。文化在某种意义上成了商品，价值合理性行为往往被看成不成熟的标志，功利主义和工具理性的文化观的触角无所不入，改变了文化研究的当代态势。时代呼唤文化，时代呼唤深度的情感，时代呼唤持续的健康的文化来为我们的生活保驾护航，时代呼唤意义，呼唤"单纯"的价值。生长在这个时代的文人学者，既要适应市场化对文化的冲击，又要保持文化的独立价值，时代注定了当代文人学者的命运就是要双向开拓。

我们不忘历史，但我们不会沉睡在历史中，甚至以想当然的美化态度对待历史。我们不忘自己的根本，努力在自己传统文化中找到自己的精神家园，找到自己的身份认同，但我们不会止步不前，我们要以创新的态度对待历史，我们的口号是让传统真正成为历史，成为延续未来的永续传统的历史，而不是成为博物馆中的"展品"，成为"化石"，成为"游魂"。我们希望传统走入我们的人格，走入我们的制度，走入我们的灵魂。

我们关注现代，现代始终是我们的立足点。我们不会忘记近现代以来中国文化发展的大变革。对于中国文化的变革，我们既不能否定其成就，也不能盲目乐观。对于正走在创新转型途中的中国当代文化而言，既有新鲜的血液，也有历史的血脉，既有清流，也有浊水，我们既不能全盘肯定，也不能全盘否定，这就要求我们既要讴歌、颂扬中国当代文化，也要保持清醒的头脑，恰当地发现问题，适度地批评，找准解决问题的灵丹妙药。

要做到这一点，最为重要的是全面准确地把握当代中国文化的现实，深入到广大人民生活之中，以理论的洞见发现当代文化的优点和进步性，同时准确地反映民众的心声。文化研究要大众化、中国化。

我们渴盼未来，期待中华文化的再度辉煌。未来并不遥远。我们力求保持高度的现实感，但我们不会因此没有理想，没有信念，没有信仰。正是对未来的憧憬，才使我们能更清醒地面对现实。

文化包罗万象，色彩纷呈，可以多学科、多角度来观察，然而或许正是因为如此，对文化的独立思索，似乎一度显得有些沉寂。我们呼唤有识之士，以最大的智慧，再造一次文化讨论的高潮，创新文化讨论的话语方式，拓展文化讨论的话题，对中华文化的现状和未来进行整体的把脉，并开出药到病除的药方。

我们欢迎思考国家文化发展战略的文章，我们欢迎关注现实文化现状的文章，我们也欢迎纯粹的哲思。我们追求阳春白雪，也愿做下里巴人。

我们在历史发展的一个点上做了一些微不足道的小事，但您智慧的思考或许可以让我们的工作走入历史。愿我们共同去创造历史。

目录

主流文化与核心价值观

当代中国主流文化三论 ………………………………… 俞吾金 / 003
核心价值理念与基本德性原则 ……………………… 江 畅 张 卿 / 010
论当代中国主流文化面临的困境及重建条件 ………… 徐 弢 / 022
全球化与中国社会精神文化的发展 …………………… 胡为雄 / 033
从实践到文化的若干基础理论研究
　——兼论制度缘出的一个视角 ……………………… 贺祥林 / 055
对高势能文化若干问题的思考 ………………………… 陈岸华 / 076
论中华文化与中华民族血脉 …………………………… 吴成国 / 085
中国共产党培育和践行社会主义核心价值观的发展历程
　……………………………………………………………… 戴木才 / 097
社会主义核心价值观的意义自觉 ……………………… 吴向东 / 111
社会主义核心价值观视域下的当代中国主流文化论析
　………………………………………………… 朱 喆 薛 焱 / 119
和谐因何价值而成为核心价值 ………………………… 周海春 / 133
中国梦的实践进程论 …………………………………… 陈宗海 / 145

主流文化之构建

当代中国主流文化的困境及主流地位重塑 ……… 高中华 张德义 / 155
建构制度信任基础上的现代信任社会 ………………… 倪 霞 / 160

论思想政治教育对于构建我国主流价值文化的作用
　　……………………………………………………… 姚才刚　李平平 / 166
情感德育视域中的社会主义核心价值体系教育 ……………… 刘　丹 / 179
新闻媒体要做社会主义核心价值体系建设者
　　——以"我是建设者"大讨论为例 ……………………… 杨业华 / 186
浅析新中国成立后董必武的廉政文化思想及其当代价值
　　………………………………………………………… 任　杰　徐方平 / 196
弘扬党史文化，实现党史研究的新跨越 ……………………… 江　峰 / 205
科技文化与当代中国主流文化建设 …………………………… 杨怀中 / 215
当代中国主流文化视域下的人权文化建设初探 ……………… 陈焱光 / 226
论生态学马克思主义对中国的外在性 ………………………… 陈翠芳 / 241
生态价值观教育是当前主流文化建设的重要任务 …………… 赵　涛 / 254
生态文化建设中"天人和谐"观的再出场与现代诠释 ……… 蔡紫薇 / 262
城镇化背景下城乡价值文化的冲突与整合 ………… 高乐田　高涌瀚 / 269

相关问题探讨

政治、经济与道德：地球工程的支持与反对 ………………… 史　军 / 283
从"活力黄黄"论文化品牌建设的核心要素 ………………… 王　炜 / 295
"汉味文学"与武汉城市文化 ………………………………… 李　婷 / 305
学术如何自主？
　　——评《学术与自主：中国社会科学研究》 …………… 段　凡 / 310

会议综述与述评

时代的召唤：构建主流文化之思
　　——首届"中国与世界：文化发展论坛"（2013）综述 …… 张　卿 / 319
当代中国主流文化的特质及其生成
　　——"中国文化发展论坛"（2013）之所论 ……………… 周海春 / 325

稿　约 ………………………………………………………………………… / 337

主流文化与核心价值观

当代中国主流文化三论

俞吾金[*]

（复旦大学哲学学院）

【摘　要】当代中国主流文化的核心内涵是当代中国共产党领导人所说的"中国特色社会主义理论"。中国特色社会主义理论的基本特征体现在以下四组张力中：中国共产党作为执政党与执政党自身建设之间的张力，物质文明建设与精神文明建设之间的张力，改革开放与坚持四项基本原则之间的张力，借鉴中国传统文化遗产和建设社会主义先进文化之间的张力。当代中国主流文化的主导精神可以概括为以下三组概念：科学发展、公平和谐、民主法治。可以说，当代中国主流文化的主导精神是对以"科学"和"民主"为标志的"五四"精神的发展和提升。

【关键词】　主流文化　中国特色　科学　民主

可以从两个不同的角度去考察当代中国文化。第一个角度是文化结构。从结构上看，当代中国文化主要是由以下三大板块构成的：一是中国的本位文化，这一文化不仅融入了各少数民族的文化元素，也吸纳并消化了来自印度的佛教文化的元素；二是主要从利玛窦以来渗入中国的、以基

---

[*] 俞吾金（1948～），复旦大学哲学学院教授、博士生导师，复旦大学当代国外马克思主义研究中心主任，国务院哲学学科评议组成员。

督教为背景、以资本主义和自由主义为标志的西方文化元素;三是主要通过苏联、日本等渠道传播进来的、以批判资本主义和弘扬社会主义、共产主义为标志的马克思主义文化元素。

第二个角度是价值体系。从20世纪60、70年代以降,西方社会产生了一股以现代化和现代性作为反思和批判对象的后现代主义思潮,这股思潮对当代中国文化的发展也产生了重大的影响。由此看来,不管人们在主观上承认与否,当代中国文化蕴含着以下三套相辅相成但又相互冲突的价值体系:一是传统的或前现代的价值体系,约略体现出中国本位文化的价值诉求;二是以追求现代性、实现现代化为根本导向的价值体系,约略体现出马克思主义文化的价值诉求,但这种文化已经意识到现代性的两重性,因而也包含着反思、批判现代性的思想资源;三是以批判现代性、追求后现代性为根本导向的价值体系,约略反映出当前西方主流文化的主导性诉求。

从上面两个角度的考察可以看出,当代中国文化呈现为一个复杂的有机体,因而需要用复杂的、动态的眼光加以考察,而对当代中国主流文化的认定也应该在从上述两个角度考察的基础上展开。

一 当代中国主流文化的核心内涵

如果从上面提到的第一个角度进行考察,那么我们可以非常明确地指出,当代中国主流文化是马克思主义,因为中国共产党明确宣布马克思主义是其全部执政活动的指导思想。在这个意义上,当代中国主流文化的核心内涵,用一句话来表达,就是"中国化的马克思主义",但这个表达显得过于笼统,也极易引起误解,我们必须做进一步的分析和阐释。

其一,在现、当代中国社会的语境中,必须区分出两种不同类型的"马克思主义":一种是以毛泽东为代表的"以阶级斗争为纲的马克思主义"。历史和实践都已证明,在新民主主义革命时期,这种马克思主义是行之有效的,但如果把它搬用到社会主义建设时期来,就会犯教条主义的错误。事实上，中华人民共和国于1949年成立以来，前29年奉行的正是这种马克思主义，在毛泽东晚年发动的"文化大革命"的后期，中国国民经济几乎崩溃。另一种则是以邓小平为代表的"以经济建设为中心的马克思主义"。众所周知，在1978年举行的中国共产党第十一届三中全会上，作为中国改革开放总设计师的邓小平，果断地终止了"以阶级斗争为纲"的提法，强调把党的工作重心转移到经济建设上来。

其二，值得注意的是，我们这里不是一般（即脱离历史条件）地谈论"中国主流文化"，而是谈论"当代中国主流文化"。众所周知，西文中的contemporary既可解释为"当代的"，又可解释为"同时代的"。显然，在中国文化的语境中，"当代"指涉的正是以邓小平为代表的"以经济建设为中心的马克思主义"起作用的那个时代。具体说来，就是指1978年以来的中国社会的主流文化。

其三，以邓小平为代表的"以经济建设为中心的马克思主义"实质上就是"中国特色社会主义理论"。众所周知，胡锦涛在中国共产党第十八次全国代表大会的报告中，曾对中国特色社会主义理论做出了经典性的说明："中国特色社会主义道路，就是在中国共产党领导下，立足基本国情，以经济建设为中心，坚持四项基本原则，坚持改革开放，解放和发展社会生产力，建设社会主义市场经济、社会主义民主政治、社会主义先进文化、社会主义和谐社会、社会主义生态文明，促进人的全面发展，逐步实现全体人民共同富裕，建设富强民主文明和谐的社会主义现代化国家。中国特色社会主义理论体系，就是包括邓小平理论、'三个代表'重要思想、科学发展观在内的科学理论体系，是对马克思列宁主义、毛泽东思想的坚持和发展。"①

总之，当代中国主流文化的核心内涵，如果泛泛论之，可以说是"中国化的马克思主义"；如果具体论之，则是以邓小平为代表的"以经

---

① 胡锦涛：《坚定不移沿着中国特色社会主义道路前进 为全面建成小康社会而奋斗》，人民出版社，2012，第12页。

济建设为中心的马克思主义",而这种马克思主义也就是当代中国共产党领导人所说的"中国特色社会主义理论"。

二 当代中国主流文化的基本特征

如前所述,如果用当前流行的官方语言来表达,当代中国主流文化的核心内涵就是中国特色社会主义理论。我们的研究表明,以这一理论为核心的当代中国主流文化的基本特征体现在以下四组张力中:

其一,中国共产党作为执政党与执政党自身建设之间的张力。一方面,中国共产党是中国特色社会主义事业的领导核心,没有作为执政党的中国共产党的始终如一的领导,当代中国主流文化就难以沿着健康的轨道向前发展。另一方面,中国共产党作为执政党,要取信于民,并长期获得人民群众的拥戴,就必须加强自身的建设,遏制种种不正之风的侵蚀,坚持立党为公,执政为民,从而确保自己在整个当代中国文化中的先锋地位和引领作用。

其二,物质文明建设与精神文明建设之间的张力。一方面,当代中国主流文化在其发展中始终把工作的重心放在经济建设,即物质文明的建设上。正如邓小平所说的:"离开了经济建设这个中心,就有丧失物质基础的危险。"① 另一方面,只搞物质文明建设、不搞精神文明建设,也是不行的。邓小平告诫我们:"过去很长一段时间,我们忽视了发展生产力,所以现在我们要特别注意建设物质文明。与此同时,还要建立社会主义的精神文明,最根本的是要使广大人民有共产主义的理想,有道德,有文化,守纪律。"② 因为主流文化建设的根本使命是实现人的素质的现代化,所以必须同时抓好"两个文明"的建设。

其三,改革开放与坚持四项基本原则之间的张力。一方面,改革开放

---

① 中共中央文献研究室编《毛泽东 邓小平 江泽民论科学发展》,中央文献出版社,2008,第31页。
② 中共中央文献研究室编《毛泽东 邓小平 江泽民论科学发展》,中央文献出版社,2008,第35页。

是当代中国主流文化发展的根本出路和内在动力；另一方面，由于改革的深化必定会触及人们利益关系的大调整，因而可能引发各种社会问题和文化冲突。究竟以什么样的原则来处理这些问题和冲突呢？邓小平指出："我们要在中国实现四个现代化，必须在思想政治上坚持四项基本原则。这是实现四个现代化的根本前提。这四项是：第一，必须坚持社会主义道路；第二，必须坚持无产阶级专政；第三，必须坚持共产党的领导；第四，必须坚持马列主义毛泽东思想。"[①] 毋庸置疑，这两个方面的张力已经清楚地展示出当代中国主流文化未来发展的走向，即走在改革开放与四项基本原则之间。换言之，既不能放弃改革开放，又不能偏离四项基本原则。

其四，借鉴中国传统文化遗产和建设社会主义先进文化之间的张力。一方面，中国拥有悠久的文化传统，当代中国主流文化的建设必须从中国传统文化，尤其是儒家文化中吸取自己的灵感和启迪，决不能对以往的文化传统采取历史虚无主义的态度，在这方面，我们必须牢记"文化大革命"的经验教训。另一方面，我们也应该认真地归纳、总结社会主义先进文化内涵的价值诉求，努力整合古今中外一切有价值的文化元素，使当代中国主流文化在其发展的进程中始终保持自己的先进性。

三　当代中国主流文化的主导精神

我们认为，当代中国主流文化的主导精神可以概括为以下三组概念：

一是"科学发展"。邓小平早已告诫我们，发展是硬道理。也就是说，当代中国主流文化中出现的任何问题都只能在发展的基础上加以解决，不可能大家都停下来，等问题解决了再去谋求发展。然而，发展要变得健康、合理并富有成效，就必须把自己提升为"科学发展"。胡锦涛指

[①] 中共中央文献研究室编《毛泽东　邓小平　江泽民论科学发展》，中央文献出版社，2008，第28页。

出：“我们提出树立和落实科学发展观，就是要以实现人的全面发展为目标，让发展的成果惠及全体人民；就是要以经济建设为中心，实现经济发展和社会全面进步；就是要统筹城乡发展、统筹区域发展、统筹经济社会发展、统筹人与自然和谐发展、统筹国内发展和对外开放，推进生产力和生产关系、经济基础和上层建筑相协调；就是要促进人与自然的和谐，走生产发展、生活富裕、生态良好的文明发展道路。"① 这里提出的"五个统筹"充分表明了科学发展的重要性和必要性。事实上，也正是科学发展构成了当代中国主流文化蕴含着的主导性精神。这一精神也充分展示出当代中国主流文化的活力。

二是"公平和谐"。如前所述，既然当代中国主流文化始终如一地把经济建设视为自己的中心工作，那么，我们就会明白，经济建设需要有一个安定、和谐的环境。事实上，以往的历史经验早已表明，没有这样的环境，经济建设和经济上的大发展都是不可能的。中国传统儒家向来提倡"和为贵"的精神，无疑地，当代中国主流文化应该按照现代化的价值取向，对这一精神进行创造性的转化，使之为当代和谐社会的建设服务。当然，真正长久的和谐社会的建设是以维护人类生活的根本价值——公平为前提的。胡锦涛指出："维护和实现社会公平和正义，涉及最广大人民的根本利益，是我们党坚持立党为公、执政为民的必然要求，也是我国社会主义制度的本质要求。只有切实维护和实现社会公平和正义，人们的心情才能舒畅，各方面的社会关系才能协调，人们的积极性、主动性、创造性才能充分发挥出来。"② 一方面，公平是和谐的前提；另一方面，和谐又是对公平的印证。这也正是当代中国主流文化在今后相当长的时期内必定会竭力加以倡导的精神。

三是"民主法治"。众所周知，传统中国社会是宗法等级制社会，而与这样的社会形态相适应的则是"伦理本位"，即用伦理思想，尤其是儒家的伦理思想来协调和解决各种冲突和纠纷。与此不同的是，当代中国社

---

① 中共中央文献研究室编《科学发展观重要论述摘编》，中央文献出版社，2008，第3页。
② 中共中央文献研究室编《科学发展观重要论述摘编》，中央文献出版社，2008，第70页。

会是以社会主义为导向、以市场经济为基础的社会,而与这样的社会相适应的只能是"民主法治"。一方面,要培育普遍的法权人格,坚持在法律面前人人平等;另一方面,取消特权,把民主观念和民主精神贯彻到当代中国社会的全部政治生活和文化生活中去。正如邓小平所指出的:"没有民主就没有社会主义,就没有社会主义现代化。"[①]

综上所述,当代中国主流文化的主导精神表明,它是对以"科学"(science)和"民主"(democracy)为标志的"五四"精神的发展和提升。

[①] 中共中央文献研究室编《毛泽东 邓小平 江泽民论科学发展》,中央文献出版社,2008,第28页。

核心价值理念与基本德性原则*

江畅 张卿**

（湖北大学高等人文研究院、哲学学院）

【摘　要】 历史事实表明，社会的核心价值理念与基本德性原则是相通的、一致的，只是到目前为止，人们尚未意识到这一点。两者统一的基础是社会所认定和追求的社会的理想价值，或者说是"好生活"的价值理想及其追求。社会"好生活"的理想价值项目之所以既需要作为核心价值理念又需要作为基本德性原则，是因为它们各有其不可相互替代的功能，而且其功能具有互补性。党的十八大政治报告提出了社会主义核心价值理念，这为我国社会的价值追求指明了方向。为了使社会主义核心价值理念得以实现，需要将这些核心价值理念作为社会的基本德性原则，用这些基本德性原则指导和规范党和国家的各项工作，指导和规范人们的人格培育和人生追求。

【关键词】 核心价值理念　基本德性原则　好生活　品质　德性

西方历史上的那些社会倡导的德目（实即社会倡导的基本德性原则）

---

* 本文系 2011 年国家社科基金重大招标项目"构建我国主流价值文化研究"（项目编号：11&ZD021）的阶段性成果。
** 江畅（1957～），湖北大学高等人文研究院院长，湖北省道德与文明研究中心主任，湖北大学哲学学院教授、博士生导师，教育部"长江学者"特聘教授；张卿，湖北大学哲学学院 2012 级博士研究生。

往往也是社会倡导的核心价值理念，而且思想家们也自觉不自觉地在理论上对两者不加区分。实际上，不仅西方，而且中国，那些社会倡导的核心价值理念，也常常是社会倡导的德目。这种现象值得注意，也值得探讨。本文试图循着这种历史现象对核心价值理念与基本德性原则之间的关系做些反思。笔者认为，弄清两者之间的关系，有意识地促进两者之间的良性互动，这对于我国主流价值文化的构建是很有意义的。

一 历史的启示

无论是从西方历史和现实看，还是从中国历史和现实看，社会的核心价值理念与基本德性原则都是相通的、一致的，甚至可以说作为核心价值理念或作为基本德性原则的范畴具有一体两面性。[①]

这种情形在西方是很典型的。在古希腊时期，社会倡导"智慧""勇敢""节制""公正"四种主要德性。这"四主德"当然是通过柏拉图的概括和提炼凸显出来的，并为社会公众所认同。在柏拉图那里，这四种德性首先被认为是国家应具备的德性，同时又被看作个人应具备的德性。就是说，这四种德目是在当时得到社会公认的社会和个人都应该遵循的德性原则，无论是城邦还是其成员都要按照这种德性原则塑造自己的品质。但是，我们发现这四个德目不只是德性原则，同时也是当时社会的核心价值理念。一方面，它们是城邦及其成员追求的基本价值目标，对人们有引领、指导和规范的意义；另一方面，它们又都是服从于、服务于社会所确立的终极价值目的，即社会成员个人的幸福。尽管当时没有核心价值理念的意识和概念，但它们在社会生活中实际发挥了这种作用是不可否认的。在古罗马时期，社会推崇法治，法治无疑是古罗马社会的核心价值理念，但同时也是古罗马社会确立的德性原则。因为它要求统治者依法治理社会，也要求统治者和臣民都要遵守法律。

[①] 需要注意的是，核心价值理念和基本德性原则提出的主体是社会，而两者所适用的对象都有可能一些是社会，一些是个人，一些是社会和个人。这一点从以下的阐述中可以看出。

在欧洲中世纪，基督教教会在教父哲学家及后来的神学家的支持下，提出了"七德"的德性基本原则，即明智/审慎、公正、刚毅、节制、信仰、希望和爱（仁爱）。其中前四种德目是从古希腊借鉴的世俗德性，后四种是根据圣经提出的三种神学德性。三种神学德性充分体现了基督教精神及其文化特质，虽然它们都是作为德性原则提出来的，但作为教会倡导追求的基本价值目标的价值理念性质十分明显。因为除此之外，我们再也找不到更适合基督教统治西方中世纪的核心价值理念了。

西方近代是一个自觉构建价值文化的时代，西方资产阶级为了获得政治上的统治，以其思想家的政治理论为依据，提出了明确的价值理念。最典型的是法国资产阶级提出的"自由、平等、博爱"，后来美国资产阶级提出的"自由、民主、人权"。这些口号对西方乃整个世界都产生了巨大而深远的影响。这些范畴一开始就是作为价值理念提出的，但我们也发现，它们不只是西方国家的价值追求，而且对西方社会自身的建设也具有规范的意义，因而具有德性原则的功能。在现当代的西方，"公正""环保""可持续发展"成为了普遍公认的价值理念，它们同样也成为现当代西方社会倡导的基本德性原则，当然这些德性原则主要是就社会而言的，而不是就社会成员个体而言的。

就中国而言，古代有"仁义礼智信"的基本德性原则，这些原则也是中国传统社会的价值追求，具有核心价值理念的意义。近现代孙中山也提出过"忠孝、仁爱、信义、和平"的"八德"。这"八德"被看作中国固有的道德，但在孙中山心目中显然不只是就社会成员个人品质而言的，而且是作为价值理念加以倡导的。在当代，党的十八大提出了社会主义核心价值理念，即就国家而言的"富强、民主、文明、和谐"，就社会层面而言的"自由、平等、公正、法治"和就个人层面而言的"爱国、敬业、诚信、友善"。这些价值理念同样也具有基本德性原则的意义，它们分别是国家、社会和个人应具备的基本品质。

从对中西方历史的考察中我们可以形成以下几点初步的认识：

第一，个人存在着品质问题，国家或社会也存在着品质问题，而且两者之间具有相关性和一致性。个人存在着品质问题是无异议的，但是国家或社会（到目前为止，国家通常是社会的基本形式，因而两者可以从大致相同的意义上考虑）事实上也存在着品质问题。如果说个人的总体品质是个人的人格，那么国家的总体品质就国家的国格，就是一个好社会的理想。一个社会追求的价值理念就是一个社会致力于构建的理想的国格。国家是由其社会成员构成的，因而当一个国家追求理想的国格的时候，它也会对社会成员提出相应的人格要求。因此，国家的国格理想与人格理想具有内在的相关性和一致性。这正是许多思想家将两者统一起来的原因之所在。

第二，社会倡导的价值理念与基本德性原则之间不是界限分明的。社会所倡导的理想价值项目，从价值论的角度看是核心价值理念，而从德性论的角度看则是基本德性原则。两者基本上是重合的，尽管有时其中的一个方面并没有明确地突出出来，如近代西欧所倡导的"自由、平等、博爱"通常只被认作核心价值理念，而其作为基本德性原则的意义被忽视。作为核心价值理念，它们是人们追求的主要价值目标，对个人、社会和国家具有引领、指导和激励的意义；而作为基本德性原则，它们是个人、社会和国家所要塑造的基本品质，具有规范、评价和制约的意义。它们在一定意义上可以说是社会希望塑造的人格、国格，是好生活、好社会、好国家理想的标志和表征。

第三，社会倡导的个人与国家或社会两者之间的核心价值理念或基本德性原则并不总是界限分明的。社会倡导的核心价值理念或基本德性原则，既可能是单就社会而言的，如富强、民主、文明、和谐；也可能是单就个人而言的，如敬业、诚信、友善；也可能是单就国家而言的，如自由、平等、法治；也可能是就个人、社会或国家而言的，如智慧、勇敢、节制、公正。由于社会和国家由其成员个体组成，因而即使是单就个人或社会、国家而言的价值理念和德性原则也不是截然分离的，而是相互关联的，具有相对性。不过，从总体上看，古代更侧重个人的德性品质培育，近代更侧重社会和国家德性品质的建构，而当代则既注重个人的品质，也注重国家和社会的品质。党的十八大政治报告从三个层面考虑核心价值理念和基本德性原则，表明人类对核心价值理念或基本德性原则的认识更自觉、更清晰、更系统、更深入。

第四，影响广泛而久远的社会口号既具有价值观念的作用，又具有德性原则的作用。社会的核心价值理念或基本德性原则并不总是通过口号的形式表达出来，如近现代西方除了自由、平等、民主这些响亮的口号之外，还有市场、科技、知识等社会倡导的价值理念，这些理念没有成为妇孺皆知的口号，但也是社会倡导的核心价值理念。不过，成为社会响亮口号的那些价值理念或德性原则，影响更广泛、更久远，而且往往更具有价值理念和德性原则的双重作用。

以上几点初步认识给我们的一个重要启示在于，在人们普遍谈论价值观或价值理念的今天，有必要研究核心价值理念与基本德性原则之间的关系。

二 核心价值理念与基本德性原则统一的基础

社会倡导的核心价值理念也好、基本德性原则也好，它们都是社会所认定和追求的理想的社会价值的体现。当社会将这种理想的社会价值作为追求的价值目标时，这种社会价值就成为了今天人们所说的核心价值理念，而当社会将这种理想的社会价值作为推行的德性标准时，这种社会价值就成为了社会的德性原则，即所谓倡导性德目。因此，核心价值理念与基本德性原则统一的基础就是社会所认定和追求的社会的理想价值。社会的理想价值从伦理学的角度看就是人类"好生活"的基本价值规定。一个社会认定和追求的理想社会价值项目就是该社会认定和追求"好生活"的基本价值规定。从这种意义上看，核心价值理念与基本德性原则统一的基础也可以是一定社会的"好生活"的价值理想及其追求。

人类在世界上生活，不仅要求生存下去，而且追求生活得好、生活得更好。"谋求存在、生存、生存得好、生存得更好，或者简单地说，谋求自下而上得更好，这是人性的一般内涵（或者说一般人性），也是人之所以为人的根本规定性。"[1] 人是有理性的，特别是有自我意识，人会反思

---

[1] 江畅：《幸福与和谐》，人民出版社，2005（2008年重印本），第26页。

自己的生存或生活。人要生活得更好就要弄清楚什么叫生活得好或更好，也就是要弄清楚什么是"好生活"。然而，"好生活"是一个十分复杂的概念。"生活"有不同的方面、不同的层次，是一个复杂的结构。"好"也是一个复杂的概念，不仅有不同方面、不同的层次，而且人们见仁见智，莫衷一是。于是，伴随着人类分工的出现，就有一批思想家专门研究什么样的生活才是真正的好生活的问题。他们的研究成果与现实社会中政治家和普通人对好生活的认识相互作用、相互磨合，就会形成一定的社会对"好生活"理解的共识，即对好生活规定性的共识。这种好生活的规定性就是好生活所应具备的品质。当这种共识为社会管理者所接受时，就可能会被确定为社会的基本价值目标或价值理念。这样，社会认定和追求的理想价值就具有了核心价值理念的意义。

  人是社会性动物，每一个人都不能离开他所生活的社会。社会就是由不同的个人以及由若干个人组成的大小不同的组织构成的共同体。因此，个人的好生活离不开好社会。好生活必定是好社会中的好生活，社会不好就不会有个人的好生活。社会有不同的层次、范围，文明社会以来，特别是20世纪以来，人类社会的基本形式是国家（当然，从当前势头日益迅猛的全球一体化趋势看，也许不远的将来世界将是人类社会的基本形式）。这样，好社会意味着好国家，或者说，有好国家才有好社会。社会也好、国家也好，都不是外在于个人的，而是由不同的个人组成的。国家和社会的好坏与个人生活的好坏相互关联、相互作用。好生活是在好社会、好国家中的好生活，好社会、好国家是体现为社会成员普遍过上好生活的好社会、好国家。从这种意义上看，社会形成的对"好生活"的共识，实际上包含了对"好社会""好国家"的共识，两者纠缠在一起，很难明确地分离开来。或者不如说，"好生活"的理想包含了"好社会""好国家"，当然也包含了"好个体（主要是好个人）"。这样，好生活的品质，既包括个人的理想品质，也包括社会、国家的理想品质。当"好生活"的理想被确定为社会的基本价值目标时，就有可能出现侧重于个人层次、社会层次或国家层次的不同情形。这就是历史上为什么会出现有的社会强调个人德性、有的社会强调社会德性或同时强调两者的原因。

对"好生活"的规定性或品质有了共识之后，社会就会将其作为理想去追求，并根据实现这种理想的要求一方面改变世界，另一方面规范和改变自己（既包括个人或组织等个体，也包括国家或社会，当然在社会确立这种理想的要求时可能有所侧重），从而实现好生活的理想。这样，"好生活"的理想品质就不仅具有了目标性，而且具有了规范性，好生活的理想品质要求就成了社会倡导的基本品质原则或基本德性原则。这样，社会认定和追求的理想价值就具有了基本德性原则的意义。自古以来，人类文明社会存在着多种德性原则，通常只有作为好生活基本品质要求的德性原则才能成为社会的基本德性原则，而其他非基本的德性原则通常是为实现这些基本德性原则服务的，或者是从这些基本德性原则派生的。然而，伴随着人类文明的进步，社会追求的价值目标与实现价值目标的手段越来越难以区分，因此，人类在确定价值理念和德性原则的时候也不是将目的和手段加以明确区分的，事实上也不可能作出明确的区别。正因为如此，在人类所规定的核心价值理念或基本德性原则中，可能既有目的性的价值，也有手段性的价值。不过，一般来看，作为核心价值理念或基本德性原则的社会价值通常与终极价值目标靠得最近，是实现终极价值目标的关键环节或主要途径，因而也往往具有目的性意义。例如，"公正"就被古希腊人看作德性的总体，是实现幸福的关键环节；而基督教的"信仰""希望""爱"就是实现进入永恒天国这一终极目标的主要途径。

以上分析表明，一个社会的核心价值理念与它的基本德性原则原本是统一的，统一的基础社会认定和追求的"好生活"的理想价值。它们是社会理想价值之一体的相互依赖、相互支撑的两面，不可偏废。只有这两个方面都突显出来，都得到强调，并且相得益彰，好生活的理想才能得以实现。

三 核心价值理念与基本德性原则各自的功能及其互补性

既然社会的核心价值理念和基本德性原则是统一的，是同一社会理想价值项目的一体两面,那么为什么要将它们区分为核心价值理念和基本德性原则呢?我们认为,社会"好生活"的理想价值项目之所以既需要作为核心价值理念又需要作为基本德性原则,是因为将它们作为核心价值理念和作为基本德性原则各有其不可相互替代的功能。

核心价值理念在一个社会的价值观或观念的价值体系中具有核心的地位。"价值体系是由终极价值目的(或目标)、价值观念、价值原则构成的,而核心价值体系则是由终极价值目标、核心价值理念、基本价值原则构成的。在核心价值体系中,终极价值目标本身也是一种核心价值理念,只不过它是核心价值理念中的核心,当然更是核心价值理念。基本价值原则则是终极价值目标和核心价值理念的实践要求。核心价值理念则是终极目标的具体体现,它们本身具有目的性,同时又是体现着终极价值目标的要求并服务于终极目标实现的,因此,它们在核心价值体系中具有核心的地位。"① 在核心价值体系中,终极价值目标是一个社会建设和发展的根本任务和最终目标,它是旗帜,是航标。核心价值理念是终极价值目标的具体化,也是社会理想价值的体现或简明精练的表达,它是信念,是动力。终极价值目标和核心价值理念具有达成共识、鼓舞人心、凝聚力量的重要作用。基本价值原则是实现社会共同理想及其核心价值理念所必须遵守、不可违背的基本要求,是社会管理各项工作必须遵循的准则,也是检验社会管理各项工作是否正确有效的尺度。一个社会之所以要确立核心价值理念,就是为了使社会公众(包括个人和组织)在社会所认定和追求的理想价值项目方面明确目标,达成共识,统一思想,从而引领和激励人们向往它们,追求它们,并为之努力奋斗。核心价值目标对人们既有拉动作用又有推动作用。它通过引领而拉动人们朝着终极目标前进,同时它又通过激励而推动人们朝着终极目标前进。

基本德性原则在一个社会的道德体系中具有特殊的地位。在任何一个社会道德体系中,都包括原则体系。道德原则大致上包括两个层次:一是一般道德原则,这是一个社会道德的总原则或最高原则;二是特殊道德原

---

① 江畅:《论中国特色社会主义核心价值理念》,《社会科学战线》2012年第10期。

则，这是一般道德原则在不同方面的具体体现。道德原则是与人的活动相关联的，根据人的活动领域，特殊道德原则大致上可以分为四种类型：一是与道德认识活动相关的道德价值原则（善恶原则）；二是与道德情感活动相关的道德情感原则（情感原则）；三是与道德意志活动相关的道德品质原则（德性原则）；四是与道德行为活动相关的道德行为原则（德行原则）。在这四类原则中，德性原则是直接关系到一个人成为什么样的人、一个国家成为什么样的国家的原则，对于人格和国格的形成具有决定性的意义。在德性原则中，基本德性原则又是社会对人们德性品质的基本要求，达到这些要求，个人、组织乃至国家才会具备社会所期望的人格、国格。一个社会之所以需要基本德性原则，就是为了使社会的理想价值转化为道德要求，指导和规范人们，使人们普遍形成社会所期待的人格，使国家具备好国家应具备的品质，从而使社会的理想价值要求落到实处，使之现实化。

从上面的分析可以看出，核心价值理念和基本德性原则在追求社会理想价值实现方面各有其独特的功能。核心价值理念的独特功能在于将社会理想价值转化为社会的价值目标或共同理想，并引领和激励人们去追求它们，最终过上好生活；基本德性原则的独特功能在于将社会理想价值转化为社会的品质要求或德性规范，并指导和约束人们按照这些要求塑造自己的品质，最终具备好生活所需要的人格、国格。显然，两者都是必要的。社会的理想价值项目不转化为核心价值理念，或者说一个社会没有核心价值理念，就不能在全社会达成共识，凝聚力量，增强动力；而社会的理想价值项目不转化为基本德性原则，或者说一个社会没有明确基本德性原则，就不能将这些理想价值的要求落到实处，落实到个人、组织、国家和社会，使之成为人格、国格。

因此，核心价值理念和基本德性原则对于社会理想价值的实现来说不可或缺。核心价值理念的主要功能是将社会的理想价值转化为价值理念，从而使人们确立对它们的信念，它主要解决观念问题。人是观念的动物，当人对某种理想有了信念之后，就会增强追求理想的自觉性，并将其转化为动力。一个人如果认同并确信社会的价值理念，他就会将其作为自己的奋斗目标，自觉地追求其实现。基本德性原则的主要功能是将社会的理想价值转化为道德要求，从而运用道德的力量使人们自觉不自觉地遵守这些要求，它主要解决品质问题。品质是一个人、一个国家的规定性，一个人如果遵循社会的基本德性原则，它就会按照这些原则培育自己的品质，将社会的理想价值转化为内在的品质，或者使自己的品质与社会的理想价值相一致。一般来说，当一个人将社会的核心价值理念作为自己的信念并自觉地追求其实现时，他也会自觉地按照其要求培育自己的品质，使自己具备理想价值所要求的品质。当然，如果一个人既将核心价值理念作为自己的信念，同时又将基本德性原则作为自己的准则，他就更有可能形成社会所期待的人格，就更有可能为社会理想价值的实现出力。但是，社会的情形是复杂的。尽管社会会采取各种措施倡导核心价值理念，然而总有一些人并不认同它，更不将其作为信念。在这种情况下，将社会的理想价值转化为基本德性原则就更具有重要意义，基本德性原则可以运用道德的力量，使人们按社会理想价值的要求去行事，去培育自己的品质，并进而形成相应的信念。

四 努力实现核心价值理念与基本德性原则的良性互动

核心价值理念与基本德性原则对于社会的理想价值的实现都是必要的，各有其不可或缺的功能和作用，因而对于一个社会的管理者来说，不能只强调一个方面而忽视另一个方面，相反两个方面都要重视，实现两者的良性互动。在一个社会确立了核心价值理念的情况下，同时要将这些核心价值理念作为社会的基本德性原则，而在一个社会确立了社会的基本德性原则的情况下，则要将这些基本德性原则作为社会的核心价值理念，使两个方面统一起来，协同地发生作用，从而使社会的价值追求落到实处，使社会的理想价值得以实现。

从古到今，人们对于核心价值理念和基本德性原则的内在一致性缺乏清醒的认识和意识，没有看到核心价值理念与基本德性原则实质上的互补性和相互支持的作用，没有看到它们都指向并服务于社会的理想价值的实现。在这种情况下，正确认识和充分发挥两者各自的功能和作用，使两者之间相辅相成、相得益彰，就更值得重视。就我国当前而言，党的十八大政治报告提出了社会主义核心价值理念，这为我国社会的价值追求指明了方向。为了使社会主义核心价值理念不仅得到普遍认同，而且得以实现，就需要将这些核心价值理念作为社会的基本德性原则，运用道德的力量引导人们努力塑造"富强、民主、文明、和谐"的国家品质，努力塑造"自由、平等、公正、法治"的社会品质，同时引导社会成员普遍塑造"爱国、敬业、诚信、友善"的个人品质，用这些基本德性原则指导和规范党和国家的各项工作，指导和规范人们的人格培育和人生追求。

在我国目前的情况下，要实现社会主义核心价值理念与社会主义基本德性原则的良性互动，需要注意以下一些问题：

首先，要充分认识到社会主义核心价值理念与社会主义基本德性原则之间的内在一致性和互补性。核心价值理念有其独特的价值和意义，但要使之变成现实，关键是要将其转变成基本德性原则，并在现实生活中贯彻这些原则。要使基本德性原则得到贯彻落实，从个人角度看要加强德性修养，使之成为个人的品质；从社会的角度看要运用国家的政治力量和社会的其他力量营造个人品质形成所需要的环境，同时塑造社会和国家的好品质，使人们在好国家、好社会中过好生活。在我国目前人们都明确了社会主义核心价值理念的情况下，要进一步认识到它们也是社会主义基本德性原则，要以之作为个人、社会和国家的品质要求自觉地进行塑造。在这里，其前提是要认识到社会主义核心价值理念与社会主义基本德性原则的内在一致性，即它们都是社会主义理想价值的体现；同时也要认识到从这两个方面提出问题和发挥它们各自功能的必要性，即只有发挥核心价值理念和基本德性原则两个方面的作用才能使社会主义理想的价值得以实现并不断完善。在当前的情况下，切忌只管核心价值理念的宣传教育，而忽视了将其作为基本德性原则加以贯彻实行。

其次，既要将社会主义核心价值理念细化为社会主义价值理念体系，又将相应地将社会主义的基本德性原则细化为社会主义德性原则体系。社会主义核心价值理念是价值理念中的核心理念，但不是全部。一个社会的价值体系的价值理念是多元的、多层的，我们不能将核心价值理念与价值理念等同起来。在党中央确定了社会主义核心价值体系的情况下，还需要根据不同领域、不同方面确立不同领域、不同方面的价值理念，确立不同领域、不同方面的不同层次的价值理念。所有这些具体的价值理念都是社会主义核心价值理念的体现和具体化。同样，德性原则也不能局限于与核心价值理念相应的方面，还有其他的方面。在当前的情况下，一方面我们要明确社会主义核心价值理念也是社会主义基本德性原则，另一方面还要根据这些基本德性原则确立不同领域、不同方面的德性原则，逐渐形成社会主义完整的德性原则体系，为社会成员的人格塑造和国家国格的塑造提供更具体更有效的指导和规范。这两个方面的细化工作不能截然地分开，而应相互关联、相互观照地进行，使社会主义价值理念体系与社会主义德性原则体系对应起来。

最后，要将增强人们对社会主义核心价值理念的信念与引导人们自觉遵循社会主义基本德性原则有机地结合起来。确立社会主义核心价值理念，其主要目的是要使全体社会成员在达成共识的前提下形成对社会主义核心价值理念的信念，坚定不移地将其作为共同的价值追求。确立社会主义基本德性原则，其主要目的是使全体成员按照其要求行动，并逐渐形成相应的品质。这两者是相互联系、相互凭借的。确立了对社会主义核心价值理念的信念，人们就会更自觉地按照相应的基本德性原则行动并塑造相应的品质；同时，人们在按社会主义基本德性原则行动并塑造相应品质的过程中，又会增强对社会主义核心价值理念的信念。因此，在对社会成员进行宣传教育的过程中，要将两者结合起来，在确立信念和培育品质两个方面同时下功夫，使社会成员在坚定信念的过程中培育品质，在培育品质的过程中坚定信念。这样，我国的社会成员就会成为既具有坚定的社会主义信念又具有优良的社会主义品质的社会主义新人。

论当代中国主流文化面临的
困境及重建条件

徐 弢[*]

(湖北大学哲学学院、高等人文研究院)

【摘 要】 当代中国主流文化所面临的困境既有理论建设方面的，也有现实方面的。在理论建设方面，我们缺乏一整套系统而深刻的理论体系为当代中国主流文化做支撑，同时理论建构的不完善又导致了理论反驳的困境。在现实方面，人们普遍缺失精神信仰，使理论的虚无主义和相对主义滋生和蔓延。针对这些困境，通过分析发现，我们在以下几个方面具有重建当代中国主流文化的有利条件：稳定的经济增长和强有力的政府保证；中华民族悠久的历史文化传统；全球化为我们提供的国际化视野；理论工作者和文化研究者们理论修养和理论自觉度的提高。

【关键词】 主流文化 困境 重建条件

一 当代中国主流文化的界定

文化属于上层建筑范畴，是一种极其复杂的社会现象，同时也是一个社会和国家发展水平的标志。当今国家间的竞争不仅是经济的竞争、军事

---

[*] 徐弢（1983～），男，湖北大学哲学学院教师，高等人文研究院研究员，主要研究方向为伦理学。

实力和科技水平的竞争，更是文化软实力的竞争。因为文化的作用是无形和潜移默化的，其影响力比有形的东西更加长久和深远。因此，文化的发展壮大和繁荣昌盛对于一个国家综合国力的提升和社会的全面发展具有至关重要的作用。所以，党的十八大明确将"扎实推进社会主义文化强国建设"作为国家未来的战略发展目标之一，这是非常值得肯定的。因为文化是一个民族的血脉，也是人民的精神家园。我国要全面建成小康社会，实现中华民族伟大复兴，不仅需要发展经济，提高居民的生活水平，而且也必须推动社会主义文化大发展大繁荣，兴起社会主义文化建设新高潮，提高国家文化软实力，发挥文化引领风尚、教育人民、服务社会、推动发展的作用。既然文化这么重要，那么我们就要清楚什么是文化，什么是当代中国的主流文化。

"文化"一词或许是当今中国人使用最频繁同时也是误用最多的语词之一。人们经常谈到各种各样的文化，比如茶文化、酒文化、饮食文化、网络文化、红色文化、企业文化、文化产业、生态文化，等等。但是，人们对于什么是"文化"这个问题却思考得不多，甚至不知道该如何定义它。一般认为，文化是一个社会学或人类学概念，文化（拉丁语：cultura；英语：culture；德语：Kultur）指人类活动的模式以及给予这些模式重要性的符号化结构。不同的人对"文化"有不同的定义，通常文化包括文字、语言、地域、音乐、文学、绘画、雕塑、戏剧、电影等。大致上可以用一个民族的生活形式（form of life）来指称它的文化。实际上，在中西语境之下，"文化"一词的意义差异非常明显。在汉语的语境之下，"文化"主要是指"人文教化"的意思，有"人"才有文化，文化是讨论人类社会的专属语。"文"是基础和工具，包括语言和/或文字；"教化"是这个词的真正重心所在：作为名词的"教化"是人群精神活动和物质活动的共同规范（同时这一规范在精神活动和物质活动的对象化成果中得到体现），作为动词的"教化"是共同规范产生、传承、传播及得到认同的过程和手段。传统中国并无"culture"的概念，更无中国文化、外国文化的区别。而在西文语境下，"culture"一词源于拉丁语"cultura"，意指"栽培、脱离原始的状态"，与中文人文化成、统治教化的意思全然不同。尽管如此，人们都认为文化实际上主要包含器物、制度和观念三个方面，具体包括语言、文字、习俗、思想、国力等，客观地说文化就是社会价值系统的总和。

那么，什么是主流文化（mainstream culture）呢？一般认为，"主流文化"就是在文化竞争中形成的，具有高度的融合力、较强大的传播力和广泛的认同的文化形式。简言之，主流文化就是指在一个国家和社会中占主导地位的文化形式。那么，按照这一解释，"当代中国的主流文化"又该如何界定呢？即在当代中国社会中占主导地位的文化形式又是什么呢？对此的回答，可谓众说纷纭，莫衷一是，但总体来说，可以归纳为以下几种观点。

第一种观点认为，当代中国的主流文化就是有中国特色社会主义的文化，即社会主义核心价值体系，这种核心价值体系是当前中国的民族精神和时代精神，包括爱国主义、集体主义以及社会主义，其核心价值观念包括富强、民主、文明、和谐，自由、平等、公正、法治，爱国、敬业、诚信、友善。这种观点可以被称为"中国特色社会主义主流文化论"。

第二种观点明确拒斥第一种观点。主张第二种观点的人坚持认为，中国当前的主流文化并非是官方意识形态所规定的这些美好的普世价值概念，而是一种拜金主义文化、一种物质主义文化，因为在他们看来，中国目前几乎所有阶层的人都以崇拜金钱为中心，人们的一切行为和生活方式都以赚钱为目的，以挣钱的多少作为衡量成功和失败的唯一标准。金钱在他们的生活中处于核心的地位，他们信奉"金钱万能论"。在他们看来，官方文件和教科书中所规定的这些美好的普世价值概念（比如民主、文明、和谐，自由、平等、公正、法治，爱国、敬业、诚信、友善）都是虚幻的，不符合现实的虚构，并不是当代中国真正的主流文化。主张第二种观点的人实际上都是功利主义者、物质主义者。这当然是一种非常极端的观点。但是不可否认的是，这种观点在广大的中下阶层民众中很有影响力。我们可以将这种观点称为"拜金主义文化一元论"。

第三种观点认为当代中国主流文化这一概念的提出是没有必要的，因为在他们看来，主张当代中国社会存在着主流文化的人实际上没有真正看清楚中国目前的社会现实。在他们看来，目前中国社会是一个价值多元化的社会，各种各样的甚至相互对立的文化价值都有其存在的权利和空间，我们并不能从这些不同的文化形态中概括出所谓的"主流文化"。他们认为人们实际上是不可能判断出哪些文化形态是主流，哪些文化形态是支流或非主流，因为文化的概念是模糊的、变动不居的。从主张文化多元论的角度出发，他们认为也没有必要提出"主流文化"的概念，文化的发展自身有一个系统而复杂的过程，我们不应该过分去干预和规范。文化是一个历史的概念，它的发展和壮大以及消亡都有其自身的合理性，人们既无必要也不可能对不同的文化形态给出一种定义和界定。我们将这种观点称为"文化多元论"，这种"文化多元论"实际上是解构了"主流文化"与"非主流文化"的提法，消解了"文化一元论"。

实际上还有更加极端的第四种观点，这种观点主张"文化虚无主义"和"文化相对主义"。"文化虚无主义"和"文化相对主义"主张必须否定世界和人生的一切价值和意义，一切都是相对的，一切有价值的事物都是虚无的、不真实的、不能追求的，文化现象也是一种虚幻，表面上种类繁多的文化现象或形态实际上都是不真实的、虚假的、没有价值的，不同的文化形态之间各有利弊，谈不上什么优劣，各种文化系统之间的价值和意义都是相对于不同的主体和环境而言的。

当然，也有人主张用主流文化、精英文化和大众文化来概括当代中国文化，但是我们认为这样的概括如果不涉及文化的深层内涵，只能流于形式。

二 当代中国主流文化面临的困境

"当代中国主流文化"这一概念难以界定本身就说明其内涵在当今中国社会并不突出，难以获得广泛的社会认同。这实际上显示了当代中国主流文化所面临的困境，这种困境主要表现为以下方面。

首先是理论困境。目前，人们对于什么是主流文化这一概念并没有清楚的认识，这本身就说明当代中国主流文化的理论建设工作做得还不够。一种文化的形成和发展必须要有深刻的理论作为支撑，否则就不会长久，容易消失在历史的洪流之中。历史上很多民族和国家都曾经有过一段非常发达的文化时期，但是因为这些文化形态没有坚实的理论作为基础，所以只能昙花一现，成了过眼烟云。历史上中东地区巴比伦文化的发展和消亡就是很好的明证：因为没有坚实的理论基础，所以当巴比伦被异族征服之后，其文化就被人类历史遗忘了。因此，文化的大发展和大繁荣离不开深刻的理论基础。换句话就是说，相关文化理论的建构和问题的解决是文化得以顺利发展和经久不衰的必要前提。通过对当代中国主流文化的现状进行思考，我们不难发现它面临着两大理论困境：理论建构困境与理论驳斥困境。

理论建构困境主要是指我国当代主流文化的理论建构自身没有做好，缺乏一整套系统而深刻的理论体系为当代中国主流文化做支撑。主流文化的理论建构难度非常大，其所花费的不是一朝一夕之功。理论建构也不是一个人或几个人就可以完成的，它应该是一大批理论工作者的使命和责任。关于当代中国主流文化的理论建构一般要回答这样一系列问题：什么是中国当代的主流文化？我们该如何去界定和阐释它？当代中国主流文化的核心价值到底包括什么？中国当代社会到底需要什么样的文化或文化系统作为社会健康发展的理论先导？西方的那些普世价值和文化的核心符号对于中国当代的主流文化有没有影响和作用？中国当代的主流文化和世界主流文化之间的关系是怎样的？中国当代的主流文化体系中如何处理传统与现代、科学和宗教、哲学和意识形态之间的关系？当代中国主流文化如果是一整套理论系统的话，它的理论核心和基础是什么？这样的理论价值系统如何在当代中国社会中取得支配性的地位？中国当代主流文化和非主流文化、精英文化与大众文化以及草根文化之间的关系如何？等等。另外，因为文化涉及面非常之广泛，所以主流文化的理论工作者还要和其他的文学、历史、建筑、文字、语言、地域、音乐、绘画、雕塑、戏剧、电影等理论工作者通力合作，达成共识。我们都要问问自己：当代中国的社会文化如何发展才能开辟一片新的天地？文化的延续和发展以及创新之间的度该如何把握？我们的时代精神和民族的活力到底是什么？我们拿什么去规范和指导社会的发展？我们的理论建构凭什么去迎接时代的召唤和满足时代的要求？令人遗憾的是，所有这些与主流文化相关的重大理论问题都没有能够得到很好的解决，这就导致了我们目前的理论建构出现空白甚至混乱的局面。对于上述问题，如果不加以回答而回避的话，那么我们主流文化的理论建构就是有缺陷的，是不可能有坚实的理论基础的。因为理论本身最大的特色就是自觉性和反思性，没有对自身问题的清楚认识和敏锐反思就不可能发展出一套有生命力的理论。

理论反驳困境是理论建构不完善甚至混乱的局面所导致的结果。建构当代中国主流文化的理论面临的障碍很多，如文化的多元主义、文化的拜金主义、文化的虚无主义和相对主义等，所有这些论敌都需要从理论角度加以驳斥。正是由于我们的理论建构工作做得不好，所以让文化多元主义、拜金主义以及虚无主义和相对主义等有了可乘之机，让它们粉墨登场、大行其道。我们现在面临的尴尬局面是：所谓建构出来的理论并不能从根本上驳斥这些理论论敌的意见。我们自己的理论正面建构都没有做好，谈何去驳斥别的理论呢？这是一个逻辑问题，也是一个现实问题。实际上，我们很多建构出来的理论在没有与其论敌论战的情况下，依然在社会相当一部分人中流行甚广。

从根本上说，理论的建构与该理论对于论敌的驳斥是可以相互统一的。历史上很多的理论本身也正是在不断驳斥论敌意见的过程中逐步发展壮大的。许多系统的、完善的理论往往就是在与其他理论的论战中逐步成型和发展起来的。这样的例子数不胜数。所以，理论的驳斥和理论的建构一样重要。如果一套理论自身建构出来并且很完善，但是却不敢向论敌"亮剑"，不敢和其他的理论公开较量和论战，那么这就说明该理论本身可能是有问题的，其完善性可能是虚假的。俗话说，真金不怕火炼，真理是越辩越明。不同的理论，是骡子是马，要拉出来溜溜。是真理总是会有生命力的。真理面前不能容忍懦夫，只承认勇者。但是我们只要看看现实，就不难发现，我们主流文化的很多所谓的理论建构出来之后就放进了图书馆和书斋，并没有真正地走向大众和社会，没有被大众所理解和掌握以及认同。当然，这些理论建构出来之后并没有和社会上其他的不同的理论之间进行真正的论战。也就是说，很多理论的建构工作者往往只注意该理论系统本身的构架和完备，却不敢和其他的理论和观点进行公开的较量和交锋，这实际上导致了很多理论的论证力量大打折扣，理论的生命力被人为的孤立和分离所消磨殆尽。

其次是现实困境。这主要表现在现实社会中的人几乎都没有精神的信仰。有人说，正是由于目前中国人普遍缺乏信仰，所以才导致了理论的虚无主义和相对主义的普遍滋生和蔓延。他们认为，中国真正有自己信仰的人少之又少。更为极端的说法是，中国虽然有2亿宗教信徒，但却是零信仰。我们暂且不去争论到底有多少中国人有真正的信仰，可以肯定的是，目前中国人在信仰问题上出现了严重的精神危机。只要我们去关心目前的中国社会现实，或者说只要我们对于社会现实有着真实不欺的内在体验的话，我们基本上都会认同这一事实。所以，这样的一部分人认为，与主流文化相对立的这些文化主义之所以流行并且具有极大的影响力，主要归咎于信仰的缺失，这是有一定道理的。这样就又提出了一个新的问题，即我们如何在这种理论体系的建构和反驳的同时重建人的精神信仰？这一问题比前面的问题更难回答。因为在一个没有信仰或者说精神没落荒芜的社会里，任何的理论建构和反驳都会困难重重，面临巨大的阻力和障碍。

因此，当代中国主流文化所面临的困境既有理论建设方面的，也有现实方面的。如何重建一套精致而深刻且符合当代中国社会发展的时代精神和民族精神的理论体系，始终作为一项十分艰巨的任务摆在理论工作者的面前。当然，理论工作者在进行关于当代中国主流文化研究之前，不能对于这些业已存在的困境和障碍视而不见，只有在充分地考虑到问题的复杂性和极端困难性之后，我们才有可能因地制宜，对症下药，才能找出真正的问题和症结所在，否则的话，只能是隔靴搔痒，泛泛而谈，不能真正地解决问题。

三 当代中国主流文化的重建条件

既然当代中国主流文化所面临的困境和障碍重重、阻力巨大，那是否就说明我们根本就不可能重新建构当代中国主流文化呢？也不是这样。我们对所面临的困境的分析主要是为了使我们更加清楚地认识到重建条件的针对性和有效性。如果医生对于病人的病情没有清楚的把握和认知的话，就会开错处方。严重的话，就会出人命。文化的研究工作其实也如同医生给病人治病一样。当代中国主流文化所面临的最现实的困境就是：理论上既无系统而又深刻、科学的建树，又没有将已经建立的理论传播开来，让广大人民所用，很多理论被"制造"出来后就丧失了生命力，成了一具理论的"木乃伊"。同时，现实社会中充斥的是拜金主义、物质主义、权力主义、虚无主义，道德伦理的底线一再被突破，流氓文化和痞子文化受到热情追捧。人们的价值和精神方面都已经出现了极其严重的危机。

当然，有人会不同意我们上面对于社会现实中人们精神状况和危机的描述，认为那是危言耸听、杞人忧天。他们或许反驳说，社会上大部分人是好的，主流是正确的、光明的，只有一小部分人的精神状况出了问题，我们不能一概而论。如果有人这样反驳的话，在铁一般的事实面前，我们只能说他这是掩耳盗铃，自欺欺人。现在是一个信息和传媒的时代，我们只要打开电视机或者翻开报纸，就会一次又一次看到社会中的道德沦丧的鲜活实例。那些为现实掩饰或粉饰的人，不是无知就是居心不良了。因为真正的学者需要坚守的是一份道德的良心，用自己的理性和学识对社会的阴暗面进行有力的批判和抨击，只有这样才能引导社会健康发展的潮流，才能不辜负知识分子这一光荣的称谓。

那么，有人就会问了，在这样的重重困境面前，我们有什么理由仍然相信能够重建当代中国主流文化呢？通过分析发现，我们至少有以下几个方面的有利条件：

第一，我们国内发展的大环境不错，比较稳定的经济增长和强有力的政府保证了秩序和规则存在的必要性。试想，如果大的环境不好，经济低迷，社会动荡，战争频仍，民不聊生，在这样糟糕的环境中还有文化发展和繁荣的空间吗？坏的社会环境只能导致秩序和规则的破坏，秩序一旦被摧毁，文化就会无立足之地，荡然无存。历史上这样的例子很多，中国20世纪60年代到70年代的"文化大革命"就是很好的例证。"文化大革命"初衷是好的，为的是重新建设优秀的文化，但是实际造成的后果远远超出了人们的想象。"文化大革命"十年中，政治不稳，经济凋敝，民主和法治遭到践踏，试想在这样的环境和背景中能够重新建立新的文化吗？只能是痴人说梦。"文化大革命"的实际后果是中国的文化倒退了几十年。西方这方面的例子也不少。比如西方中世纪时，罗马帝国遭遇了蛮族的入侵，西方古典文化（古希腊和罗马文化）遭到了空前的破坏和毁灭。中西方的历史都证明了一个铁一般的真理：文化的发展和繁荣离不开良好的社会大环境。所以说，目前的经济环境和政治环境的稳定和有效性为我们在和平的氛围中重建主流文化提供了可能性。

第二，中华民族悠久的历史文化传统为我们当今重建主流文化提供了必需的养料。中华民族有着5000多年的文明史，中华文明历经5000多年的风雨而延续至今，这本身就是一个奇迹，需要我们很好地研究和思考。到底是什么保证了中华文明能够长盛不衰？中华民族的文化密码和基因（中华民族的文化密码和基因对于文化的传承和创新极其重要，当然也是文化核心价值之一）到底是什么？历史不仅仅是发生在过去的一系列事件的组合，而且也会深刻地影响和改变当今人们的思想和意识；历史的发展历来就是在过去的基础上不断推陈出新。文化的创新和重建不是空中楼阁，而是在历史基础上的重新反思和批判。在历史的视野下，在传统的视角下，我们可以广泛地利用传统文化的诸多资源，古为今用。因此，只要对中华民族悠久的文化传统特别是儒家、道家以及佛教中的精华思想进行深入的研究，我们必将获得重建当代中国主流文化所必需的养料。我们觉得在这一方面可以大胆借鉴西方14～16世纪的文艺复兴运动。经历了中世纪的漫漫长夜之后，西方文化的发展终于迎来了近代文明的曙光。西方的文艺复兴运动主要复兴的对象是古希腊和古罗马文化，复兴古希腊的建筑、雕塑、文学、艺术等诸多方面。西方的文艺复兴运动经历了三百年，在这三百年中作为一股强有力的社会思潮席卷整个欧洲。可以说，如果没有西方的文艺复兴，近代文明和科学是不可想象的。历史已经证明，西方文艺复兴运动是非常成功的，这恰恰可以给我们重新思考和借鉴利用传统文化提供极好的参照。

第三，全球化为我们重建当代中国主流文化提供了国际化的视野。在全球化的今天，我们要建构当代中国的主流文化，就不能关起门来闭门造车，而是要放眼全球，充分利用和吸收一切优秀文化的成果，洋为中用。西方的理性文明、科学文明、宗教文明、法治精神，以及强调自由、民主和公正的政治精神等丰富的思想资源都应该为我所用。人类一切优秀的文明成果，我们都可以吸收进来，丰富和充实我们的文化大花园。当然，这里存在一个移植和嫁接的问题。西方的、外来的优秀文化资源如何能够进入中国本土并实现中国化？这需要理论工作者和文化研究者的努力，通过我们的努力将西方文明之树上五彩缤纷的花朵恰当地嫁接到中国文化的大树之上，让中国文化之树永葆生机。这本身就是极其困难的一件事情。拿来主义是不行的，那样的话，只能是水土不服，早早枯死。所以这是一项具有高度技术含量的事业。中西文化交流的历史包括西学东渐的历史也已经说明，不同的文化传统和思想之间需要碰撞和交锋，初期可能会经历痛苦、迷茫甚至绝望，但是柳暗花明又一村，在山穷水复疑无路的地方往往会重新释放出文化的生机和活力。文化的发展就像凤凰涅槃一样，会在浴火中得以重生。

历史上有很多这样的实例，比如佛教传入中国和中国化过程。印度佛教传入中国时，人们一开始是抵制和排斥，但是历经上千年的发展，佛教与中国本土文化在摩擦和碰撞中实现深度融合，最终开花结果。佛教中国化的最好体现是目前在中国影响力最大的禅宗文化。现在佛教文化早已成为中华文化大花园中的一朵奇葩，绽放着迷人的风采。在西方历史上这样的例子也很多，比如古罗马时期基督教传入罗马，最后罗马人皈依基督教；希伯来文化为西方文化的发展增添了谦卑的因子，使得西方文化更加具有包容性。总之，我们要相信外来的优秀文化资源可以为我所用，现在问题的关键是我们该如何利用它们为当代中国主流文化的建构提供帮助。

第四，理论工作者和文化研究者自身的理论修养和理论自觉度。如果前面三个条件都满足了，但是第四个条件不能满足的话，我们的理论建构还是一句空话。理论工作者一定要有高度的理论修养和理论自觉，面对丰富的传统文化资源和广泛的外来文化资源，我们要有敏锐地捕捉文化因子的能力，要有高超地破解文化基因和密码的能力。这就要求我们不仅要尽可能多地精通各种外语，具备直接阅读外文经典文献的能力，而且还要全面掌握并精通古今中外丰富的思想和文化资源，融会贯通，学贯中西，准确把握人类一切优秀文化资源的价值和意义。同时，我们还要将学习到的东西加以灵活应用，建构真正属于我们自己的理论和文化，使这一理论能系统地回答并解决当代中国主流文化的一切相关问题。建构理论的最有效方法就是围绕所研究的问题来进行。因此，我们一定要敏锐地分析和剖析出当今中国所面临的一系列重大理论和实际问题，以及这些问题需要从什么角度加以解决。质言之，我们这些理论工作者一定要带着问题意识进行理论的思考和建构。理论联系实际，从实际的问题出发来建构理论，同时将建构出的理论拿到实际中去检验和纠错，这是一个不断循环往复的过程。只有这样，才有可能产生和孕育出新的具有时代精神和民族精神的主流文化，才能引导和规范社会中人们的生活。

四　结语

21世纪的竞争是文化的竞争，文化的竞争关系到国家和民族的盛衰。文化的大发展和繁荣昌盛是每一个中国人的梦想。中华民族的伟大复兴必然包括中华民族的文化复兴。我们每一位理论工作者或文化研究者身上的担子是很重的，我们一定要勇敢地肩负起复兴中华文化这一伟大的历史使命。文化复兴的历史机遇已经到来，时不我待，我们一定要以高度的理论洞察力和敏锐的问题意识，积极从事当代中国主流文化和相关理论的重建工作，将我们已经存在的优秀文化资源和外来的文化资源充分地进行整合，联系我们所处的社会实际，切实加以运用，使我们的文化在新的历史条件下重新焕发出勃勃生机。

全球化与中国社会精神文化的发展

胡为雄*

（中共中央党校哲学教研部）

【摘　要】全球化对中国的影响巨大，它改变了中国人的经济、政治生活和精神文化生活，加快了中国社会精神文化的发展。全球化在促进中国公民社会的形成和壮大时，也推动了中国社会民主政治文化的发展，提升了中国社会道德水平和道德风貌，培育了中国公民的自主精神和文化素质。近年来中国政府在社会主义精神文化建设方面采取了有效措施：加强道德教育，培育健全的道德文化；加强公务员的培训和廉政教育，推广廉政文化；加强网络文化建设和管理，发挥互联网在社会主义文化建设中的重要作用，促进全民族的思想道德素质和科学文化素质的提高；加强与世界各国的合作，传播中华文化。

【关键词】　全球化　中国社会精神文化　发展

本文旨在探讨全球化背景下30年来中国社会精神文化的发展状况（限于篇幅这里的研究未包括香港、澳门和台湾）。社会精神文化与物质文化相对应，其中包括了科学技术文化。事实上，近年来中国的科学技术文化也取得了长足的进步。自1988年以来，中国政府先后制定了"星火

---

* 胡为雄，中共中央党校教授、博士生导师，主要研究方向为马克思主义哲学、毛泽东哲学、中国近现代史。

计划""863 计划"等,建立了中国自然科学基金制,并不断取得科技成就,如研制成功银河系列巨型计算机,长征系列火箭在技术性能和可靠性方面达到国际先进水平,中国科学家参加并完成人类基因组计划的1%基因绘制图,在世界上首次构建成功水稻基因组物理全图,神舟九号载人飞船发射成功、完成与天宫一号对接等任务后顺利返回,等等。同时,中国的企业在引进和借鉴发达国家先进管理经验的基础上,形成了有自己特色的企业管理理论、管理文化。不过,科技文化和企业文化不是本文所要论述的范围,本文也不具体涉及哲学和社会科学文化,而是着重探讨以及政治思想文化、公民的政治观念、价值观念和道德观念的变化和发展,以及中国政府在精神文化建设方面的对策和措施等。

一

全球化正以不可逆转的势头扩展着。全球化使得各国间的经济、政治、文化活动联系变得更为紧密,也使各国公民跨国流动成为常态。人类的经济活动是全球化的基本驱动力之一,故在全球化过程中形成的许多跨越国界的世界性组织中,全球性经济、贸易、金融组织如世界贸易组织、世界银行等都非常重要。中国虽然在1971年恢复在联合国的一切合法权利,并从1972年起同美国、日本等国建立外交关系、打开国门,但真正参与全球化进程是在加入世界贸易组织(WTO)之后。建立社会主义市场经济,加入世界贸易组织,在市场上与世界全面接轨,是中国谋求社会健康发展的一个显著标志,它象征着中国共产党在领导中国人民"全面建设小康社会"的过程中跨越了一个新的历史里程碑。中国在分享经济全球化带来的利益,但也面临着全球化带来的负面影响。

全球化对中国的经济、政治、文化的影响,对整个中国社会的影响是巨大的。融入全球化是中华民族的自主选择。早在1984年,邓小平就指出:"关起门来搞建设是不能成功的,中国的发展离不开世界。"[①] 1984年

---

① 邓小平:《我们的宏伟目标和根本政策》,《邓小平文选》第3卷,人民出版社,1993,第78页。

11月1日,他在一次中央军委座谈会上的讲话中提出开放包括三个方面:"一个是对西方发达国家的开放,我们吸收外资、引进技术等等主要从那里来。""一个是对苏联和东欧国家的开放",同它们做生意,搞技术合作和改造,合资经营等。"还有一个是对第三世界发展中国家的开放",这也有很多文章可以做。邓小平预料在开放中间可能会出些问题,故他指出可以一步步总结经验,不对头赶快改,不过他强调对外开放"大的方针不会变了"。① 在邓小平看来,"开放是对所有国家开放,对各种类型的国家开放"②。自此以后,中国在对外开放中逐步融入全球化。

近年来,中国社会经济的发展速度加快、综合国力明显提高。2013年3月5日,国务院总理温家宝在十二届全国人大一次会议上作政府工作报告时指出:第十一届全国人民代表大会第一次会议以来的五年,国内生产总值从26.6万亿元增加到51.9万亿元,跃升到世界第二位;公共财政收入从5.1万亿元增加到11.7万亿元;累计新增城镇就业5870万人,城镇居民人均可支配收入和农村居民人均纯收入年均分别增长8.8%、9.9%;粮食产量实现"九连增";重要领域改革取得新进展,开放型经济达到新水平;创新型国家建设取得新成就,载人航天、探月工程、载人深潜、北斗卫星导航系统、超级计算机、高速铁路等实现重大突破,第一艘航母"辽宁舰"入列;成功举办北京奥运会、残奥会和上海世博会;夺取抗击汶川特大地震等严重自然灾害和灾后恢复重建重大胜利。我国社会生产力和综合国力显著提高,人民生活水平和社会保障水平显著提高,国际地位和国际影响力显著提高。③

早在5年前,中国的经济就开始跨上新台阶,国有企业、金融、财税、外经贸体制和行政管理体制等改革迈出重大步伐,开放型经济进入新阶段;创新型国家建设进展良好,涌现出一批具有重大国际影响的科技创

---

① 邓小平:《军队要服从整个国家建设大局》,《邓小平文选》第3卷,人民出版社,1993,第99页。
② 邓小平:《改革的步子要加快》,《邓小平文选》第3卷,人民出版社,1993,第237页。
③ 国务院研究室编写组:《十二届全国人大一次会议〈政府工作报告〉学习问答》,中国言实出版社,2013,第2页。

新成果；载人航天飞行和首次月球探测工程圆满成功；全面实现农村免费义务教育，覆盖城乡的公共卫生体系和基本医疗服务体系初步建立；城乡公共文化服务体系逐步完善；文化体制改革取得重要进展，文化事业和文化产业快速发展；民主法制建设取得新进步，依法行政扎实推进，保障人民权益和维护社会公平正义得到加强；人民生活明显改善，社会保障体系框架初步形成；贫困人口逐年减少；取消农业税，终结了农民种田交税的历史。①

这是何等巨大的变化啊。1980年，世界商品贸易出口额从1950年的610亿美元增加到24006亿美元。与之形成鲜明对照的是，中国由于未参与世界经济体系，其经济和社会发展水平同发达国家的差距进一步拉大，1978年的进出口总额仅为355.1亿元人民币，②在世界贸易总额中显得微不足道，并且其对外贸易产品结构仍是以技术含量低的初级产品为主，进口也是以一般生产资料为主。这与20世纪50年代相比几乎没有变化。中国人民的生活仍很贫困，农民人均年收入134元，城镇职工人均年收入316元，全国居民人均年消费为175元。③

在坚持改革、开放，参与经济全球化的过程中，中国不仅在经济上获得了巨大发展、在政治上获得了巨大进步，而且在思想文化、精神面貌上也发生了巨大变化。这种进步和变化与30年前相比，仿佛是两个完全不同的时代。在当年，我们民族的思想已禁锢到连卖汽水也要经过政治局讨论的地步。事情是这样的：1978年12月13日，美国饮料产品可口可乐重返中国内地。因上海在1949年以前生产过可口可乐，原打算第一条瓶装生产线设在上海，但受到强烈抵制。有些单位或公民在报刊上公开指责引进可口可乐是"卖国主义""洋奴哲学""引进美国生活方式""打击民族工业"。最终，工厂只好于1981年在北京投产，产品供应旅游饭店，剩

---

① 温家宝：《政府工作报告》，《中华人民共和国第十一届全国人民代表大会第一次会议文件汇编》，人民出版社，2008，第3页。
② 中国社会科学院世界经济与政治研究所世界经济年鉴编辑部：《世界经济年鉴》，中国社会科学出版社，1986，第855页。
③ 马宇平等：《中国的昨天、今天和明天——1840~1987国情手册》，解放军出版社，1989，第601页。

余的内销。然而再次引起轩然大波。《北京日报》的"内参"以"可口未必可乐"为题发表文章,说在国家缺少外汇的情况下,引进可口可乐是浪费大量的外汇资源。有关领导在这份内参上批示:只准卖给外国人,不准卖给中国人一瓶。其他中央领导对此也都圈阅。于是,所有可口可乐都从商店的柜台撤了下去。美国人不理解,"怎么卖个汽水也要上政治局"?① 时至今日,可口可乐包装罐上有了许多和中国人息息相关的形象,它已成为年轻和潮流的标志。不仅如此,当年可口可乐还以赠物促销和电视广告的方式,把新的商业模式带进了中国,引起人们商业观念、消费观念的变化。在今天,中国公民在国内就可以买到从世界各国进口的消费品,中国生产的产品也行销全球各地,并且带去中国的商业文化,带去了中国形象。

二

全球化更是改变了中国人的政治生活和精神文化生活。它促进中国不断改革行政体制,改善政府行政管理手段,提高政府工作效率,推动廉洁政府建设,推动政治民主,同时推动政治文化创新。

在中国的政治思想文化中,民主、法治的理念已得到很大的张扬。解读近年来中共中央文件基本上可以了解现代中国的政治文化。胡锦涛总书记在中共第十七次全国代表大会的报告中谈及民主政治时说:"人民民主是社会主义的生命。发展社会主义民主政治是我们党始终不渝的奋斗目标。改革开放以来,我们积极稳妥推进政治体制改革,我国社会主义民主政治展现出更加旺盛的生命力。政治体制改革作为我国全面改革的重要组成部分,必须随着经济社会发展而不断深化,与人民政治参与积极性不断提高相适应。""人民当家作主是社会主义民主政治的本质和核心。要健全民主制度,丰富民主形式,拓宽民主渠道,依法实行民主选举、民主决策、民主管理、民主监督,保障人民的知情权、参与权、

---

① 陈琛文:《怎么卖个汽水也要上政治局》,《瞭望东方周刊》2008年第47期。

表达权、监督权。"①

在谈及法治时，胡锦涛总书记指出："全面落实依法治国基本方略，加快建设社会主义法治国家。""加强宪法和法律实施，坚持公民在法律面前一律平等，维护社会公平正义，维护社会主义法制的统一、尊严、权威。推进依法行政。深化司法体制改革，优化司法职权配置，规范司法行为，建设公正高效权威的社会主义司法制度，保证审判机关、检察机关依法独立公正地行使审判权、检察权。""尊重和保障人权，依法保证全体社会成员平等参与、平等发展的权利。"②

胡锦涛总书记在报告中还阐述了加快行政管理体制改革的问题。他说："确保权力正确行使，必须让权力在阳光下运行。""健全组织法制和程序规则，保证国家机关按照法定权限和程序行使权力、履行职责。完善各类公开办事制度，提高政府工作透明度和公信力。重点加强对领导干部特别是主要领导干部、人财物管理使用、关键岗位的监督，健全质询、问责、经济责任审计、引咎辞职、罢免等制度。"③

在中共第十八次全国代表大会的报告中，胡锦涛总书记亦强调："全面推进依法治国。法治是治国理政的基本方式。要推进科学立法、严格执法、公正司法、全民守法，坚持法律面前人人平等，保证有法必依、执法必严、违法必究。""提高领导干部运用法治思维和法治方式深化改革、推动发展、化解矛盾、维护稳定能力。党领导人民制定宪法和法律，党必须在宪法和法律范围内活动。任何组织或者个人都不得有超越宪法和法律的特权，绝不允许以言代法、以权压法、徇私枉法。"④

中共中央文件表明，中国政治思想文化顺应了世界现代政治文化发展的趋势。这种政治思想文化，主要是在中国社会政治实践的基础上形

---

① 胡锦涛：《高举中国特色社会主义伟大旗帜　为夺取全面建设小康社会新胜利而奋斗》，《中国共产党第十七次全国代表大会文件汇编》，人民出版社，2007，第27、28页。
② 胡锦涛：《高举中国特色社会主义伟大旗帜　为夺取全面建设小康社会新胜利而奋斗》，《中国共产党第十七次全国代表大会文件汇编》，人民出版社，2007，第30页。
③ 胡锦涛：《高举中国特色社会主义伟大旗帜　为夺取全面建设小康社会新胜利而奋斗》，《中国共产党第十七次全国代表大会文件汇编》，人民出版社，2007，第32页。
④ 本书编写组：《十八大报告辅导读本》，人民出版社，2012，第28页。

成和发展起来的,并在指导中国社会的政治改革实践中不断取得进步。2008年,中国的政治改革就有如下举措:在行政管理上实行"大部制"的机构改革、施行《政府信息公开条例》、推进"公推直选"的干部人事制度改革、强化与规范"行政问责制"等。2008年5月《政府信息公开条例》的施行,标志着中国行政民主化改革又向法制化迈进了一步。政府信息公开主要是公共政策制定过程、公务员任免过程、公共财政与预算过程等的公开与透明化,以有效防止公共权力的腐败和滥用。政府信息公开和行政过程透明为公民参与政治提供了必要信息,使政府与公民之间实现了信息对称。只有信息对称,公民的"知情权、参与权、表达权、监督权"才会有保证,公民与政府之间的对话协商机制才会真正形成,社会主义民主才有基础。"公推直选"是深化公务员制度改革、继续扩大高级公务员选任过程中的公民民主参与范围的重要举措。其主要内容是"提名权"的扩大,干部的选任可由群众联合提名或个人自荐。同时候选人的个人资料信息公开、透明度加大,一些地方已公开个人家庭财产、配偶子女等信息,使公众能较清楚地了解候选人的基本资料,这对干部选任过程中可能出现的腐败现象能起到较好的防范作用。一些地方如广东、浙江、四川、重庆等省市还把"公推直选"的对象从副职扩大到正职,包括基层政府的正职和省市一级公共机构的正职。"行政问责制"的强化与规范,主要表现在"行政问责"力度的加大。2013年以来,以习近平为总书记的党中央加大了反腐败力度,"苍蝇老虎一齐打",除薄熙来、刘志军等被依法审判外,又有中央委员蒋洁敏以及李春城、刘铁男等7位副部级高官落马。

中国的政治文化不止受到世界政治文化的影响,它还是世界政治文化的一个重要组成部分,与全球政治特别是联合国的政治主张有较密切的联系。这是因为在全球化的境遇中,各个主权国家的政治活动已经不再是独立进行的,国内政治活动往往与国际政治环境紧密地联系在一起。作为联合国的发起国之一,中国以积极的态度签署或批准了联合国有关文件如《公民权利和政治权利国际公约》《经济、社会及文化权利国际公约》《禁止酷刑和其他残忍、不人道或有辱人格的待遇或处罚公约》《联合国反腐败公约》等,推崇这些文件所体现的精神,如民主、法治、保障人权,建立廉洁、透明政府,消除贫困、促进社会发展等,因为这与中国社会发展的要求和方向相一致,也与中国政府的治国理念相一致。

作为联合国的常任理事国,中国重返联合国以来为世界的和平与发展做出了不懈的努力和应有的贡献,展示了自己的世界政治信念。从过去几十年的情况看,中国积极参与了联合国的政治、经济、社会、文化等各方面的活动,发挥了自己的作用。例如,中国为维护世界和平积极支持联合国削减军备的举措。从1980年起中国就参加了裁军谈判会议,以建设性的态度参加了《禁止化学武器公约》和《全面禁止核武器试验条约》等条约的谈判。中国主张全面禁止和彻底销毁核武器和其他大规模杀伤性武器,还主张所有的有核国家承诺不首先使用核武器,并无条件承担不向无核国家使用或威胁使用核武器的义务。对于联合国的维和行动,中国认为它能起一定的积极作用而加以支持,并于1989年首次派出文职人员参加。1997年,中国政府决定原则上参加联合国维和待命安排,配合联合国的维和行动。2001年,中国参加联合国维和待命安排机制。此后,中国参与联合国的维和行动,在拉美地区的海地,非洲的刚果(金)、利比里亚、苏丹,中东地区的黎巴嫩等国家执行维和或人道主义救援等任务。

中国同时作为发展中国家的一员积极推动南北对话。联合国本身也是南北对话的主要场所,多年来南北国家通过联合国各机构进行了形式多样的对话、协调、谈判或磋商,达成了一些重要的协定或协议。

中国也积极参加联合国的保障人权活动,和国际社会一道在努力维护人权、推动人类的进步和社会的发展。2009年4月,中国国务院新闻办公室发表了《国家人权行动计划(2009—2010年)》,这一举措被称为"人权主流化的标志"。不仅如此,中国同时还积极支持联合国的改革,以使联合国能更好地担负起全球治理的责任。此外,中国对全球性政治的参与还表现在参与区域性的政治组织上。例如,中国不仅是亚太经济合作组织(APEC)的成员,也是上海合作组织的发起者和成员国。显然,中国的这种全球治理理念,是全球化时代的积极产物,是中国政治文化在全球范围的展示。

三

在中国社会经济、政治得到迅速发展时，人们的生活方式和精神状态也发生了显著变化。亿万公民作为改革的主体，在投身社会主义改革和建设事业时极大地发挥了自己的自觉能动性。在进行经济领域的改革、建立和完善市场经济的过程中，人们自身的素质得以同步陶塑，其沉睡在人体内部的自然潜能不断地被唤醒和激活，人的种种能力也得到扩张性发展。30年来改革的历史实践和巨大成功证明，中国共产党和中央人民政府所领导的改革，尤其是实行以市场经济为导向的经济体制改革和经济发展战略无疑是正确的决策，它将引导中国走向繁荣和强盛。30年来，现代中国公民的精神面貌发生了哪些引人注目的变化呢？

现代中国公民第一个引人注目的变化是劳动技能的较大扩展和综合素质的较大提高。改革以前，人们的职业选择机会不多，其劳动职位基本上定于一厂一村一单位，具有单一性。由于社会生产的政治色彩和分配上的平均主义，职工对自己所从事的生产活动的性质缺乏真正的了解，亦缺少真正的独立性和主人翁意识；又由于劳动产品由政府统一调拨，社会消费的欲求被削减至最低限度，职工对生产缺少积极性，其自身原本具有的潜能不可能挥发出来。在改革经济体制、实行市场经济以后，社会生产活动本身要求注入新的科学技术，要求职工具备新的劳动技能。30年来的改革实践足以证明：充满活力的市场经济能使新的产业部门不断涌现出来，能使科学技术日益直接成为生产力，能使生产日益朝智能化方向发展。显然，市场经济犹如一部巨大的动力机，它驱动着从业者的文化素养、劳动技能及综合素质不断更新。具备新科技武装的劳动技能和较高综合素质的从业者，远非过去旧经济体制下的从业者所能望其项背。例如，早在1998年，山东省高青县农民在同行业中率先敲开电子商务之门，实行网上卖菜，不仅把客商扩大到全国，也从网上了解到全国各地的市场行情并用以指导蔬菜价格的制订。

劳动技能和综合素质的提高还表现在职工的一专多能上。市场经济要求资源包括人力资源的优化配置，这必然要造成相对过剩的劳动人口，而过剩的劳动人口不言而喻地要加入产业后备军、加入再就业者的行列。长期以来形成的低工资、高就业的格局，正在朝较高工资和优化组合的就业方向演化，这种情况决定社会个体如果学无长技或只具备某种单一技能有时不能满足其生存和发展的需要。当市场机制以铁的法则不断优化组合劳动者时，也就是重新组合劳动者所掌握的科学技术进行生产、发明和创新的能力。对于再就业，人们已开始适应并对之习以为常，而再就业培训能使人们更新知识和技能、获取新的工作机会。与生产者劳动技能和综合素质的提高相适应，现在经济部门的管理者也大多是专家式的管理人才，他们用自己的头脑运营筹划，依靠专业知识管理企业。

现代中国公民第二个引人注目的变化是思维方式的变化。旧的体制把单个人变成一部机器中的一颗螺丝钉，只是固定地、近乎被动地运作；市场经济则把这种个人变成一个独立的主体，不论其所处的社会地位如何不同，都有可能充分发挥自己的角色功能。当人成为独立的主体之时，他也同时学会了独立思考，用实事求是的眼光看待世界和自己。显然，市场经济使每一个体的自我意识空前增强了，人们清醒地意识到自己是独立的个人而不是一种依附物，自己负有宪法和法律所赋予的权利和义务，因而对自己的行为担负完全的责任。正因为这样，人们开始变为"自律"的人，而不再像传统经济条件下差不多只是一个"他律"的人。这种自律的人在充满机会和风险的社会中，能负起法律责任和道德责任，学会拒斥各种可能的诱惑，做一名身心健康的合格公民。

现代中国公民第三个引人注目的变化是政治参与热情高涨。中国公民政治参与的基本形式主要有人民代表大会参政形式（公民参与国家管理和国家政治生活的主要形式）、人民政治协商会议参政形式（中国共产党领导的、多党合作和政治协商制度）、政治团体参政形式（共青团、妇联、工商联等介于国家政权和公众之间的公民有组织地参与国家政治的形式）、公众舆论参政形式（公民对国家公共权力行使者的监督以及批评和建议、对政治发展的要求等通过大众传媒表达出来），及群众自治参政形式（主要是城乡的居民委员会、村民委员会以及非政府组织）。近年来，作为国家权力机构的人民代表大会的作用越来越重要，尤其是选举权、罢免权的行使得到加强。现在，人大代表会议罢免不称职的官员或人大代表被公民提议罢免的情况时常发生。人民政协的地位也越来越高，政协委员更加强调健全和完善听证制度，以提高立法、行政、司法的质量，增加其透明度和适应性。委员们提出，凡与公民利益直接或间接相关的公共决策，都应举行听证会，听取公民意见，做到决策民主化、科学化、公开化。这表达了公民希望在政府决策、政府施政、政府监督、社会治理等各个环节上都有更多的参与权。

中国公民政治参与热情高涨的一个新情况是私营企业主表现出积极的态度。全国工商联第九届委员会新当选的 22 名全国工商联副主席中，民营企业家的人数由上届的 2 人增加至 7 人。① 2006 年，全国共发展新的社会阶层党员 10 773 名，其中发展私营企业主党员 1 554 名。②

中国公民政治参与热情高涨的另一个新情况是，正在形成中的大量的非政府组织（民间组织）如各种形式的公益性组织、非营利组织，以及各种行业性、商业性联合会和权益性协会等也积极参与政治，公民依托这些组织开辟了政治参与的新渠道，参与政治活动。并且，公民的参政手段和方式日益多样化，如运用公益诉讼便是方式之一。一个有代表性的例子是从业律师郝劲松从 2004 年开始提起公益性的行政诉讼。他因火车销售商品不开发票将铁路部门告上法庭；因地铁收费厕所不开发票向税务部门举报；因北京地铁复八线存在设计缺陷将政府部门告上法庭；因铁路运输在春节期间涨价将铁道部告上法庭；因陕西省镇坪县农民周正龙拍摄假的野生华南虎照片将国家林业局告上法庭等。③ 郝劲松提起的行政诉讼获得了两起胜诉，他和其他公益诉讼者的行为促进了政府行政效率的提高，促进了国家立法的完善，促进了社会公平和社会道德水平的提高。

① 赵江涛：《黄孟复任全国工商联主席 副主席民营企业家有七位》，http://www.chinanews.com.cn/2002-11-27/26/247742.html。
② 李东生：《2006 年全国共发展私营企业主党员 1554 名》，http://big5.china.com.cn/17da/2007-10/14/content_9050864.htm。
③ 葛海霞：《郝劲松：一位执著于公益诉讼的斗士》，http://www.daynews.com.cn/jbft/hjs/287132.html。

此外，中国公民还十分踊跃地利用网络参政。自 2001 年中共中央首次提出要积极利用网络传播为政治服务、各级各类的政府网站相继建立后，2005 年全国人民代表大会和全国政协会议期间，在"向总理提问"的网络互动中，网民踊跃参与，短短 4 天就汇集了近 1300 个问题。这些问题涉及农业、国企改制、反腐败、科技、教育、再就业、国家统一、外交等政府工作的多个方面，这充分显示了公众通过网络进行政治参与的巨大热情。①

现代中国公民第四个引人注目的变化是精神状态的变化。改革前，人们的精神生活大多围绕社会政治运动旋转。多少年来，人们奉行斗争哲学，认为人与人之间只有阶级关系和政治隶属关系，故彼此间争斗不休。另一方面，大多数人缺少生活兴趣，以平庸自居，安分守己，无进取之心，甚或逆来顺受，始终有负罪感。现在，随着法治的推行和法治社会的建立，以言代法的现象正在消失，有法不依的现象大幅度降低。权贵不贵，反社会分子不再有恃无恐，为非作歹之徒被绳之以法。人人在法律的框架内相处，遵循一定的政治原则、法治原则和道德规范，遵守市场经济时代的秩序。超法律的时代正在成为历史，以行政单位作为公民生活和命运的安排者、政治生活成为人们社会生活核心的景观亦在结束。个人愈是独立、积极进取、敢为天下先、勇于开拓的精神愈是成为时尚，敢冒风险、把握机遇、自我选择、发展自身的意念愈是成为人们的日常经验。总之，一种新型的人际、人伦关系正在形成，爱国、平等、自由、民主、法治、独立、互助等精神正在成为现代公民的主流意识。

现代中国公民第五个引人注目的变化是道德品质、道德观念的变化。市场经济在激发人们的活力、增强人们的效益观念和竞争观念的同时，也促进了社会道德的发展和个人道德的进步。这种道德的进步主要表现在人们已学会在法律的保障下维护自己的合法权益，能正确地处理好利己与利他、自我与社会的关系；已学会在一种新的道德规范下去合理追求自己正当的利益和权利，把个人利益与整个社会和国家利益联系在一起。眼下，

---

① 齐卫平：《如何有效提升网民的政治参与能力》，《解放日报》2008 年 1 月 14 日，第 13 版。

一种与市场经济活动相适应的自立、自强、诚实、善良、美好、健康的人格正在养成。中国社会不仅产生了雷锋式的为人民大众服务的模范，亦有慈善家式的扶弱济困、助人为乐的企业家。自己生活还不大宽裕却对苦难者尤其是孤儿充满爱心，面对邪恶势力敢于挺身而出、见义勇为，这样的公民为数不少。总之，现代的公民更关心自身的生存和发展，更提倡人与人之间的平等与合作，更尊重人的尊严和保护人权。这种生成于新时期的道德观，引导着公民的行为朝着有利于人类整体生存和发展的方向进化，引导着公民去发扬人性美好的一面，这有利于提高整个社会的道德水平，促进社会主义精神文明的建设。这种充满了人道主义精神的新的道德观，也引导着人们的婚姻家庭道德、职业道德和人类社会公共生活道德不断进化，同时也引导着人们的是非观、荣辱观、幸福观的不断进化。

现代中国公民第六个引人注目的变化是价值观的变化。价值观是人们在自身需要和利益的基础上，在生活和活动过程中形成的有关价值的看法和态度，并用以指导自身进行价值评价、决定价值取向、实践价值创造。市场经济的发展从根本上推动了人们价值观的变化，改变着人们对人对物的情感、意志和认知态度，改变着人们的价值标准，使人们对利害、善恶、美丑等评价标准发生了重大变化。在当今时代，人们经济活动中的自主和自由，正在打破传统的人身依附关系或政治隶属关系；创业过程中形成的开拓进取和创新精神，一扫保守怠惰之风；等价交换和平等思想的树立，取代了由来已久的等级特权思想和狭隘的门第与血统观念；民主意识的日益发展，正在向官僚作风展开挑战；对外开放扩大了人们的眼界，打碎了封闭的心理屏障，使夜郎自大的习气和阿Q式的精神胜利法荡然无存；个人能力包括体能和智能的积极发挥，把权力干预挤出了生产领域，在以前凭长官意志指挥生产的地方，被"不找市长找市场"的口号取代。总之，市场经济不仅最能体现物的有用性、物的价值，也最能体现人的有用性、人的价值，尤其使人的自我价值和社会价值得以双重实现。努力奉献，使人的自我能力和自我价值得以实践、实现并得到满足；做一个对社会有用的人，已开始成为新时代人的价值目标和价值标准。

现代中国公民第七个引人注目的变化是生活需要的空前扩大和生活方

式的丰富多样。随着改革开放带来社会生产力的飞跃发展，社会财富之源的充分涌流，社会经济、文化设施的迅速改善，人们的物质生活条件大大改善。在物质生活水平大幅度提高的同时，人们对精神文化生活的需求也大规模地扩张起来。日益增多的图书馆和博物馆，是增长人们见识的新场所；各式各样的娱乐设施，风光旖旎的旅游胜地，是陶冶人们性情的好去处。这种日趋丰富多彩的文化生活表明，人们对精神文化生活的需求确实空前扩大了，同时人们的这种文化消费的性质也在很大程度上改变了。如果说，以前的消费较多地是一种纯粹生活式消费，那么，今天的消费则较多地是一种生产性消费，这种消费本身能转化为生产。一个简单的事实是，人们把更多的消费费用花在图书、电脑的购置方面，花在求学储能、学习新的知识和技术方面，以不断更新自己的知识结构。

四

以市场为导向的经济体制改革推动了中国公民社会的兴起和发展。由于原来单一的公有制和集体所有制结构演变成为包括私有制在内的多种所有制并存，社会经济结构的多样性和经济生活的多样性使得社会分层发生明显变化。现在，中国社会各阶层的利益诉求呈现出多元化趋势，并且人们的利益要求与政府满足其愿望的能力之间存在差异，社会各阶层成员的民主意识和政治参与能力也在发生变化，这使得各阶层之间的利益诉求产生差异甚至发生冲突。因此，有效地治理和调控社会以促进社会和谐，通过合理的政治设计，在利益关系日益复杂的情况下建立利益协调机制，更好地处理各社会阶层、社会群体的利益诉求与纷争，使社会公民各尽其能、各得其所并和谐相处，是一项重大的政治任务。

市场经济尽管在本质上是一种张扬人性而不是违背人性的经济制度，但它决非尽善尽美。市场经济依靠价值规律来调节人们的经济活动，这使得人们有时在变幻莫测的市场面前眼花缭乱甚至束手无策。在中国，由于市场经济体制还处在建设过程中，还不很完善，市场活动也不很规范，市场信息也不很畅通，这更增加了人们经济活动的难度。例如，市场调查的不充分、经济信息的不准确，会导致经济决策失误；行政权力的不当干扰、超经济手段的介入，则可能使市场权力化。同时，市场经济在激发人们能力的同时也会把人性中潜藏的卑劣、贪欲和自私唤醒。由于商品拜物教中隐含了货币拜物教，这就难以避免地会衍生出拜金主义。拜金主义犹如一杆魔杖，它驱使人们把一切都拿到市场上出售，除了那凝结着人类劳动的物质产品和文化知识产品外，人自身的肉体，人自身的器官，人的良心、名誉以及人所掌握的公共权力等，都可能以不同的形式抛入市场去换取金钱，这就是那些从事非法市场交易的人浑身散发出铜臭味的根源所在。钱权交易令贿赂经济成为常见的经济现象，畸形消费助长了奢靡之风，暴富心理推动着极端利己主义观念的扩散，而同情心的失落则使人们对罪恶和苦难视而不见。这一切构成市场经济条件下阴暗的另一极。

毋庸置疑的是，在中国社会精神文化得到巨大发展、人们的品德得到全面提升的同时，拜金主义、享乐主义和极端个人主义等也膨胀起来，而且已经渗透到各级权力机构中，致使以权谋私、贪污贿赂、腐化堕落等现象大量出现。一些局部地区的社会风气不好，犯罪率较高，甚至黑恶势力猖獗。显然，在社会整体进步的同时伴随着社会道德的某种退步，引起人们精神风貌的某种改变。与此同时，中国在打开国门、吸取发达国家的先进科学文化和管理经验时，发达国家中的一些流行文化、流行思潮甚至低俗的东西也流传进来了。流行文化和流行思潮的进入虽然不是坏事，但在很大程度上改变了人们的精神生活和精神状态，尤其是影响到青少年的精神风貌。在新的历史条件下，如何用科学的理论武装人，以高尚的精神塑造人，以优秀的作品鼓舞人，是中国政府及其文化生产和传播者必须面对和解决的问题。从精神文化方面来说，中国党政领导人特别关注的是如下四个方面：加强道德教育，培育健全的道德文化；加强公务员的培训和廉政教育，推广廉政文化；加强网络文化建设和管理，发挥互联网在社会主义文化建设中的重要作用，促进全民族的思想道德素质和科学文化素质的提高；加强与世界各国的合作，传播中华文化。

（1）加强道德教育，培育健全的道德文化。道德教育和道德文化的培育早在中国改革之初就已开始。1981年2月,中华全国总工会、共青团中央、全国妇联、中国文联、全国爱卫会、中国伦理学会等9个单位联合做出《关于开展文明礼貌活动的倡议》,号召全国人民特别是青少年开展以"讲文明、讲礼貌、讲卫生、讲秩序、讲道德"和"语言美、心灵美、行为美"为主要内容的"五讲""四美"文明礼貌活动;后来还有"三热爱"即热爱祖国、热爱社会主义、热爱中国共产党的活动。与此同时,中国党政领导人还提出了培养"有理想、有道德、有文化、有纪律"的"四有新人"的设想。在20世纪90年代,为了提升全社会的道德水平,中共中央颁布了一系列法规性文件并成立相关领导机构。如1994年8月中共中央颁布了《爱国主义教育实施纲要》,1997年中共中央根据十四届六中全会通过的《中共中央关于加强社会主义精神文明建设若干重要问题的决议》成立了中央精神文明建设指导委员会,协调解决精神文明建设的有关问题,总结推广交流先进经验。

到了21世纪,中国的社会道德建设进一步得到加强。2001年9月20日,中共中央颁发了《公民道德建设实施纲要》,强调在21世纪全面建设小康社会,必须在加强社会主义法制建设、依法治国的同时,切实加强社会主义道德建设、以德治国,把法制建设与道德建设、依法治国与以德治国紧密结合起来,通过公民道德建设的不断深化和拓展,逐步形成与发展社会主义市场经济相适应的社会主义道德体系。纲要认为,政府在制定政策时,不仅要注重经济和社会事业发展的需要,而且要体现社会主义精神文明和公民道德建设的要求。既要保护和支持所有通过正当、合法手段获取个人和团体利益的行为,又要提倡和奖励多为他人和社会做奉献、道德高尚的行为,防止和避免因具体政策的不当或失误给社会带来消极后果,为公民道德建设提供正确的政策导向。①

对于未成年人,中国政府对他们的成长更是关心。2004年2月26日,中共中央、国务院颁布了《关于进一步加强和改进未成年人思想道德建

---

① 中共中央、国务院:《公民道德建设实施纲要》,http://www.people.com.cn/GB/shizheng/16/20011024/589496.html。

设的若干意见》。意见指出，加强和改进未成年人思想道德建设，是全党全社会的共同任务。要扎实推进中小学思想道德教育；充分发挥共青团和少先队在未成年人思想道德建设中的重要作用；重视和发展家庭教育；积极营造有利于未成年人思想道德建设的社会氛围；净化未成年人的成长环境等。① 为了避免青少年沉溺于流行音乐，教育部门在中央财政和文化部门的支持下，每年投入600万元，用于普及高雅艺术。②

中国政府所倡导的道德教育和精神文明建设已经取得了巨大成效。例如，在1998年抗击长江和嫩江流域特大洪灾的过程中，人们发扬相互救助和勇于牺牲精神，全国各族人民亦给予大力支援。又如，2008年5月12日四川省汶川大地震后，除了政府的紧急救灾外，全国各地的志愿者也驰援灾区，体现了高尚的道德风范和人道主义精神。在很短的时间内，来自全国21个省的153万志愿者前往灾区施救，创造了世界史上自下而上最大规模和最快速动员的奇迹。"NGO四川救灾联合办公室"在"聚合的18天里"，共向灾区运送了价值约1000万元人民币的物资。③ 再如，2008年8月北京奥运会期间，中国志愿者的出色服务让国际社会看到了富有热情、尊重规则、充满人文情怀的新一代中国青年。志愿者们被国际舆论誉为"鸟巢一代"。北京奥运会、残奥会期间，共有10万赛会志愿者、40万城市志愿者、100万社会志愿者和20万啦啦队志愿者在各类服务领域累计服务超过2亿小时，为服务对象提供了高水平的志愿服务，确保了奥运会赛事和城市生活秩序的正常运行。不仅如此，志愿服务还为中国积累了诸多有益经验，广大志愿者成为促进和谐社会建设的一支重要力量。④

---

① 中共中央、国务院：《关于进一步加强和改进未成年人思想道德建设的若干意见》，中发〔2004〕8号，2004年2月26日，http：//www.gov.cn/gongbao/content/2004/content - 62719.htm。
② 谢湘、李丽萍：《教育部 文化部 财政部共同举办高雅艺术进校园活动》，http：//www.eol.cn/xin - zhi - 2043/20060921 - 197683.shtml。
③ 李永峰：《亚洲周刊：2008风云人物——四川地震百万志愿者》，http：//news.sina.cn/0/2008 - 12 - 12/141914871348s.shtml。
④ 北京市委：《志愿者工作转入成果保留转化阶段 力争三年内达人口30%》，http：//send,gqt - org.cn/pub/place/news/beijing20080925 - 93690.html。

(2) 加强公务员的培训和廉政教育,推广廉政文化。对公务员尤其是高级干部的业务培训和廉政教育在中国很受重视,并开始朝制度化方向发展。2006年3月,中共中央颁布了《干部教育培训工作条例》(试行)。条例指出,干部教育培训工作遵循的一个原则是,坚持干部队伍革命化、年轻化、知识化、专业化方针和德才兼备原则,全面提高干部的思想政治素质、科学文化素质、业务素质和健康素质,将能力培养贯穿于干部教育培训的全过程。培训内容除了学习业务外,同时注重政治理论培训,"引导干部坚定共产主义理想和中国特色社会主义信念,坚持马克思主义的世界观、人生观、价值观和正确的权力观、地位观、利益观,夯实理论基础、开阔世界眼光、培养战略思维、增强党性修养"。[1] 2006年10月,中共中央政治局召开会议专门研究2006~2010年全国干部教育培训规划。会议强调,切实加强党的路线方针政策和国家法律法规的教育培训,大力开展党和国家在经济、政治、文化、社会、外交、国防等方面重大部署和要求的培训,着力提高广大干部科学执政、民主执政、依法执政的水平和推进经济社会又好又快发展的本领。[2]

为了不断提高公务员的素质,中国的各级党校和高校都担负起较多的干部培训任务。在加强对公务员培训的同时,中国政府也注重加强廉政教育,培育廉政文化,不断提高广大党员干部的思想道德品质和遵纪守法的意识;树立廉洁、诚信、勤俭、奉献等健康观念,营造"以廉为荣、以贪为耻"的良好社会氛围;促使广大干部自重、自省、自警、自励,不断提高拒腐防变能力,保持清正廉洁的形象。

中国在加强公务员的培训和廉政教育的同时加强了法治,如积极推行行政问责制,让失职的官员引咎辞职,使腐败官员被依法制裁。中国在治理腐败方面成效显著。例如,前政治局委员、北京市委书记陈希同,原第九届全国人民代表大会常务委员会副委员长成克杰,前政治局委员、上海

---

[1] 中共中央印发《干部教育培训工作条例》(试行),http://politics.people.com.cn/GB/1026/4251754.html。
[2] 《中共中央政治局召开会议 研究干部教育培训工作》,《人民日报》2006年10月24日,第1版。

市委书记陈良宇等,都因腐败受到司法调查和审判,并被处以刑罚。在依法治腐时,中国政府注重宣传那些真正做出政绩的官员,推广他们在工作中创造的先进经验,以提高政府的整体服务水平。

(3) 加强网络文化建设和管理,发挥互联网在社会主义文化建设中的重要作用,促进全民族的思想道德素质和科学文化素质的提高。中国党政领导人对网络文化建设极为关心。2007年1月24日,中共中央总书记胡锦涛在中共中央政治局第三十八次集体学习时强调,要以创新的精神加强网络文化建设和管理,满足人民群众日益增长的精神文化需要。他就加强网络文化建设和管理提出五项要求:一是要坚持社会主义先进文化的发展方向,努力宣传科学真理、传播先进文化、倡导科学精神、塑造美好心灵、弘扬社会正气;二是要提高网络文化产品和服务的供给能力,提高网络文化产业的规模化、专业化水平,把博大精深的中华文化作为网络文化的重要源泉,推动我国优秀文化产品的数字化、网络化,推动网络文化发挥滋润心灵、陶冶情操、愉悦身心的作用;三是要加强网上思想舆论阵地建设,掌握网上舆论主导权,形成积极向上的主流舆论;四是要倡导文明办网、文明上网;五是要坚持依法管理、科学管理、有效管理,规范有序的互联网信息传播秩序,切实维护国家文化信息安全。① 2013年5月以来,国家互联网信息办、公安部门正在全国范围内集中部署打击利用互联网造谣和故意传播谣言的行为,以维护健康有序的网络环境和社会秩序。

据中国互联网络信息中心发布的《第32次中国互联网络发展状况统计报告》,截至2013年6月底,中国网民数量达到5.91亿,其中引人注目的是手机网民规模达到4.64亿,网民中使用手机上网的人群占比提升至78.5%。② 作为网络大国,中国监管部门在管理方面是出色的。它们制定了相关法规并例行检查,以净化网络环境,严防色情、暴力等不健康内容的传播,保护青少年及全体人民的身心健康。监管部门还强调行业自律

---

① 胡锦涛:《以创新的精神加强网络文化建设和管理》,http://news.xinhuanet.com/politics/2007-01/24/content_5648188.htm。
② 中国互联网络信息中心:《第32次中国互联网络发展状况统计报告》,http://www.cnnic.net.cn/hlwfzyj/hlwxzbg/hlwtjbg/201307/t20130717_40664.htm。

和公众监督。这些措施促进了企业依法办网,保护了公民文明上网。2009年1月,国务院新闻办公室、工业和信息化部、公安部、文化部、工商总局、广电总局、新闻出版总署等七部门又联合部署开展了整治互联网低俗之风专项行动,受到社会各界的拥护,得到网络企业和网民的支持。

现在中国的网络企业发展是健康的,除了发挥新闻和舆论监督的作用外,它们还担负起积极弘扬优秀文化的使命。例如,从2007年5月起,北京地区主要网站如千龙网、新浪网、搜狐网、中华网等11家网站为响应政府关于建构学习型社会的号召,举办由专家、学者主讲的"网上大讲堂"活动,以网络视频授课、文字实录以及与网民互动交流等方式,传播内容丰富的科学文化知识。这种有益的尝试受到广大网民的喜爱。自开办以来,"网上大讲堂"主办网站共计举办了40周、383堂讲座,网民累计点击量突破1亿人次。从2007年11月开始,北京市教工委、北京市教委和人民网共同举办了"百万首都大学生同上一堂课"活动,邀请著名专家做讲座。每次讲座选择一所高校为主会场,人民网进行现场多媒体直播,其他高校分会场师生和网民同步收看。这种方式同样受到师生和网民的欢迎。因中国网络博客发展快速(博客空间已达7000多万个),2007年8月中国互联网协会发布《博客服务自律公约》,要求博客服务提供者自觉遵守国家有关法律、法规和政策,维护博客用户及公众的合法权益;鼓励博客服务提供者积极探索博客服务模式,为博客提供良好的创作环境,引导博客用户创作和传播优秀网络文化作品。①

(4)加强与世界各国的合作,积极推广和传播中华文化。在面对多元文化选择的全球化时代,作为执政党的中国共产党努力用代表社会发展方向的先进文化武装自己,引导国民。但先进文化需要去创造。这种创造除了要善于学习引进发达国家先进的科学和文化成果外,更要注意挖掘中华民族传统文化中的优秀遗产,加以综合创新,不断丰富社会主义科学文化,充实社会主义价值观、道德观的内容。另一方面,中国政府注重在世

---

① 刘泽华:《2007年中国网络文化建设十件大事》,http://politics.people.com.cn/GB/1026/6773617.html。

界范围内进一步推广和传播中华民族精神文化,并把这种推广和传播与汉语教学结合在一起。例如,中国政府以创办"孔子学院"的模式建立世界范围内的汉语教学体系。2004年11月21日,全球第一所孔子学院在韩国首都首尔挂牌。至2010年,中国汉办与各国合作"已建立322所孔子学院和369个孔子课堂,共计691所,分布在96个国家(地区)。孔子学院设在91国(地区)共322所,其中,亚洲30国(地区)81所,非洲16国21所,欧洲31国105所,美洲12国103所,大洋洲2国12所。孔子课堂设在34国共369个,其中,亚洲11国31个,非洲5国5个,欧洲10国82个,美洲6国240个,大洋洲2国11个"。[1] 2011年,全球新增加36所孔子学院,新建了131个孔子课堂,学习汉语的人数以39%的速度增长。[2]

与此同时,中国把对外文化交往作为对外经济、政治及军事交往中的一个重要部分。例如,中国在同拉丁美洲国家如智利、秘鲁、哥斯达黎加等国启动自由贸易区谈判时,也向智利、阿根廷等国派出"孙子兵法讲学组"讲学,以增进彼此的了解。此外,中国在同委内瑞拉、巴西、智利等18个国家进行军事交往中,每年接纳数十名拉美国家军官到中国军事院校学习,让对方了解中国的军事理念。[3]

中国政府还为推广中华文化、推动文化产品出口发挥主导作用。这使得中国的海外商业演出、文化展览市场、影视产品出口、对外版权贸易等取得了积极成果。中国利用多种方式推动文化产品和服务进入海外市场,这为世界人民更好地了解中国提供了方便。

从总体上看,中国社会精神文化的发展与社会经济、政治的发展基本上是同步的,在发展过程中也注重吸取世界的先进文化成果。中国社会精神文化的发展在很大程度上满足了中国人民的精神生活需要。但是,在发

---

[1] 参见国家汉办网站对孔子学院及课堂的介绍,http://www.hanban.edu.cn/confuciousinstitutes/node_10961.htm。
[2] 《中国新闻社:2011年全球新增36所孔子学院 学习汉语人数激增》,http://www.chinese.cn/hanban/article/2011-12/21/content_396726.htm。
[3] 王新萍、张倍鑫:《拉美议论中国吸引力》,《环球时报》2008年11月18日,第2版。

展过程中它还存在不少问题需要解决。例如，中国作为社会主义国家，理论基础是马克思主义。但是，由于曾受苏联理论界的影响，我们对马克思主义有过教条式的理解并在实践上走过弯路。因此，加强马克思主义理论的研究与创新，在中国日益受到重视。中国的政治文化建设也在探索过程中，如何加强民主政治和廉政建设，走向政治文明和制度文明，这当中有许多工作要做。同时，公民的道德水平和精神生活水平也需要进一步提高，中国的文化产业也需要在进一步改革体制的基础上得到更大的发展，以更好地满足人们的精神文化生活需要。从总体上看，中国的文化作为综合国力或"软实力"，在国际竞争中仍处于弱势，同发达国家相比仍有很大差距。所有这些问题，都只能通过可持续发展的战略和具体措施才能得到解决，中国政府和人民也会在发展过程中合理解决这些问题，顺应世界潮流，进一步发扬符合现代文明标准的优秀文化，形成有自己特色的、有强大竞争力的现代中国文化。

从实践到文化的若干基础理论研究[*]

——兼论制度缘出的一个视角

贺祥林[**]

（湖北大学马克思主义学院）

【摘　要】 文化是从实践中来的，对文化可从粗浅到精确来逐步加以界定。粗浅的定义即为文化就是人类在实践活动过程中创造出来的结果，文化的本义是基于实践的创获，文化的转义也是基于实践的创获，前者为物质文化，后者为精神文化，制度文化就是介于两者之间的中介文化。文化的本质就是基于实践的人化。精确的定义即为文化就是实践的主体和客体之间能动而现实的相互对象化的社会活动的结果。文化的内涵有二，这个作为"人化"的结果是其内化与外化的二重化依次呈现的过程。对文化做出价值判断就是做出性质相悖的二重性判断，从文化内涵的正面取向来做出判断就是文明，从文化内涵的负面取向来做出判断就是野蛮。对文化内涵的价值做判断，其复杂性在文化与文明、文明与野蛮的关系之间，在基于实践活动的人类社会的全部历史过程之中。

【关键词】 实践　文化　制度文化　内化　外化　文明　野蛮

---

[*] 本文系作者承担的国家社会科学基金项目"制度文明基础理论研究"（项目编号：02BZX008）与湖北大学当代中国主流文化研究项目"当代中国主流文化的前提探寻与整体构建"（2013年度）相重合的阶段性成果。

[**] 贺祥林（1954～），男，湖北大学马克思主义学院教授、博士生导师，主要研究方向为马克思主义哲学、中共党史。

一 从实践到文化及其文化的分类

文化是人类特有的现象，文化从何而来呢？简略地说，文化是从实践中来的，是人类在实践活动中创造了文化。什么是文化呢？这可从粗浅到精确来逐步加以界定，其粗浅的定义是：文化就是人类在实践活动过程中创造出来的结果。这种结果是人类在实践活动过程中以种种不同形式创造出来的种种不同内容的呈现，其可谓千差万别、名目纷繁。关于文化的缘出之地与基本分类，笔者认为这必须以对实践是文化之基的确认与基本类型的划分为基点，从感性具体上升到理性抽象，再由理性抽象上升到思维具体去加以阐明。笔者在此先以实践取向从"文化"一词的词源、词义及原初含义说起。

对"文化"一词的源与义，特别是对其释义，有许多学者进行了考释与界定。20世纪50年代初，美国人类学家克罗伯和克拉克洪从欧美文献中梳理出160余种文化定义。我国近世以来，学者们给出的文化定义也是种类繁多。目前中外学者释文化之义，已经达到数百种之多。文化定义之趋势，真可谓是"一千个观众眼中有一千个哈姆雷特"。现在人们再释文化之义，其一无非就是从已有文化定义中选取一个；其二就是从其中综合即整合出一个文化定义；其三就是再给出有别于所有前人定义的一个全新的文化定义。对于已有的文化定义，笔者不想花费文字与时间去做分析与评价，因为它们之中的绝大多数是"大同小异"，当然在内容与范围取向上各不相同，也有在形式性表述上"标新立异"的。笔者认为，如果对文化定义一味背离它的实践基础，只求其"逻辑澄明"式的文字泛议，那将是没有止境的，也将是徒劳无功的。

在西方语言文字里，"文化"一词最早出自拉丁语，即"Cultura"，英语、法语中"文化"一词都来自这个拉丁语，西班牙语、意大利语中"文化"一词也明显受其影响。"Cultura"指人在土地上耕种、栽培、加工、照料农作物，进而包含人面对自然界的劳动过程完成之后得到收获的意谓。文化的这种简明又原真的本义，正说明文化是人类最初、最简单、最基础的实践活动过程创造出来的结果。文化与实践结下了不解之缘。文化就是人基于实践的创获。然而，据其文化的拉丁语的词源词义而言，最初的文化是指物质文化，因而也是最基本的文化，即为文化的本义。文化的转义是后来出现的，"尔后罗马思想家和演说家西塞罗又指出'精神文化是哲学'，认为如同农民耕种土地一样，对理智也要进行加工。文化一词又在知识水平、教育程度、思想修养的意义上使用着"。①

在这里，文化的本义是基于实践的创获，文化的转义也是基于实践的创获，前者为实践中创获的物质文化，后者为实践中创获的精神文化，这是人类社会物质生产与精神生产分离即分工的产物。质言之，这个文化的本义与转义已涉及对文化基本类型的最初划分，而且是出自人类社会分工的两大基本类型，而人类社会分工的基本类型本质上就是依据人类社会实践的基本类型来划分的。

在中国汉语文字里，"文"指万物的交错纹理，"化"指万物的生成变异。《易·贲卦·象传》曰："（刚柔交错），天文也。文明以止，人文也。观乎天文，以察时变；观乎人文，以化成天下。"② 这里的"天文"与今日人们所言的"天文"或"天文学"是既有联系又有区别的，这里的"文明"与今日人们所言的"文明"也是既有联系又有区别的。战国末期儒家的这段话，在笔者看来是中国最早的文化之解，其中有二义而非只是一义。其一是属人的物质文化之义，"刚柔交错"，"天文也"，"观乎天文，以察时变"，就是指人类观察到天上自然界的日月星辰有纹有理的演化，可知其自然规律，人类应循此而生对策或曰社会生活应顺"天文"之"时变"，这就是属人的物质文化；其二是属人的精神文化之义，"文明以止，人文也"，"观乎人文，以化成天下"，就是指人类观察到"天下"社会人世间人与人各种纵横交织变动的关系，可知其间的人文社会规律，人类应循此而生治策即以文治教化来治己治人治天下，这就是属人的精神文化。

---

① 肖前主编《马克思主义哲学原理》下册，中国人民大学出版社，1994，第686页。
② 郭彧译注：《周易》，中华书局，2006，第117页。

问题在于，社会实践分工为物质生产与精神生产两大基本类型并由此生产出物质文化与精神文化两大文化基本类型之时，两者之间有无文化中介？如果有中介它又是什么？其又何以认识到这中介？在以什么治理天下事或"以化成天下"的手段选择上，中国后继哲人则从文化取向研究了与以文治教化相对应的以武功治理天下及这两种手段并用的问题。汉代刘向《说苑·指武篇》云："圣人之治天下也，先文德而后武力。凡武之兴，为不服也；文化不改，然后加诛。"① 在这里，既要文治又要武治，先行文治后用武功，一旦以武难服人心，便以文说理来服人心，若文德教化不改，然后既加大教化力度，又重以武功武治。这种文治武功，软硬兼施，其文治教化（特别是道德教化）属人的精神文化为学界之不争定论，而其武功之治，在笔者看来，具体直接而言属人的军事文化抑或政治文化，抽象间接而言属人的制度文化。《商君书·君臣》说道："明王之治天下也，缘法而治，按功而赏。"② 这里具体直接而言属人的法治文化，抽象间接而言属人的制度文化，而且是制度文化的一个核心向面。这个制度文化，就是前述所要寻求的介于物质文化与精神文化之间的中介文化。

自有人类实践，就不仅有从事物质生产的实践，也有从事精神生产的实践，而且有人自身生产的实践，并且都存在着关系，都存在着尺度，都存在着制度，尽管其步步生成是一个漫长复杂的过程，但是一旦被人们自觉认识到，这一中介呈现在人类的感性与理性之中，都是十分简约明确的。无论是依顺序排在物质文化（文化本义）与精神文化（文化转义）之后，或是居中安置在物质文化与精神文化之间，这个制度文化都只能是一种属人的中介文化。

无疑，人类对制度文化的认识没有对物质文化与精神文化的认识那么早，但这无损于制度文化早已存在的事实，哪怕再简单很稚气，它也是同物质文化与精神文化同时存在着的。下面是对近世以来几位国内外名家对文化释义的简略梳理，通过其对文化分出三大基本类型抑或将制度列入属

---

① 程翔：《说苑译注》，北京大学出版社，2009，第398页。
② 石磊、黄昕：《商君书·译注》，黑龙江人民出版社，2003，第148页。

人的文化之中的思想，便可见一斑。此亦笔者力图强化之点。

被称为"文化学的奠基者"与"人类学之父"的泰勒于1871年在其《原始文化》中给出的文化释义是："所谓文化或文明，就其广泛的人种学的意义而论，是一个复杂的整体，包括知识、信仰、艺术、道德、法律、风俗及作为社会成员的人而获得的所有能力和习惯。"① 泰勒于1881年在其《人类学》中又将"技术和物质文化"这个内容补充到"文化"之中。② 泰勒的文化释义及补充内容，其跃然纸上的是"物质文化"，而"技术"应包括在"物质文化"这个类型之中，其"知识、信仰、艺术、道德"之字里行间蕴含的是"精神文化"这个类型。如果说"道德、法律、风俗"是广义的规范，那么"道德"与"风俗"是法外的规范，其法内的规范即"法律"。就是法令的制度亦即"制度文化"这个类型。因此，英国学者泰勒的文化释义在本质上是把文化分为三大基本类型的。美国人类学家克拉克洪和凯利对文化的释义是：文化是一种渊源于历史的生活结构的体系，这种体系往往为集体的成员所共有，它包括这一集团的语言、传统、习惯和制度，包括有促动作用的思想、信仰和价值，以及它们在物质工具和制造物中的体现。③ 读者如作分辨，对这两位美国学者的文化释义的内蕴略作梳理，会发现他们也是把文化划分为三大基本类型。

中国当代马克思主义哲学界，则不仅对文化给出了比较严格的定义，而且对文化做出了明确的分类，这里先说在文化分类中的代表性或主导性意见。这首先集中反映在一项国家哲学社会科学"七五"规划重点课题之中，即由当时全国高校马克思主义哲学专业博士点十余位博士生导师和著名教授共同完成的《马克思主义哲学原理》这部教科书，该书指出："从文化本身的领域，可分为物质文化、行为文化和精神文化。"该书在分别解读这三大基本文化类型中的"行为文化"时指出："行为文化是人类处理个体与他人、个体与群体之间关系的文化产物，包括个人对社会事

---

① 参阅庄锡昌等编《多维视野中的文化理论》，浙江人民出版社，1987，第99~100页。译文有变动。
② 参阅郭齐勇《文化学概论》，湖北人民出版社，1990，第8页。
③ 参阅许苏民《文化哲学》，上海人民出版社，1990，第37页。

务的参与方式，人们的行为方式，以及作行为方式的固定化、程式化的社会经济制度、政治法律制度、婚姻制度、家庭制度等等。行为文化不仅通过行为规范的方式，而且通过社会制度的方式表现出来。"① 对此番有益的探索，笔者于1998年撰文指出："这表明其行为文化的实质就是制度文化。"并主张"这里使用术语的'双轨制'还不如实行只用'制度文化'这个术语的'单轨制'更为科学。"②

文化分类中的代表性或主导性意见其次反映在进入21世纪后，作为中国"马克思主义理论研究与建设工程重点教材"之一的《马克思主义哲学》上。该教材一方面接纳传承了前一部教科书将文化分为三大基本类型的意见，即指明"广义的文化包括物质文化、行为文化和观念文化三种基本形态"，另一方面，在解读"行为文化"时，已经具有了与"制度文化"并轨的意向，没有了前一部教科书那种"行为文化不仅通过行为规范的方式，而且通过社会制度的方式表现出来"的表述，而是简明扼要地指出"行为文化是指调整个体与个体、个体与群体、个体与社会之间交往的方式，是规范个体行为的方式，这些共同的行为方式通常体现为各种制度"，特别是最后明确指出"行为文化又被称为制度文化"③。在笔者看来，如果从严肃或严谨的学术要求而言，行为文化是行为规范的文化或规范行为的文化，其规范本身就是制度，即规范行为的文化就是制度文化。在此与物质文化、精神文化相对应的语言语义上，的确没有必要使用"行为"一词或"行为文化"一语。因为如前所述，三大基本文化类型都是基于实践的创获，也就是都属于人类的实践活动即行为过程创造出来的结果，或称人的行动即人的作为的结果。如果从活泼或宽容的学术胸怀考量，人们使用"行为文化"，同时也主张"行为文化又被称为制度文化"何不可容也，正如前一部教科书使用的是"精神文化"，后一部教科书则使用的是"观念文化"一样。再如，除在学者中引起普识普用的

---

① 肖前主编《马克思主义哲学原理》下册，中国人民大学出版社，1994，第697、699页。
② 贺祥林：《时代精神·唯物史观·制度文明》，载《信阳师范学院学报》（哲社版），1998，第2期。
③ 《马克思主义哲学》编写组：《马克思主义哲学》，高等教育出版社，2009，第242页。

"物质文化"一语之外，仍有学者持用"器物文化"一语。即使在日常生活语言中，对于很多人称为"西红柿"的东西，也有些人称"番茄"；对于很多人都称为"土豆"的东西，也还有人称"马铃薯"。

可以明确的是，无论是在国内还是在国外，学者们对文化向来就有以下几种分类：一分说即文化就是精神文化；二分说即文化包括物质文化与精神文化；三分说即文化包括物质文化、制度文化、精神文化；四分说即文化包括物质文化、制度文化、精神文化、生态文化。笔者想要指明的是：以往关于文化分类的主张，都是从属人的文化视野，即从客体向面来对文化分类，从其一分说到四分说无不如此。从客体向面对文化分类并不存在过错，问题是要从客体向面找到其一一对应的客观坐标来对文化的基本类型做出准确的划分。笔者一向主张必须做出抽象的分类，而且是不能少于也不能多于三大基本类型。从客体向面文化应分为物质文化、制度文化、精神文化，这么来对文化做出三大基本类型的分类，其一一对应的客观坐标是：一为如前所述是出自人类社会分工的基本类型之所然；二为其所以然就是依据人类社会实践的基本类型来划分的。这里的"一为"与"二为"是一个基于实践的内在统一之所为。其所然是人类社会分工应分为三大基本类型，即物质文化生产、制度文化生产、精神文化生产三大基本类型，其中每一人类社会分工的基本类型又可包容或可分为更多具体形式或具体内容，如物质文化就可包容生态文化这个具体形式；其所以然是依据人类社会实践的三大基本类型，这应分为探索与改造自然世界的实践活动、探索与改造社会历史的实践活动、探索与改造精神世界的实践活动，其中每一人类社会实践的基本类型又可包容或可分为更多具体形式或具体内容。

二 文化内涵有二：作为人化的内化与外化的依次呈现

现在我们回到文章开头所给出的"文化就是人类在实践活动过程中创造出来的结果"这一粗浅的定义上来，并在此基点上对文化的本质再做深入的讨论。前面所言的文化是就其是人类在实践活动过程中以种种不同形式创造出来的种种不同内容的结果而言的，就此而言它的内涵都可在人类实践的推移与深化中不断增添，即为文化内涵的外延发散。但是就其属人的文化分为物质文化、精神文化和制度文化三大基本类型而言，文化是不可以随其具体形式与具体内容的增添而改变的，即为文化分类的内容收敛，这种概括归类是一种比较恒定的东西。这都跳不出文化就是"人类在实践活动过程中创造出来"的结果这一有关文化本质的限定所在。

笔者要接着说的是：文化的本质就是基于实践的人化，这是关于文化本质的一个精确而扼要的概述。不少学者论涉文化本质时都揭示了文化就是人化这个真谛，这是从抽象视角来说文化的本质的，问题是必须强调它是基于实践的人化，而且对这个人化不能只是理解为就是基于实践过程完结之后的那个阶段的结果，还须深入了解这个最后阶段的结果得以形成之前的最初阶段的原因。换句话说，对文化是人化知其所以然是重要的，但还必须知其然。总之，必须从"人类在实践活动过程"抑或它的不同阶段上来分别认清其前其后的文化是一个怎样的人化过程。

这样来提出文化的本质问题，应当是一个文化本质的理论生长点问题，也是文化问题讨论深入下去的一个焦点问题。当然，这里虽要先花费很多心力或脑力劳动时间，但一旦在脑海里融通便可以简明扼要说清其理。笔者强调研讨文化的本质就是人化，必须是基于实践，也就是说要回到实践的基本含义或本质界定上来，从而真正走进实践思维方式这个马克思开创的思维殿堂，并由此来对文化就是"人化"的本真诠义释理。笔者十几年来对实践本质的界定就是实践主体和客体之间能动而现实的相互对象化的社会活动，这是一种欧化语言的表述形式，若以一种汉化语言即换一种通俗表述形式则是：实践就是人们能动地探索和改造世界的现实的社会活动。

以往乃至今日的学者们在表述实践时，特别是在以往乃至今日的教科书中，一般都只是把实践表述为人们能动地改造世界的现实的社会活动，也就是只把实践表述为主体的客体化这个单向度对象化的社会活动。如果运用这种单一化、单向度的实践本质观来说明文化的本质就是人化，这也算得上是基于实践，但却只是基于实践活动过程完结之后的那个最后阶段的结果来言说文化就是人化,即主体的客体化,这仅仅指的是人的本质力量的外化的结果,亦可简称实践活动外化的结果,外化这个结果是其所以然。如果对实践活动过程由后往前推,就必须推导出内化是原因,是其然,那就是客体的主体化,指客体的本质规定被人所掌握,亦可简称实践活动内化的结果,这相对于实践活动外化的结果而言就是原因。由此,上述依单一化、单向度所言的文化就是人化,其只含外化之果,而不含内化之因,因果链条在文化内涵中是断裂的或称只见一端。

文化作为人类实践活动过程创造出来的人化结果,是人这个主体与对象客体相互对象化的生成过程,在这个相互对象化过程中,人这个主体始终处在中心地位,并不断弘扬自身主体性,使主体的本质力量步步展现出来。笔者认为,在这里,作为人化的文化内涵有二:首先是客体的主体化,即客体之现象与本质规定被主体认识和掌握,这称为内化,是作为文化的人化之首义,是人的本质力量的积累性生成;其次是主体的客体化,即主体凭借对客体的认识和掌握来改变客体并达到主体设定的目的,这称为外化,是作为文化的人化之二义,是人的本质力量的创造性完成。若从正面取向,文化在这里的"内化"就是"求真",文化在这里的"外化"就是"务实",而且人类文化的这个"人化"分两步来化解,其行为方式和思维方式上与马克思开创的实践思维方式内蕴的基于实践"解释世界"与回到实践"改变世界"这一前一后两大思维路径是统一的行为方式和思维方式,它们是完全一致的。关于文化本质的结论由"人化"进而到这个"人化"是人这个主体的本质力量的"内化"与"外化"的二重化统一。不可简单地说"内化"是"精神文化",而"外化"就是"物质文化",因为作为实践中的主体所面对的实践中的客体,是哲学意义上的整个世界的客体,包括自然、社会、精神三大领域的客体。正是由于实践中的主体和客体因主体分工而选择各自不同的客体,开展着各不相同的相互对象化,生成多种多样的具体文化,人们因此依整个世界的客体分为三大领域又把属人的文化归纳为物质文化、制度文化和精神文化三大基本文化类型。于是,笔者要由文章开头所给出的文化的粗浅定义,进而给出一个深入一步的文化定义来,即:文化就是实践的主体和客体之间能动而现实的相互对象化的社会活动的结果,这个作为"人化"的结果是其内化与外化的二重化依次呈现的过程。当然,文化的每一基本类型甚至其中所属的具体文化,都是基于实践的主体与客体的相互对象化,都是人的本质力量的内化与外化的二重化依次呈现的过程。这个深入一步的文化本质的结论诚然要有具体论证或个案分呈。

先以马克思具体名论为证。当我们读到马克思以"人类劳动尚未摆脱最初的本能形式的状态已经是太古时代的事了。我们要考察的是专属于人的那种形式的劳动"为开头的这段著名论述时,其实我们也可以把它作为文化本质之义的名论来加以梳理;当他提到"蜘蛛的活动与织工的活动相似,蜜蜂建筑蜂房的本领使人间的许多建筑师感到惭愧"时,其实人间也大有不感到惭愧而是引以骄傲的东西,这就是所有动物的活动都不创造文化,而人类所持有的实践活动则处处创造文化;当他指出"最蹩脚的建筑师从一开始就比最灵巧的蜜蜂高明的地方,是他在用蜂蜡建筑房屋以前,已经在自己的头脑中把它建成了。劳动过程结束时得到的结果,在这个过程开始时就已经在劳动者的表象中存在着,即已经观念地存在着"① 时,就把作为建筑房屋这种物质生产的劳动实践活动过程所创造的物质文化这种结果所凝结的先"内化"与后"外化"的双重人化揭示得格外明朗。顺此,当我们读到马克思指明"工业的历史和工业的已经产生的对象性的存在,是一本打开了的关于人的本质力量的书"这一名论时②,如果以此形象思维形式兼普通逻辑思维形式入思来考量其工业物质文化之义,那不由得会说,在工业革命时代产生的诸如蒸汽机、纺织机、铁路、轮船等机器工业产品,作为工业物质文化的成果,都是人在其机器工业生产实践活动过程完成之后的结果,是主体的客体化的结果,或者说这"一本打开了的关于人的本质力量的书",是"外化"的结果;如果以其辩证逻辑思维形式入思来考量其工业物质文化之义,那么显然就得说,在工业革命时代产生的诸如蒸汽机、纺织机、铁路、轮船等机器工业

---

① 马克思:《资本论》第1卷,人民出版社,1975,第202页。
② 马克思、恩格斯:《马克思恩格斯全集》第42卷,人民出版社,1979,第127页。

产业，作为工业物质文化的结果呈现之前，都是分别在其机器工业生产实践活动完成以前，就已经在这些创造者的头脑里观念地存在着，或者形象地说这"一本打开了的关于人的本质力量的书"，是首先在这些创造者头脑中写成了这本书，是先"内化"即"写成"这本书，然后才可能"外化"即"打开"这本书。其实，精神文化生产，譬如写一本书这种精神文化产品创造，也是先内化后外化的双重人化的相继生成过程，即思索研究与叙述阐明的过程。

再以毛泽东读史赋诗来解。毛泽东在《贺新郎·读史》这篇史诗的前几行诗云："人猿相揖别。只几个石头磨过，小儿时节。铜铁炉中翻火焰，为问何时猜得。"① 人类的历史就是一部人类文化史，这几行史诗就内蕴人类文化之义，而人类文化就产生在"人猿相揖别"之时，这个人与猿分化的基础在于猿的活动不是实践，而实践活动属人所特有，前者的活动结果产生的不是文化，后者的实践活动结果产生的就是文化，人类"小儿时节"就是人类童年时代，其文化成果以"石头"而记，"只几个石头磨过"是说的人类创制石器已由打制石器进到磨制石器，进而一步又一步地创制铜器与铁器，人类回过头来从文化视角分别称其为石器文化、铜器文化、铁器文化，无论是从"几个石头磨过"之后磨成了石器，或是从"铜铁炉中翻火焰"之后矿石才炼就打制为铜铁器品，此前都有一个观念地把它们建成的阶段，其"为问何时猜得"就含有客体被主体何时认识和掌握即"内化"之意，尔后才铸锻成或外化为铜器铁器。总之，从石器文化到铜器文化与铁器文化，它们无不是人的本质力量的内化与外化的双重人化的创造性结果。如果再回望中国人对文化的最早释义，即前面所引的"观乎天文，以察时变；观乎人文，以化成天下"，这里分别意指的物质文化与精神文化，无不都是先"内化"与后"外化"双重之义。在中国步入改革开放和现代化建设之际，邓小平在他的南方谈话这篇封卷之作中发出了强音："看准了的，就大胆地试，大胆地闯。"② 这正

---

① 中共中央文献研究室编《毛泽东诗词集》，中央文献出版社，1996，第124页。
② 邓小平：《邓小平文选》第3卷，人民出版社，1993，第372页。

生动地体现了推进当代中国文化首先要"看准",即准确地"内化",然后要"大胆地试,大胆地闯",即有效地"外化"出结果。通读这篇重要谈话,归纳起来就是要在"内化"与"外化"的二重化依次呈现的文化路径上,既要求全面推进当代中国的物质文化、精神文化和制度文化的建设,又要求把当代中国人自身的文化水平提升到当代水平,这是实现当代中国文化全面复兴的主体条件。从对中国文化的原初解读到当代中国文化的积极推进,同时也印证了梁漱溟在认同文化特别是中国文化呈现三大基本文化类型之外,还有一个人本身被文化而化的问题,这就是中国人自身"人化"出来的文化反过来又影响与渗透、培育与熏陶中国人自身的"化人"功用。有史以来的异族别国全部文化是否也是"一个整体"呢?笔者的回答是,任何一个民族国家的文化,只要比较成熟、比较定型,又能持续传承与吸纳外域文化,它就是"一个整体"或"至少各部门各方面相连贯"的文化,人类有史以来得以保存得以续传的全部文化也应当视为一个更长时间更大空间的"一个整体"文化,特别是近代以来人类历史越来越成为世界历史的景况下更是如此。

依据上述将文化划分为物质文化、精神文化和制度文化三大基本文化类型,要合理地解释它们是"一个整体"或"相连贯"的问题。在笔者看来,整体而言,物质文化是精神文化和制度文化赖以存在的基础,同时又是互为存在的条件。物质文化、精神文化和制度文化是相互依赖、相互渗透、相互作用并相互制约的辩证关系。从制度文化的内在结构而言,它外在地依赖着物质文化和精神文化,物质文化和精神文化渗透于制度文化之中。在物质文化和精神文化中,各有相关要素分别构成制度文化必不可少的物质条件和精神条件,并且分别对制度文化起着物质基础与精神导向的制约作用。制度文化则是物质文化和精神文化运行过程中都必不可少的中介条件,并且对物质文化和精神文化起着规范和制约作用。

在当代中国文化整体构建的趋势走向问题上,其时间与空间条件无疑是"当代"与"中国",必须接好这个"时气"与接好这个"地气",但在这一时空视域的主流文化,无疑就是中国特色社会主义物质文化、中国特色社会主义精神文化与中国特色社会主义制度文化,抑或当代中国

"三位一体"的主流文化。坚持中国特色社会主义物质文化建设就是坚持走中国特色社会主义道路的基础与中心,对于大力推进物质生产与不断改善物质生活,包括大力推动与之具有内在联系的生态建设和不断改善生态环境,这在当代中国已不存在异议。问题在于,与此同时,必须坚持中国特色社会主义理论体系和中国特色社会主义制度体系,它们是坚持走中国特色社会主义道路的思想保证与制度保障,应当是基础或中心、思想或灵魂、制度即规范一起同向互动与良性奔流,这是当代中国"三位一体"的主流文化的大趋势、大走向。

在世纪之交,中国人民在中国共产党的领导下,身处当代中国主流文化大趋势、大走向的实践中,克服了种种困难,创造了举世瞩目的成就,已经并继续彰显当代中国主流文化的优势与潜力。但是在这一大趋势、大走向的演进过程中,与主流文化这一正能量相伴而行的还有程度不同的某些负能量,并一直产生着影响与发生着作用,这主要反映在一些持有不同观念、不同政见、不同利益诉求的个人、阶层、集团乃至国外势力,其表现是以不同的话语来左右着主流文化建设的方方面面,其实质可以归纳为"左"的观念与政见和右的观念与政见这么两种倾向。在中国共产党领导的革命、建设与改革开放和现代化建设的实践过程中,既受到过"左"的干扰而吃过亏,又受到过右的干扰而吃过亏,同时也经历过有"左"就反"左"有右就反右的斗争过程,从而排除干扰,成就事业。在改革开放和现代化建设深入发展之际,邓小平在南方讲话中鲜明指出:"右可以葬送社会主义,'左'也可以葬送社会主义。"① 就世纪之交以来,应当说,"左"的东西生存的空间市场正在缩小,这也应得益于邓小平在其南方谈话中,针对当时状况的强调:"中国要警惕右,但主要是防'左'。"②20多年来,正是一方面警惕了右的倾向,另一方面主要是防止了"左"的倾向。经过20多年的主要防"左"或反右,当前的状况如何?现在需要正视或者说当前中国要警惕的是什么?主要防止或反对的是什么?笔者

---

① 邓小平:《邓小平文选》第3卷,人民出版社,1993,第375页。
② 邓小平:《邓小平文选》第3卷,人民出版社,1993,第375页。

个人认为，当前右的东西生存的空间市场有点扩展，国内国外常有互动，国内总有人对国际上不怀好意只图其利的势力，往往一听其观念就闻声而应，一逢其政见就搬来要用，譬如提出并要求"指导思想多元化""国有企业私有化""三权分立"与"多党执政"等。他们企图将其精神文化（特别是意识形态）及制度文化，渗透进当代中国主流文化领域，进而谋图改变中国特色社会主义道路。

中国共产党第十八次全国代表大会的报告，可以说是对上述两种倾向做了正面的有力回应，这就是："在改革开放三十多年一以贯之的接力探索中，我们坚定不移高举中国特色社会主义伟大旗帜，既不走封闭僵化的老路，也不走改旗易帜的邪路。中国特色社会主义道路，中国特色社会主义理论体系，中国特色社会主义制度，是党和人民九十多年奋斗、创造、积累的根本成就，必须倍加珍惜、始终坚持、不断发展。"① 在这里，报告给出了走"左"的老路与走右的邪路的基本标准，分别就是"封闭僵化"与"改旗易帜"，这就为我们在辨识与把握这两种倾向时，提供了既不缩小其范围又不扩大其范围的基本尺度。从文化视野而言，我们在实践中应当坚定不移坚持中国特色社会主义理论体系和中国特色社会主义制度体系，这是当代中国主流文化的灵魂所在与规范保障，同时注重排除"左"的老路与右的邪路这两条终究都为死路的干扰，从而确保当代中国作为主流文化的基础与中心的物质文化扎实迈进，又好又快发展，让中华民族沿着中国特色社会主义道路这条正道，走向复兴之路。

三 文化价值有二：作为文化的文明与野蛮的逐一分辨

在前面的探索中，从对文化的粗浅定义到三大基本文化类型的划分，从对文化精确定义为"人化"再到对其展开的"内化"与"外化"及"化人"功用的论述，我们都没有对文化做基本价值判断，更没有对文化

---

① 本书编写组：《中国共产党第十八次全国代表大会文件汇编》，人民出版社，2012，第11页。

做基本价值推论。对文化做出价值判断，就是对文化做出性质相悖的二重性判断，即说出它的"是"与"非"或道出它的"好"与"坏"。如果从文化内涵的正面取向即说"是"道"好"来做出判断就是文明，如果从文化内涵的负面取向即说"非"道"坏"来做出判断就是野蛮。关于对文化内涵的价值做判断，说简单就这么简单，如果说复杂就复杂在文化与文明、文明与野蛮的关系之间，在基于实践活动的人类社会的全部历史过程之中，特别是每一社会历史形态、每一历史时代、每一历史阶段与相应的民族国家、阶级阶层及其每一人事的纵横关系之中。以下从易到难逐一做些分辨。

在国内外，都有思想家尤其是哲学家和科学家主张所谓先有文明后有文化，且文明包括文化之说。对此之见，笔者不敢苟同。好在也有更多的思想家，包括哲学家和科学家都主张文化是个总体范畴，文化包括文明，先有文化尔后从认识上来辨出文明与野蛮。对此之见，笔者深表赞同。人们完全可以说，从最原始的文化形态的产生直到最现代的文化形态的产生，它们都既包括了文明，同时又包括了野蛮。在这个分辨与整合的问题上，最好是先依次对它们给出定义，给以质的界定。关于文化，前面已有粗浅定义与深入定义，对其本质的界定已讲了许多。关于文明，粗浅来定义就是人类在实践活动过程中创造出来的积极成果，深入来定义就是实践的主体和客体之间能动而现实的相互对象化的积极成果，是人的本质力量积极地内化与外化的二重化成果；关于野蛮，粗浅来定义就是人类在实践活动过程中创造出来的消极结果，深入来定义就是实践的主体和客体之间能动而现实的相互对象化的消极结果，是人的本质力量消极地内化与外化的二重化结果。

以上是对文化做出的性质相悖的价值推论，如果依据前面对文化的三大基本类型的划分，来对它们分别做一番价值推论，那么对属人的物质文化就可推论出物质文明与物质野蛮，对属人的精神文化就可推论出精神文明与精神野蛮，对属人的制度文化就可推论出制度文明与制度野蛮，同时对人自身的主体文化亦可推论出主体文明与主体野蛮。如果从实践中的人与事的关系而言，后者可简称文明人与野蛮人。前者属人的三大基本文化类型，就它们都属客体文化类型而言，亦可简称文明之事与野蛮之事，分别来称就是物质文明之事与物质野蛮之事、精神文明之事与精神野蛮之事、制度文明之事与制度野蛮之事。因而凡事都是人事，人所做的一切事都是在做文化之事，一般情况下好人做好事，文明人做文明之事，坏人做坏事，野蛮人做野蛮之事。特殊历史情况尤其是个别历史情况下好人也会不自觉地做出坏事，文明人也会不自觉地做出野蛮之事，坏人也会不自觉地做出好事，野蛮人也会不自觉地做出文明之事。这是因为人作为人，是实践的存在物或活动物，其内在本质是在人类实践活动中逐步生成的，而且都同时兼有优劣、好坏、是非之分，看其内在本质在周围环境影响下，展现的是什么与程度如何，总归都是以人为本，即以每个人的内在本质为本，以其生活在其中的时间、空间、条件等为环境。这里一系列的价值分辨与推论，在文明与野蛮两相针对性的时空条件范围内是具有绝对性或绝对意义的，如果超出两相针对性的时空条件范围，那么文明与野蛮就只具有相对性或相对意义，这是在对文化进行价值判断与进而做价值推论或分辨文明与野蛮之时，应当记取的最基本的方法论原则与最基本的辩证思维指向。

  无论是普通人的日常生活或是学者们的学术生涯，文明与野蛮的关系，包括文明人与野蛮人、文明事与野蛮事、文明时代与野蛮时代的关系，都是需要一一分辨厘清的关系。于此，恐怕必得从石器文化说起。自然界投向人类而又由人类反射性投向自然界的最早的文化曙光也同时就是文明曙光，其标志应当是曙石器——比旧石器时代更早的石器。曙石器约成于第三纪和第四纪初期，考古出土的这种曙石器基本上不是人工打制出来的，而是一种主要为天然破碎偶见碰打的石块，这还不是严格意义上的文化抑或文明，也不存在相比较而言的野蛮。在这文化或文明的曙光初照之后，人类在实践活动过程中创造出了第一个人化成果——第一个文化现象，第一个文明现象抑或积极成果，这就是打制石器，它不是一种曙光，而是一种实存的人化出来的严格意义上的文化或文明。打制石器出现的时代是旧石器时代，这与当时人类的采集与渔猎生活相一致；打制石器为主而又出现局部磨制石器并发明了弓箭的时代是中石器时代，这与当时人类狩猎的生产效率得到增长相一致；磨制石器为主而打制石器依然留存，又发明了陶器和纺织的时代是新石器时代，这与当时的人类从事农业和畜牧业，有比较可靠的生活资料来源，并开始定居生活相一致。那么，石器时代的这三个不同的发展阶段，就是人类文化最早时代的三个不同发展阶段，其文化自含的文明与野蛮就有了一个既可从纵又可入横的参照比较：打制石器与曙石器相比，打制石器是人类最初的文化成果抑或文明成就；打制石器与磨制石器相比，打制石器是旧的文明而磨制石器是新的文明。从两相针对性的时空条件范围而言，前者属于野蛮，因为它是落后了的东西；后者则属于文明，因为它是先进性的东西。即使在中石器时代还是以打制石器为主而磨制石器为辅，也就是二者同存并用的时代，前者为野蛮后者为文明的性质也是不以人们的意愿为转移的客观存在。往后再去一步一步地由纵入横地分辨与推论文明与野蛮，譬如整个石器时代与经红铜到青铜时代参照比较，青铜时代又与铁器时代参照比较，铁器时代则与机器时代参照比较，机器时代再与电子计算机时代参照比较，人们在穿越这一重又一重的文化隧道与不同的历史时空条件范围的思辨过程中，只要别丢弃了那个关于分辨文明与野蛮的最基本的方法论原则与最基本的辩证思维指向，人们就不会迷茫而必定会对它们——做出合理的解释，这其中也必然包括对不同的社会历史形态、不同的历史时代、不同的历史阶段与之相应的民族国家、阶级阶层及其每一人事，何为文明人与野蛮人，何为文明事与野蛮事的合理解释。

  接下来的问题是，怎么分辨文明时代与野蛮时代，这是两个历史文化用语，一般而言，它们是两相针对性的时空条件范围内的两个特称，当然文明时代这个历史文化用语在后来甚至今日都有泛称。先言其一般特称，简而言之，野蛮时代指的是人类史前史的第二个时代，文明时代指的是人类成文史以来的几个社会历史形态。说到这两个历史文化用语，又不得不提到三位相关学者：摩尔根、马克思和恩格斯。摩尔根是美国著名人类学家和史前史学家，他于1877年推出《古代社会》一书，马克思于1880年底至1881年3月，对这部著作摘要达240余页，并打算就此写一部著作但未能完成，马克思这个遗愿是由恩格斯于1884年以

《家庭、私有制和国家的起源——就路易斯·亨·摩尔根的研究成果而作》一书来加以完成的。为什么马克思、恩格斯如此看重摩尔根这部著作,恩格斯在该书第一版序言中写道:"马克思曾打算联系他的——在某种限度内我可以说是我们两人的——唯物主义的历史研究所得出的结论来阐述摩尔根的研究成果,并且只是这样来阐明这些成果的全部意义。原来,摩尔根在美国,以他自己的方式,重新发现了40年前马克思所发现的唯物主义历史观,并且以此为指导,在把野蛮时代和文明时代加以对比的时候,在主要点上得出了与马克思相同的结果。"① 关于摩尔根这部著作所获得的这一研究成果涉及的研究视域与研究重点,恩格斯写道:"摩尔根是第一个具有专门知识而尝试给人类的史前史建立一个确定的系统的人;他所提出的分期法,在没有大量增加的资料认为需要改变以前,无疑依旧是有效的。在三个主要时代——蒙昧时代、野蛮时代和文明时代中,不消说,他所研究的只是前两个时代以及向第三个时代的过渡。他根据生活资料生产的进步,又把这两个时代中的每一个时代分为低级阶段、中级阶段和高级阶段。"②

问题在于,无论是对史前两个时代或是文明时代,这种特称是具有绝对意义的,因为这是摩尔根实际地运用了历史和逻辑相一致的辩证思维方法,从而揭示了人类历史或人类文化由低级形态到高级形态、由简单水平到复杂水平的演进与提升过程。如果我们人类不确认这一点,那么人类及个体都可以任意地去想象自己的历史。

问题还在于,无论是对史前两个时代或是文明时代,这种特称又具有相对意义,因为无论是根据摩尔根的研究成果、视域或重点,或是根据马克思、恩格斯及其后来人对此的评价与再研究,若对史前两个时代(甚至它们各自的低、中、高三个阶段)与文明时代的几个社会历史形态(它们各自也是呈现出早、中、晚时期或低、中、高阶段)直至当今

---

① 中共中央马克思恩格斯列宁斯大林著作编译局:《马克思恩格斯选集》第4卷,人民出版社,1995,第1页。
② 中共中央马克思恩格斯列宁斯大林著作编译局:《马克思恩格斯选集》第4卷,人民出版社,1995,第18页。

世界若干国家所进入的社会主义社会历史形态的初级阶段，一旦从横向上解剖与从纵向上比较，都可演绎与分辨出它们同时并存着文明现象与野蛮现象，同时并存着文明之人与野蛮之人、文明之事与野蛮之事，只是文明与野蛮的社会背景、表现水准与时代特点不同而已。如果我们人类不确认这一点，那么人类及个体就丧失了能动而辩证地把握自己的历史（包括每个时代、每个阶段乃至每个环节）的整体与部分、先进与落后、好人与坏人、好事与坏事之分之辩的价值判断机能，也就很难自主选择与努力推进人类及个体的开化进步与不断发展，或者说人类及个体就丧失了对于正负价值的判断并分别作出对正面的引领与对反面的修正。当然，对于这后一个问题人们回望历史乃至面对现实，都可做出翔实解剖与分辨。

史前两个时代虽被摩尔根称为蒙昧时代与野蛮时代又各分三个阶段，并被马克思恩格斯及史学界所认同，然而这两个时代及六个阶段，都包含着文明与野蛮相比较同时并存而又有区别地分阶段呈现，其蒙昧时代就相当于前有所述的旧石器时代与中石器时代，野蛮时代就相当于前有所述的新石器时代和金属时代的初期。而文明时代的几个社会历史形态，虽然一个比一个取得了更长足的历史进步，但古代、近代与现代都是文明与野蛮杂存纷呈，近世以来的思想家特别是马克思、恩格斯对此都有论述，尤其是对现代资本主义社会的文明与野蛮论涉颇多。当代"一球两制"并存的世界也是当代文明与当代野蛮并存，即使是在当代中国，由于实行公私两种所有制并存的基本经济制度与市场取向的经济运行体制，也由于实行对外多维度的开放，因此这就一方面造就了当代中国的辉煌，使当代中国文明取得了巨大进展，另一方面又有种种历史野蛮沉渣泛起，并伴有当代野蛮的滋生。

作为这一阐发的尾声，笔者想提一下自己经常翻阅的《文明与野蛮》一书。该书为美国加州大学著名人类学、民族学教授罗伯特·路威所著，其言是为非专门研究人类学的人而写，其实正如中译者吕叔湘所说，这是路威教授"所著诸书中最可喜的一本"。为何有此评呢？吕叔湘在"译者序"中言："他从吃饭穿衣说到弹琴写字，从中亚土人一分钟捉八十九个虱子说到法国国王坐在马桶上见客,从马赛伊人拿太太敬客说到巴黎医院里活人和死人睡一床,可说上下古今,无一不谈,而又无谈不妙。他决不板起面孔来教训,也不引经据典来辩论,他只罗列逸趣横生然而确凿无疑的事实来给你看,叫你自然心悦诚服。"① 为何有此感呢?吕叔湘在"重印后记"中言:"这本书原来的书名是《我们文明吗?》,我把它改了。为什么?'我们文明吗?'是作者站在白种人的立场作自我批评,可是我怕如果译本沿用这个书名,很容易引起某些读者的阿Q式反应:'原来你们也不过如此,还是我们炎黄子孙比你高明!'因此我把书名改了。时间过去五十年,是不是还会有这种妄自尊大的读者?我想是不会有了,尤其是经过十年动乱之后,谁都不能不认识到我们的文明古国有时候是很不文明的。"② 吕叔湘在推测该著中译本重印面世会有什么样的反应时又说:"有些读者看了这本书会觉得仿佛参加一次海客谈瀛的报告会,很有趣,可也就是有趣而已。这样的读者我想总是会有的,到哪一年都会有的。但是多数读者会有感慨,认识到所谓文明人有时候很野蛮,而所谓野蛮人有时候倒很文明;认识到文明不是哪一个或者哪几个民族的功劳,而是许多民族互相学习,共同创造的;认识到文化的'宝贵遗产里掺杂了许多渣滓',要时时提高警惕。"③

中国读者即使至今未读过路威教授这部1935年中译初版、1984年重印版的书,以及吕叔湘的"译者序"与"重印后记"中的精辟真言,你只是在接触当下各种中文新旧媒体之时,你也会年年月月天天阅览到对当代世界与中国的种种文明的报道,也会见到对当代世界与中国的种种野蛮的揭露,当然这些报道与揭露,其取向与标准有同有异,要靠人们自己去识辨。吕叔湘在"译者序"最后还说了两句一悲一喜的话:"总之,人类总是愚蠢的,过去既是如此,谁能担保他将来只做聪明事?天知道,人类

---

① 罗伯特·路威:《文明与野蛮》,吕叔湘译,生活·读书·新知三联书店,1984重印版,"译者序"第4页。
② 罗伯特·路威:《文明与野蛮》,吕叔湘译,生活·读书·新知三联书店,1984年重印版,第298页。
③ 罗伯特·路威:《文明与野蛮》,吕叔湘译,生活·读书·新知三联书店,1984年重印版,第298~299页。

需要多几个这样的诤臣!"① 他还在"重印后记"中说道:"现在看来,'译者序'对最后这一点强调得还不够。真像是文明的每一个新的进步一定要带来一个新的问题似的。"② 笔者想说,人类必须研究自己的文明,同时必须研究自己的野蛮,就像当代中国有美学家提出,研究美必须同时与研究丑结合起来一样。就笔者的经历、阅历及能力而言,暂可仅仅对文明的一个基本类型——制度文明做点基础性研究,既对人类丰富的制度文明成就做些理论总结,同时不忘对人类种种制度野蛮做些理论批判。

---

① 罗伯特·路威:《文明与野蛮》,吕叔湘译,生活·读书·新知三联书店,1984年重印版,"译者序"第6页。
② 罗伯特·路威:《文明与野蛮》,吕叔湘译,生活·读书·新知三联书店,1984年重印版,第299页。

对高势能文化若干问题的思考

陈岸华[*]

（湖北大学马克思主义学院）

【摘　要】 在学界，高势能文化领域的研究尚是一片空白，本文对为什么要研究高势能文化，什么是高势能文化，高势能文化在人类文明的发展中所起的作用，以及如何对待异源高势能文化提出了一些看法，提出了我国的文化建设研究应该在高势能文化研究领域开疆拓土。

【关键词】 高势能文化　异源　人类文明　社会主义

一　为什么要研究高势能文化

迄今为止，高势能文化一词虽然偶被学者所用，但是，学界对于高势能文化的内涵、特点和作用的专门研究还是一片空白。运用"高势能文化"做关键词，在国家图书馆网查到的专著为零，在CNKI（中国全文期刊数据库）上更是找不到一篇具体研究高势能文化的文章。本文认为，高势能文化研究本身应该是文化研究的重要组成部分，也是一个非常有价值的研究领域，我们应该鼓励学者在这一领域开疆拓土。高势能文化研究有什么意义呢？研究高势能文化特别是研究对未来世界文明发展的走向起

---

[*] 陈岸华（1969~），男，湖北蕲春人，湖北大学马克思主义学院副教授。

决定性影响的高势能文化的意义主要在于：一是探索世界高势能文化的形成、特点、发展过程和演进规律，弄清异源高势能文化在历史上的融合与碰撞所引起的世界文明的变化，同时研究同时代异源高势能文化的对立和冲突的根源，从而为人类的文明进步指引道路，提供方向；二是有助于我们从理论上认识不同时代不同高势能文化的基本特征与发展态势，特别是有助于我们与时俱进，善于从异源高势能文化中汲取营养，从而丰富和发展本土文化，增强本土文化的时代气息；三是有助于我们促进和加深对本土和异源高势能文化的了解，特别是有助于我们提高对现代资本主义文化包括其没落文化元素的政治鉴别力与政治敏锐性，提防个别民族别有用心地运用文化多元化战略与和平演变的图谋，从而确保我国的文化安全和政治安全；四是随着对世界高势能文化研究的不断拓深，必然会提出许多新问题、新概念、新体系，这有助于开拓文化研究的新领域。

二　什么是高势能文化

从古代和近、现代高势能文化的产生和演进的过程看，所谓高势能文化，实际上就是某个民族在一定历史时期基于生产力发展而形成的在经济、政治、社会、军事、教育、科技、制度等领域的思想理论水平整体上高于或领先于邻近民族和其他民族的文化。

被誉为"世界通哲"的英国著名历史学家 A. J. 汤因比在其《历史研究》著作中，对人类 6000 多年的历史一共出现的 26 种文明，进行了研究，这 26 种文明是：西方基督教文明、东正教文明、伊朗文明、阿拉伯文明、印度文明、远东文明、古希腊文明、古叙利亚文明、古印度文明、古中国文明、米诺斯文明、苏美尔文明、赫梯文明、巴比伦文明、古埃及文明、安第斯文明、墨西哥文明、于加丹文明、玛雅文明、波利尼西亚文明、爱斯基摩文明、游牧文明、斯巴达文明和奥斯曼文明。[①] 我们可以把这 26 种文明看作人类文明史发展至今所出现和曾经出现的世界高势能文

---

① 汤因比：《历史研究》下册，上海人民出版社，1964，第 455 页。

化。

无疑，世界高势能文化首先是在农业文明相对发达的区域产生的，我们可以称之为古代高势能文化。两河流域、尼罗河流域、印度河和恒河流域、长江和黄河流域以及爱琴海分别是世界各个地区古代高势能文化的最初发祥地。古代高势能文化的形成几乎带有共性地出现在原始社会后期特别是奴隶社会上升时期，部分地区的古代文明则绵延到当代社会。古代高势能文化的发展是与农业生产组织和技术的先进程度、宗教文化的成熟程度和对外贸易的发达程度相联系的。当某个民族或地区掌握了邻近民族或地区所没有的先进农业生产工具及技术时，便逐渐形成了高于邻近民族和其他民族的高势能文化；统治者借助于自然崇拜而发展起来的宗教成为了联结民心的纽带和维护秩序、稳定统治的工具，因而世界高势能文化的产生最初均是以宗教为基石。古代高势能文化借助于其生产力发展、文化繁荣甚至领土扩张的势能，不断向邻近地区流动和扩散，同时借助交通、宗教、贸易、信息和军事手段进行异域传播。交通技术、互通有无的贸易、宗教传播手段和征伐能力越发达，古代高势能文化异域传播的范围就越广泛。即使在现代高势能文化占统治地位的当今世界，以农业文明为核心的古代高势能文化不仅未能被取代，反而仍然具有顽强的生命力，依然在许多民族和地区、在现代高势能文化的夹缝中缓慢地发展，从而成为当代世界文明的组成部分。

中国的儒教文化源远流长、存续至今，并且成为影响深远的世界高势能文化，主要还在于它所倡导的仁民爱物、民为邦本、明正清廉、崇尚整体、爱国齐家、修身践履、居仁由义、见利思义、敬业乐群、成德建业、崇善尚礼、诚实守信、天人合一、勤俭治生等思想既契合统治者治国安邦的总要求，又符合百姓在道德上的朴素追求。中国传统文化曾经五次经历外来文化的涤荡：两汉之际的佛教渗入、16世纪欧洲新教的传入、鸦片战争时期的西学东渐、20世纪初的新文化运动和马克思主义在中国的传播，这些文化和思想虽然改变了中国传统文化的某些特质和内容，但都没有撼动和改变倡导忠孝、仁义、诚信、和合的中国传统文化的深刻内涵和深厚根基。其中，马克思主义理论对近现代中国社会的变革具有决定性意义,她与中国传统文化高度契合,并极大地丰富和补充了中国传统文化和现代社会主义文化的内容,同时还改变了中国革命和建设的历史进程,并成为当今执政党——中国共产党长期奉行的党和国家的指导思想。儒家文化在当代仍然符合人类和人性的本质要求——人的社会性要求,因而在现代西方文明难以拯救自身危机的时候,儒家文化就重新受到人们的关注。1988年75位诺贝尔奖获得者在巴黎集会时讨论的主题就是《21世纪的挑战和希望》。会后,瑞典汉内斯·阿尔文博士在新闻发布会上提出了这样一种思想,即,人类要在21世纪生存下去,还要到2500年前孔子的思想中去寻找智慧。

14世纪进行的基督教改革和16世纪的欧洲文艺复兴孕生的新教文化和资本主义精神,不仅有力地支撑了资本主义在近现代的发展,而且成为资本主义世界的高势能文化。这一反映资产阶级意志、愿望和利益的,以个人主义、功利主义为根基的新教文化和以私有制为基础的自由资本主义市场经济制度,曾经使资产阶级携带新兴工业文明奔走于全世界,摧枯拉朽般地扰乱了东西方的封建秩序以及传统的农业文明社会生活图式,东方的许多落后国家因此而沦为西方列强的殖民地和半殖民地。

但是马列主义的问世、社会主义国家的崛起和第三世界反对殖民主义的民族独立运动,帮助东方古国击退了帝国主义的殖民侵略。新教文化自身的弱点和资本主义私有经济制度的弊端也曾陷自己于万劫不复的边缘,自由资本主义经济危机和由此引发的两次世界大战,迫使西方重视马克思主义诊治资本主义制度的偏方和新生社会主义国家经济计划化的优点。发达资本主义国家,在通过资本所能允许的生产关系和政治关系的内部调整后才使资本主义制度存活至今,并保持了经济的发达和社会的稳定,战后的资本主义文化左右了全球的绝大部分地区和超过一半以上的世界人口,无疑是与东方文明相抗衡的现代世界高势能文化。

三 高势能文化在人类文明发展中所起的作用

从历史上看,高势能文化在地区文明和人类文明的发展中所起的作用主要表现在：

第一，高势能文化在向邻近或其他低势能文化地区流动的过程中，形成了更大范围的同质文化圈，如儒教文化圈、新教文化圈、佛教文化圈、伊斯兰教文化圈等，此外，还有苏联解体后在东北欧广泛兴起的民主社会主义文化圈。欧洲民主社会主义文化圈的形成，标志着东西方主流传统异质文化从过去的"两极相逢"演变为"多极对峙"。

第二，高势能文化是一个民族和一定地区的软实力的象征和体现，尽管核心价值观各不相同，但是它为同质文化圈各个民族社会的稳定、经济的发展提供了文化源泉、思想动力和精神支撑。各个地区的高势能文化构成了人类文化发展的总成就，推动着人类文明的进步，并在相互碰撞和较量中加速改变着人类历史发展的进程和方向。

第三，异源高势能文化总是在文化的渗透和传播中相互从对方的文化中吸取推动自身发展的汁液，任何民族文化都是本民族文化和世界高势能文化的结合体。

第四，高势能文化的自身传承一是依靠对自身文化精髓的提炼，二是有赖于不同地区教育主体、教育制度和教育技术的发展。例如我们熟悉的"佛教十重戒""伊斯兰教十项天命""基督教摩西十诫"，儒教《三字经》等等，这些被提炼的异源高势能文化精髓短小精悍，很容易为人所记诵。古语有云，"熟读三字经，便可知天下事，通圣人礼"。讲的就是提炼文化精髓并广为传播，能够达到文化化人的目的。

第五，多数国家和地区对待世界高势能文化不是全盘吸收，而是在相互交流中以我为主，不断萃取为我所用的异源高势能文化中的先进文化元素，否定和阻隔其没落文化元素。中国在历史上曾经数次主动吸收和融合世界高势能文化，也曾因国力孱弱而被外强注入高势能文化；日本则是主动吸收和融合世界高势能文化并实现其本土化的典型代表。

第六，高势能文化在历史上也曾经成为攻击和瓦解异源高势能文化，降低异源高势能文化向心力、影响力和号召力，从而造成某个民族分崩离析的工具。譬如，现代欧美国家为达到经济和政治上统治世界的目的，挥舞着自由、民主、人权的大棒和普世价值的幌子，运用军事手段对阿拉伯世界文化进行清剿。同样，西方敌对势力对社会主义国家也是如此，东欧剧变和苏联解体以后，一些社会主义制度的歧视者甚至企图在20世纪末，在莫斯科红场举行埋葬全球社会主义制度的葬礼。到目前为止，他们一直在持续不断地对开放的中国进行着以资产阶级意识形态为核心的思想渗透，以实现对社会主义中国进行和平演变的图谋。现在，发达资本主义国家搞了近三百年的民主模式和多党制度，以及西方舆论对西式民主、自由、人权和西方成就不遗余力地宣传，让不明就里的中国百姓难抵诱惑。世界社会主义在20世纪陷入低潮，至今仍使我们极少数共产党人和部分群众对中国社会主义事业的前途丧失信心。欧洲民主社会主义浪潮和所谓的"第三条道路"也让对中国社会主义民主进程不满之人"心向往之"——资本主义国家高势能文化对中国和其他社会主义国家的围剿及其对文化安全、执政安全、制度安全和社会安全的危害绝不能小视。

第七，同一高势能文化中既存在着先进文化元素，也存在着没落文化元素，其中的没落文化元素在高势能文化内部侵蚀和否定着自身。先进文化元素较多的新的高势能文化必将战胜或取代没落文化元素较多的旧的高势能文化。例如，改革开放以来，我国在融合西方文化的过程中，逐渐形成了新型的社会主义文化和思想道德观念，如公私兼顾、义利相统、以人为本、科学发展、正当谋利、合法经营、诚实守信、平等竞争、互利互惠、共同富裕、勤奋守时、敬职尽份、尊重人权、发展个性等。这些在中国特色社会主义建设过程中出现的新的文化思想道德观念，正在逐步取代和抵消传统的儒家文化带给人们的思想影响。

四 如何对待异源高势能文化

第一，在传承中华民族的传统优秀文化和建设中国特色社会主义文化的同时，要以宽广的胸怀尊重和包容异族独特文化。

人类文化的发展史，正是高势能文化不断替代低势能文化、先进文化元素逐渐替代没落文化元素，以及异源高势能文化在相互尊重、相互包容、相互交流、相互吸收中推进人类文明的跃迁的历史。人类应该顺应人类文化的发展进程、发展特点和发展规律，借鉴、整合、尊重和包容不同民族的独特文化和异源高势能文化。我们在维护意识形态安全和制度安全的前提下，也不会把异源高势能文化视作洪水猛兽，现代资本主义文化中也有值得学习和借鉴的符合人类进步的一些合理内核，要不然，资本主义文化早就被人类扫进历史的垃圾堆。现代资本主义高势能文化崇尚自由民主、鼓励个性发展、突出法律至上、强调权力制衡、主张经济理性等，这是我们在社会主义文化建设中需要认真思考和借鉴的。另外，历史上出现过的企图把本民族文化定于一尊以实现思想国家化和文化一元化的行为，不能改变人类文化的发展进程，也不代表人类文化前进的方向。当然，这绝不是要否定把马克思主义作为我们党、我们国家的指导思想，指导思想一元化与文化一元化是两个概念。

第二，要努力吸纳异源高势能文化中的先进文化元素。

当代世界客观存在着国家利益之争、民族纷争；客观存在着主义之争和人类未来的道路之争，无论意识形态有何不同，斑斓多样的高势能文化总是不以人的意志为转移地出现在你的视野，影响着你的思想，决定着你的世界观、人生观和价值观。当代世界的竞争包含着经济、军事、科技等看得见的竞争，也包含着文化、教育、思想和主义等看不见的竞争。谁善于融合和吸纳对方文化中的先进文化元素，谁就能赢得世界，赢得未来。

这里不妨以日本为例。日本在其古代史上是一个文化低势能民族，儒教文化传播到日本以后，日本逐渐构筑了以神为敬、以王为勤、以礼为光、以和为魂、以忠孝为本、以仁义为贵的大和文化，日本国民长期潜移默化养成的勤王精神、人和精神、忠孝精神成为了日本国民的精神特质。西学东渐以后，日本人脱亚入欧，改奉新教文化，新教文化为日本国民精神注入了新鲜血液，使日本人养成了工蜂精神、节俭忍耐精神、以社为家精神、敬职尽份精神、"常遵国宪、时守国法"精神等。日本人的危机意识、竞争意识、开放意识、创新意识、民族利益至上意识、科教兴国意识远在中国人之上。明治维新以后，日本超过了它的文化导师中国和欧洲，渐成世界强国。现在的日本在文化战略上奉行"既不脱亚，又要入欧"，反映了日本人在文化上的自省自觉。日本的文化史其实就是善于吸收、整合、融合和消化异源高势能文化及其先进文化元素的历史，而且这种依靠外来高势能文化沉淀而成的日本国民精神在日本近代化和现代化的过程中散发出的巨大正能量，还在继续为日本赢得世界、赢得未来。所以我们不能也不敢沉醉于历史上在文化科学技术方面的辉煌，不能也不敢妄自菲薄、狂妄自大，应该在研究社会主义主流文化和建设中国特色社会主义文化强国时，虚心地学习日本对待异源高势能文化特别是异源高势能文化中的先进文化元素的科学态度。

第三，要警惕文化多元化思潮所带来的移国动众的危险。

因为历史进程的不同而形成的同水平异源高势能文化之间客观存在着核心价值观的对立和冲突。它们在彼此渗透、较量和斗争中改变着对方的文化内容，影响着对方民众的思想。核心价值相冲突的高势能文化，会被别有用心的民族用来当作影响非同质文化圈民众思想和诋毁非同质文化圈意识形态的武器，我们必须洞悉和谨防敌对国家挥舞文化多元化的大棒、以没落文化元素为武器、以亡国亡社会主义制度为目的而实施的新型文化殖民策略。

第四，要认清近年来被视为高势能文化的欧洲民主社会主义文化的本质。

当今流行于欧洲特别是东欧传统社会主义国家的民主社会主义、社会改良主义文化泛起是当今世界一个值得注意和研究的现象。民主社会主义是世界各国社会党、社会民主党、工党所信奉的政治文化理论。当代民主社会主义文化的主要表现形式有二：一是西欧的民主社会主义文化，这种文化主张指导思想多元化，全盘否定马克思主义的一元化指导思想地位，推崇西式民主、自由、平等、公正、人权，反对建立无产阶级专政，要求把民主作为社会主义的"精神基础和政治基础"，提出社会主义应该是自由民主逐渐向社会各个领域扩展；认为社会主义只是人类理性或伦理原则的实现，否认社会主义制度代替资本主义制度的历史必然性，提出共产主义与人的自然天性不相符合；主张实行以市场经济为基础的混合经济制度，建立福利社会；要求改变党的性质和组织原则，主张建立改良的党、全民的党,在党内实行完全的民主和自治等。二是苏联和东欧的"人道的民主的社会主义"文化,这种文化主张建立全民党、议会党,放弃共产党领导地位和执政地位,实行多党制;认为无产阶级专政就是独裁,提出在"全民国家""全面充实人权";主张放弃民主集中制,推行所谓"民主化";提出取消社会主义公有制的主导地位,实行混合经济,搞完全市场化;主张意识形态多元化,否定马克思主义的指导地位等。社会改良主义则是一种披着社会主义外衣,企图以局部社会改良来代替无产阶级革命斗争的资产阶级和小资产阶级社会主义思潮。这种文化在19世纪中叶产生于资本主义发展最早、阶级斗争日益尖锐化的英法两国,后来广泛流行于资本主义各国。它是垄断资本主义的产物,其社会基础是资产阶级用超额利润收买的工人阶级内部上层分子,即"工人贵族阶层"。社会改良主义鼓吹阶级合作,反对阶级斗争,取消无产阶级革命;宣扬超阶级的国家观,反对打碎资产阶级的国家机器;主张通过议会选举、合作社运动等和平手段,在不触动资本主义根本制度的前提下进行局部的改良,使资本主义逐渐的"和平长入"社会主义。社会改良主义也是同马克思主义的科学社会主义根本对立的,曾给国际工人运动造成很大危害。无论是民主社会主义还是社会改良主义都是与马克思主义基本原则背道而驰的,本身就受到马克思主义者的严厉批判,两者对公有制和人民民主专政的否定使它偏离了社会主义的质的规定性,两者主张取消共产党的领导地位、主张指导思想多元化、主张实行多党制和三权分立的政治制度是与我国国情不相适应的。因此,我们在包容民主社会主义思潮的同时,绝不会奉行民主社会主义和社会改良主义思想。

论中华文化与中华民族血脉

吴成国[*]

（湖北大学历史文化学院）

【摘　要】 中华民族是历史形成的命运共同体，维系这个命运共同体的基本纽带是文化认同。这种文化认同，随着历史的进程而不断加深加固，构成了中华文化的血脉，同时也是中华民族的血脉。中华文化是中华民族智慧的结晶。中华文化关乎中华民族血统道统。中华民族要像爱护嫡亲骨肉一样爱护中华文化。

【关键词】 中华　文化　民族血脉

"文化是民族的血脉，是人民的精神家园。"这是中国共产党对文化的精辟认识与科学定义，该提法首见于党的十七届六中全会通过的《中共中央关于深化文化体制改革、推动社会主义文化大发展大繁荣若干重大问题的决定》中，后被写进党的十八大报告。中国共产党对"文化"的精辟认识与科学定义以执政党文件形式予以确定，必将对中国当代文化研究带来重大而深远的影响。

"文化何以是民族的血脉"？解答这一问题，关键是弄清"血脉"一词的含义。香港商务印书馆出版的《汉语大词典》释"血脉"有四义：

---

[*] 吴成国（1964~），男，湖北大悟人，历史学博士，现为湖北大学历史文化学院教授，湖北大学荆楚文化研究中心主任。

1. 人体内血液运行的脉络；2. 比喻贯通事物的脉络；3. 犹血统；4. 指嫡亲骨肉。依此四义，在本次由"长江学者"江畅教授主持的"中国当代文化发展论坛"上，笔者提交的论文《论中华文化与中华民族血脉》分四部分展开：一、中华文化是中华民族生命血液；二、中华文化是中华民族智慧结晶；三、中华文化关乎中华民族血统道统；四、中华民族要像爱护嫡亲骨肉一样爱护中华文化。

一 中华文化是中华民族生命血液

血液对维持人的生命起着重要作用，在中国古代，人们很早就已认识到人体内血液运行的脉络对生命的重要性。周人辛钘撰《文子》曰："若然者血脉无郁滞，五藏无积气。"① 《吕氏春秋》言："血脉欲其通也，筋骨欲其固也，心志欲其和也，精气欲其行也。若此，则病无所居而恶无由生矣。"② 《后汉书》记华佗对吴普说："人体欲得劳动，但不当使极耳。动摇则谷气得销，血脉流通，病不得生。"③

学者们关于"文化"的定义众说纷纭，但关键是要把握"文化"最核心的是什么？古代典籍中的"文化"多指人的后天修养与精神、物质的创造。文化学成为一门学科之后，广义的"文化"定义就是人类在历史进程中所创造的一切物质文明和精神文明的总和；而狭义的"文化"是指自然的人化，主要是指人类所创造的精神文明。那么，文化最核心的是什么？所谓文化，就是以文化人。明乎此，我们才懂得一个民族的文化对该民族立于世界民族之林犹如血液之于人的生命同样重要。

先秦时期是中华文化的生成时期，产生了儒家、道家、法家、墨家等诸子百家。从此，这些思想文化就一直如生命血液一样，植根于我们民族的肌体，影响着我们民族的生活方式、行为方式、思维方式，形塑着我们

---

① （周）辛钘：《文子·守静》，见影印文渊阁本《四库全书》第1058册，商务印书馆（台北），1986，第320页。
② 张双棣等译注《吕氏春秋译注·达郁》，吉林文史出版社，1986，第729页。
③ （南朝刘宋）范晔：《后汉书·方术传下·华佗传》，中华书局，2001，第2739页。

民族的心理结构。

在中国传统社会，儒家思想对上至帝王贵族、文武百官，下至庶民百姓、贩夫走卒都有重大影响，成为我们民族的生命血液。《汉书》讲到儒家的渊源："儒家者流，……游文于六经之中，留意于仁义之际，祖述尧舜，宪章文武，宗师仲尼。"①《庄子》评论儒家："性服忠信，身行仁义，饰礼乐，选人伦，上以忠于世主，下以化于齐民，将以利天下。"② 举例来说，孔子教育儿子伯鱼"不学诗，无以言"，"不学礼，无以立"③，故旧时许多文化人家的厅堂里都挂着"诗礼传家"的匾额。再如，古之中国，教育未曾普及，然纵是村夫村妇，一字不识，亦怀忠义之心，国难起，登高一呼，即奋起，云集而影从，舍身而赴国难者，不胜枚举。何者？儒家之"忠义"观念潜移默化影响的结果。因此，每个炎黄子孙，均可自儒家思想中获得健全自己理想人格的精神营养。儒家的公忠为国精神，培育了炎黄子孙的爱国情怀；儒家的仁爱精神，培育了仁人志士热爱人民的高尚情操；儒家以义制利精神，启示中华儿女正确对待物质利益；儒家的刚健有为精神，激励中华儿女发愤图强；儒家的气节观念，涵养出炎黄后裔、华夏儿女自尊、自强的独立人格。

儒家思想是中华文化的思想主流，对中华民族乃至东方民族的影响十分巨大。在长达 2000 余年的中国传统社会里，儒家思想一直在官方意识形态里占据着统治地位，对中国文化发生着广泛而深刻的影响，儒学乃是中国传统文化的思想主流，用南朝梁刘勰的话来说就是"秉儒家之文"④。梁任公曾指出："所以我们可说，研究儒家哲学，就是研究中国文化，诚然儒家之外，还有其他各家，儒家哲学，不算中国文化全体；但是若把儒家抽去，中国文化恐怕没有多少东西了。"⑤ 任公所说"研究儒家哲学，就是研究中国文化"这话或者稍过了点，但中国几千年文化史是以儒学

---

① （东汉）班固：《汉书·艺文志》，中华书局，2006，第 1728 页。
② 陈鼓应注译《庄子今注今译》（下），中华书局，2009，第 867 页。
③ 杨伯峻译注《论语译注·季氏》，中华书局，2004，第 178 页。
④ （南朝梁）刘勰：《文心雕龙·奏启》，见李明高编著《文心雕龙译读》，齐鲁书社，2009，第 238 页。
⑤ 梁启超著《饮冰室书话》，周岚、常弘编选，时代文艺出版社，1998，第 579 页。

为主流则毋庸置疑。正如牟宗三先生所言:"儒家是中国文化的主流,中国文化是以儒家做主的一个生命方向与形态。"①

再深加考究,中国何以成为文化延绵不绝的唯一国度?这是否与中国文化的特质有关?冯天瑜先生在《中华文化史》中把中国文化看作"宗法伦理型文化范式",并指出"家国同构"是其一大特质。②其他三个文明古国——古埃及、古巴比伦、古印度,其文化有的早已灭绝,有的遭到破坏或摧残,有的出现大断层而失去光泽,唯有源远流长而博大精深的中国文化一直生机勃勃,并且代有高峰,蔚为壮观。深研四大文明古国的文化特质,我们会发现,古埃及文化是以王权为代表的文化,古巴比伦文化是以法律为代表的文化,古印度文化是以宗教为代表的文化,而中国文化则是以家庭为代表的文化。如同家庭血缘关系的连绵不绝一样,中国文化得以延绵不绝。

虽然近代民族学层面上的"中华民族"形成较晚,但古人对"文化"之于"中国"的意义却早有认识。中国之称"华夏",带有礼仪文化的色彩。《左传》:"裔不谋夏,夷不乱华。"唐孔颖达疏曰:"中国有礼仪之大,故称夏;有服章之美,谓之华。华夏一也。"③明丘浚《大学衍义补》卷一百四十三引孔颖达语曰:"中国而谓之华夏者;夏,大也,有礼仪之大,有文章之华。"④孔颖达所讲的"礼仪之大""服章之美""文章之华",都是"文化";华夏者,也是后来汉民族的前身和主体。与"中国"含义相同的有"中华","中华"不局限于地域或种族的意义,人们还发掘出"中华"的文化内涵,如元人王元亮《唐律释文》卷三云:"中华者,中国也。亲被王教,自属中国,衣冠威仪,习俗孝悌,身居礼仪,故谓中华。"又如章太炎说:"中华之名词,不仅非一地域之国名,亦且非一血统之种名,乃为一文化之族名。……其后经数千年,

---

① 牟宗三:《政道与治道新版序·从儒家的当前使命说中国文化的现代意义》,见《政道与治道》,吉林出版集团有限责任公司,2010,第22页。
② 冯天瑜等:《中华文化史》,上海人民出版社,1990,第231页。
③ 《春秋左传正义》卷56,见阮元校刻《十三经注疏》第4册,中华书局,2009,第4664页。
④ (明)丘浚:《大学衍义补》卷143,见影印文渊阁本《四库全书》第713册,第661页。

混杂数千百人种，而其称中华如故。以此推之，华之所以为华，以文化言，可决知也。"①

从中华文化是中华民族生命血液这一层面上看，笔者赞同以下的研判：

中华民族是历史形成的命运共同体，维系这个命运共同体的基本纽带是文化认同。这种文化认同，随着历史的进程而不断加深加固，构成了中华文化的血脉，同时也是中华民族的血脉。②

二 中华文化是中华民族智慧结晶

"血脉"第二义是"比喻贯通事物的脉络"，能够贯通事物的脉络，则含有认识事物的智慧。在这一意义上使用"血脉"，可见于宋姜夔《白石诗说》："大凡诗自有气象、体面、血脉、韵度……血脉欲其贯穿，其失也露。"③ 也可见于清李渔《闲情偶寄》："填词之中，勿使有断续痕……务使承上接下，血脉相连。"④

中华文化是中华民族智慧结晶，首先表现在哲学智慧上，以老子为代表的道家思想与儒家思想一样震古烁今。

老子第一个提出了"道"的观念，并把它作为一个最高的哲学范畴。《老子》一书中，"道"字前后出现了73次⑤。老子认为，"道"是自然和社会变化的总规律，《老子》第42章曰："道生一，一生二，二生三，三生万物。"⑥ 第4章又说"道"是"万物之宗"⑦。此后，"道"不仅是老子及道家哲学的最高范畴，而且成为中国古代哲学的最高范畴，对中国

---

① 章太炎：《中华民国解》，见《章太炎全集》（四）之《太炎文录初编·别录卷一》，上海人民出版社，1985，第253页。
② 赵峰：《为什么说文化是中华民族的血脉》，《解放日报》2011年11月21日，第11版。
③ （宋）魏庆之：《诗人玉屑》卷一引《白石诗说》，见影印文渊阁本《四库全书》第1481册，第41页。
④ （清）李渔撰、张立注：《闲情偶寄》，陕西人民出版社，1998，第18页。
⑤ 陈鼓应：《老子注译及评介》（修订增补本），中华书局，2009，第13页。
⑥ 陈鼓应：《老子注译及评介》（修订增补本），中华书局，2009，第225页。
⑦ 陈鼓应：《老子注译及评介》（修订增补本），中华书局，2009，第71页。

传统思想文化的发展及民族特色的形成都产生了深刻而广泛的影响和难以估量的作用。金岳霖先生指出："每一文化区有它底中坚思想，每一中坚思想有它底最崇高的概念，最基本的原动力。……中国思想中最崇高的概念似乎是道。所谓行道、修道、得道，都是以道为最终的目标。思想与情感两方面的最基本的原动力似乎也是道。"①《老子》八十一章中对"道"展开论述的内容丰富，加之其富有诗意同时简洁古奥的语言，使后世学者对"道"的解释也言异义殊。正如有论者所言："中国历代学者对道之结论是：本原、元神、法则、唯物、唯心的、反动的、虚无渺茫、乌托邦、精神的、物质的、哲学核心、太一、玄学、心斋、生忘……；而西方说道是：禅、梵、奴斯、天神、基本粒子、上帝、宇宙精神……"道之各论其是，难得共识，以至于该学者无奈地说："道其意大而深，无法用文字表述道之意。"②"道"作为中国古代哲学的最高范畴，是老子哲学在中国古代哲学中具有重要地位的最显著的标志。

著名的"有无"说，也是老子首先提出来的，老子是中国辩证法思想的真正奠基者。《老子》第40章说："天下万物生于有，有生于无。"③有无是在相互对立中产生的，有无相生，世界上没有孤立存在的事物，都是相互依存、相互转化的。事物不断向自己的反面转化，是事物发展的普遍规律。这种对事物间的对立统一关系的深刻辨识，包含着丰富的辩证思维。老子是我国哲学史上第一个对宇宙本原进行深入探讨的哲学家，他那朴素的辩证法思想使其在中国哲学史上占有极其重要的位置。

老子教给人们的人生智慧举不胜举，惠及后人。老子是楚国人，楚国居于南方，使老子形成了重视柔弱的思想。在《中庸》里，孔子就曾说过："宽柔以教，不报无道，南方之强也。……衽金革，死而不厌，北方之强也。"④孔子这段话用现代口语说出来就是："用宽容柔弱教诲人，有

---

① 金岳霖：《论道》，商务印书馆，1987，第16页。
② 李之濂：《简论道》，见杨廷俊主编《老子故里论老子·道论卷》，社会科学文献出版社，2009，第197、248页。
③ 陈鼓应：《老子注译及评介》（修订增补本），中华书局，2009，第217页。
④ （元）朱公迁：《四书通旨》引《中庸》，见影印文渊阁本《四库全书》第204册，第595页。

人对我横逆无理，我也受而不报，这是南方式的强。……穿着铠甲，拿着兵器，战死了也不皱一下眉头，这是北方式的强。"① 我们看老子一再讲"守柔曰强"（52 章）、"柔弱胜刚强"（36 章）、"强梁者不得其死"（42 章），这不正是孔子所说的"宽柔以教"吗？《老子》一书蕴含的智慧非短篇尺牍所能言尽，无怪乎台湾学者余培林先生在撰写《中国历代经典宝库》时以《生命的大智慧》为书名来介绍《老子》一书。

中华文化是中华民族智慧结晶，其次表现在科技之光上，中华民族所创造的科学技术成就如夏夜的繁星，数不胜数。指南针、造纸术、火药和活字印刷术这"四大发明"是中华民族对世界文明做出的卓越贡献。19 世纪的德国数学家高斯说"数学是科学的皇后"，我们再以数学为例：1983 年湖北江陵张家山汉墓出土的《算数书》，是我国最早的数学著作；中国人的"十进位制记数法"是世界上最早的开平方、开立方的法则；中国古代在圆周率推算方面的成就令世人瞩目，南北朝时期科学家祖冲之推算出的圆周率值比西方人早了 1100 多年；由南宋数学家秦九韶提出的"大衍求一术"，使中国对一次同余式的研究在世界数学领域独占鳌头。古代中国人许多世界第一的科技创造，分布在诸多学科领域，余不一一。

有一则陈闻往事颇耐人寻味。清朝末年，清政府曾将留学生派到德国学习军事。有个德国人问他们来学什么？他们十分庄重地说："来学战略战术。"谁料，德国人听了却说："我们德国军事学院的主要教材，就是你们国家的《孙子兵法》。"②

三 中华文化关乎中华民族血统道统

《梁书》有言："王僧孺被敕撰谱，访杳血脉所因。"③《梁书》即是使用的"血脉"之第三义"血统"。而"血统"又可释为以下两义：由血

---

① 余培林：《生命的大智慧——老子》，河北人民出版社，1990，第 7 页。
② 王显臣、许保林：《中国古代兵书杂谈》，战士出版社，1983，第 151 页。
③ （唐）姚思廉：《梁书·文学传下·刘杳传》，中华书局，1973，716 页。

缘形成的亲属系统；指民族或种族的系统。

周公、孔子、孟子等圣人是中国历史上思考和关心过文化血统道统的几个伟人。

周公在前人的基础上制礼作乐，建立典章制度，开创了周代礼乐文明的时代。中国被誉为礼仪之邦，"礼"为中国文化之标志，在西方启蒙思想家孟德斯鸠眼里，"礼"即是"中国文化"的同义语。①

孔子说他自己"述而不作，信而好古"②，在东周"礼崩乐坏"时期，"郁郁乎文哉！吾从周"③，立志恢复周代礼乐文明。孔子校订整理《诗》《书》《礼》《易》《乐》《春秋》六经，为中华文化典籍文献的保存与流传，居功至伟。他还提出"兴灭国，继绝世，举逸民，天下之民归心焉"④，兴灭继绝，于文化道统和民族血统，都极具历史意义。

而孟子则是从"五百年必有王者兴，其间必有名世者"⑤的观点出发，历述过去时代那些具有里程碑性质的圣贤，形成了一个中华文化世代相传的"道统"：

孟子曰："由尧舜至于汤，五百有余岁；若禹、皋陶，则见而知之；若汤，则闻而知之。由汤至于文王，五百有余岁，若伊尹、莱朱，则见而知之；若文王，则闻而知之。由文王至于孔子，五百有余岁，若太公望、散宜生，则见而知之；若孔子，则闻而知之。由孔子而来至于今，百有余岁，去圣人之世若此其未远也，近圣人之居若此其甚也，然而无有乎尔，则亦无有乎尔。"⑥

这是《孟子》全书收尾的一章，孟子向人们提出了一个"谁来继承圣人事业"的命题，颇具深意：一方面，孟子要人们不忘那些世代相传的"道统"，另一方面，又感叹孔子以来没有众望所归的继承者，对圣人的事业、圣贤的道统将会中断流露出深深的忧虑。傅佩荣先生说：

---

① 孟德斯鸠：《论法的精神》，北京：商务印书馆，1978，第312~316页。
② 杨伯峻译注《论语译注·述而》，中华书局，2004，第66页。
③ 杨伯峻译注《论语译注·八佾》，中华书局，2004，第28页。
④ 杨伯峻译注《论语译注·尧曰》，中华书局，2004，第208页。
⑤ 杨伯峻译注《孟子译注·公孙丑下》，中华书局，2005，第109页。
⑥ 杨伯峻译注《孟子译注·尽心下》，中华书局，2005，第344页。

"孟子对自己身负的使命十分清楚,就是希望在孔子之后五百年,有人可以经由他而知道孔子,然后重新开启一个伟大的时代。孟子的任务不仅完成了,并且他本人也出类拔萃,成为古圣先贤之一。"① 孟子以后,谁又是"道统"的捍卫者?是张载、朱熹、王阳明,是源远流长的儒学传统吧?!

中华文化道统关乎中华民族血统。还是以"礼"与中华民族为例,《礼记集解》直言《王制篇》冠、昏、丧、祭、乡、相见"六礼"是"言礼之在民者"②,孔子"礼失而求诸野"③的古话,似乎也是说礼在民间。笔者曾在《中国人的礼仪生活》一书中写道:"中国古代,不论是钟鼓鸣奏的朝廷庙堂,还是人烟稀少的穷乡僻壤,无不看到'礼'的存在;不论是地位显赫的高官贵戚,还是出身低下的耕夫布衣,无不受到'礼'的影响。"因此,礼"以其民族性、礼法约束性和相对稳定的特性,为广大民众所接受,从而深深扎根于人民大众之中"④。中国人之所以为中国人,不是希腊人,不是美国人或澳大利亚人,就在于中华文化决定了中华民族的血统道统。

四 中华民族要像爱护嫡亲骨肉一样爱护中华文化

"血脉"第四义指嫡亲骨肉。叶紫(1912~1939年)在中篇小说《星》第五章中写道:"为了孩子,为了黄所遗留给她的这唯一的血脉,她是不能不忍痛地吃苦啊!"

清代思想家龚自珍说:"欲知大道,必先为史","灭人之国,必先去其史;隳人之枋,败人之纲纪,必先去其史;绝人之材,湮塞人之教,必先去其史;夷人之祖宗,必先去其史"。⑤ 这是有识之士对历史文化作用

---

① 傅佩荣:《解读孟子》,上海三联书店,2007,第277页。
② (清)孙希旦:《礼记集解·王制》,中华书局,1989,第397页。
③ (东汉)班固:《汉书·艺文志》(清代古本)第1746页。
④ 吴成国:《中国人的礼仪生活》,湖北教育出版社,1999,第3页。
⑤ (清)龚自珍:《龚自珍全集》之《尊史》《古史钩沉论二》,中华书局,1959,第81、22页。

的重视与强调,后一句话意思是,想要一个国家灭亡就要先让这个国家没有历史文化作为支撑。

历史事实为"亡人之国,必先去其史"这句旧话做了注脚。当秦始皇初并六国,李斯建议统一思想实行焚书的时候,举出焚书的具体办法,第一条便是:"臣请史官非秦记皆烧之。"① 说明当时只保存秦国的历史记载,其他六国史书一律烧掉,不使留存。用心很深,道理却很简单,正如张舜徽先生所言:"一个国家的人民,如果对本国的地理环境、历史演变,以及制度文物、创造发明的成就,千百年来的优良传统,亿万众中的英杰人物,茫然无知,或者早已淡忘了,便自然没有爱国思想,并且不知国之可爱者何在,更谈不上关心国家的兴亡了。"②

另一历史事实则是以"儒家文化圈"中的越南为例。19 世纪末,越南已经彻底沦为法国的殖民地。1858 年,由法国人率领的法国与西班牙联军进占越南岘港。1887 年以越南为主体的法属印度支那联邦建立,这标志着法国在越南统治地位的正式确立。越南被划分为三个行政管辖区域:交趾支那(南圻)、安南(中圻)与东京(北圻),其中交趾支那属于法国直辖的殖民地,而东京与安南为法国保护地。为了在越南实施殖民统治,"法国人深感儒学教育的影响力及其在越南人抗法救国运动中的精神堡垒作用,因而考虑从摧毁儒学教育入手,瓦解越南的传统儒学价值体系"③。

文化是民族的血脉,是人民的精神家园,我们应当像爱护嫡亲骨肉一样爱护中华文化。《中共中央关于深化文化体制改革、推动社会主义文化大发展大繁荣若干重大问题的决定》指出,"文化是民族的血脉,是人民的精神家园。在我国五千多年文明发展历程中,各族人民紧密团结、自强不息,共同创造出源远流长、博大精深的中华文化,为中华民族发展壮大提供了强大精神力量,为人类文明进步作出了不可磨灭的重

---

① (西汉)司马迁:《史记·秦始皇本纪》,中华书局,2007,第 255 页。
② 张舜徽:《"亡人之国必先去其史"——〈中国人民通史·自序〉》,《中国文化》1989 年第 1 期。
③ 陈立:《论法国殖民统治下的越南教育》,《世界历史》2005 年第 5 期。

大贡献。"① 2013 年 3 月 3 日，习近平在庆祝中央党校建校 80 周年典礼上讲话指出：

中国传统文化博大精深，学习和掌握其中的各种思想精华，对树立正确的世界观、人生观、价值观很有益处。古人所说的"先天下之忧而忧，后天下之乐而乐"的政治抱负，"位卑未敢忘忧国""苟利国家生死以，岂因祸福避趋之"的报国情怀，"富贵不能淫，贫贱不能移，威武不能屈"的浩然正气，"人生自古谁无死，留取丹心照汗青""鞠躬尽瘁，死而后已"的献身精神等，都体现了中华民族的优秀传统文化和民族精神，我们都应该继承和发扬。领导干部还应该了解一些文学知识，通过提高文学鉴赏能力和审美能力，陶冶情操，培养高尚的生活情趣。许多老一辈革命家都有很深厚的文学素养，在诗词歌赋方面有很高的造诣。总之，学史可以看成败、鉴得失、知兴替；学诗可以情飞扬、志高昂、人灵秀；学伦理可以知廉耻、懂荣辱、辨是非。②

炎黄子孙、中华儿女要像热爱嫡亲骨肉一样热爱中华文化，方能提升"文化自觉"，增强"文化自信"，实现"文化自强"。网上有则消息称，《纽约时报》曾刊载一幅漫画，画了几台计算机、几条光缆穿过长城，进入中国大地。光缆像树根一样把中国大地覆盖了，表明互联网的渗透。美国前国务卿奥尔布赖特曾说："中国不会拒绝互联网这种技术空间，因为它要现代化。这是我们的可乘之机，我们要利用互联网把美国的价值观送到中国去。"其实，只要我们自己对于我们的中华文化有足够的自信，我们就不惧怕美国价值观的渗透。2012 年下半年，海峡对岸的前民进党主席谢长廷访问大陆回台后对媒体说："大陆根本没什么中华文化，反而台湾保留比较多。"③ 谢氏的看法只是他的个人之见，却一下子刺痛了大陆同胞的心灵。大陆同胞应有博大胸襟，把谢氏之见当作逆耳忠言，去实现

---

① 新华社 10 月 25 日电《中共中央关于深化文化体制改革 推动社会主义文化大发展大繁荣若干重大问题的决定》，http://news.xinhuanet.com/politics/2011-10/25/c_122197737.htm。
② 《习近平在中央党校建校 80 周年庆祝大会暨 2013 年春季学期开学典礼上的讲话》，http://cpc.people.com.cn/n/2013/0303/c64094-20656845.html。
③ 《谢长廷：大陆根本没有什么中华文化，反而台湾保留的多》，http://news.ifeng.com/taiwan/special/xiechangting/conten-3/detail.2012.10/17/18 314796-0.shtml。

中华文化的伟大复兴，并努力实现"文化自强"。

为此，笔者愿意以哲学家牟宗三先生的话作为本文的结束语：

学术生命之畅通，象征文化生命之顺适；
文化生命之顺适，象征民族生命之健旺；
民族生命之健旺，象征民族磨难之化解。

中国共产党培育和践行社会主义核心价值观的发展历程[*]

戴木才[**]

（中宣部政研所）

【摘　要】中国共产党一贯重视在全党全社会进行马克思主义世界观、人生观、价值观教育，对此进行了不懈探索和长期实践，为积极培育和践行社会主义核心价值观奠定了深厚的历史基础和实践基础。与完成新民主主义革命、推进社会主义革命、建设和改革紧密相连，中国共产党培育和践行社会主义核心价值观的发展轨迹，经历了新民主主义革命时期、社会主义革命与建设时期和改革开放时期三个阶段。这三个阶段核心价值观的培育和践行，体现了不同的时代内涵和重点，体现了与时俱进、不断发展和深化升华的特点。

【关键词】　中国共产党　社会主义　核心价值观　发展历程

一　新民主主义革命时期核心价值观的培育和践行

鸦片战争后，我国逐步沦为半殖民地半封建社会，中华民族面临着两大历史任务：一是实现国家独立和民族解放，结束战乱和四分五裂的状

---

[*] 本文系"赣鄱英才555工程"高端人才柔性特聘计划研究成果，入选全国深入学习宣传贯彻党的十八大精神主题出版物"兴国之魂"项目。

[**] 戴木才（1965～），中宣部政研所研究员、副所长，"赣鄱英才555工程"高端柔性人才博士生导师。

况；二是实现国家富强和人民富裕，使中华民族彻底摆脱贫困落后的状态。这两大任务，都历史地落在了中国共产党人的肩上。从成立之初起，中国共产党在确定为共产主义而奋斗的崇高理想和远大目标的同时，也确定了为实现中华民族国家独立、民族解放和国家富强、人民富裕而奋斗的共同理想和现实目标。

国家独立、民族解放，是国家富强、人民富裕的前提。毛泽东通过对近代中国国情的深入分析，正确地解决了中国革命的性质、任务、对象、动力问题，深刻地指出了中华民族完成国家独立、民族解放和国家富强、人民富裕两大历史任务的奋斗方向和正确道路。在1939年底撰写的《中国革命和中国共产党》一文中，毛泽东明确指出："中国革命的终极的前途，不是资本主义的，而是社会主义和共产主义的。"① 对于中国如何走上社会主义道路，毛泽东则提出了中国革命分"两步走"的战略，他说："民主主义革命是社会主义革命的必要准备，社会主义革命是民主主义革命的必然趋势。而一切共产主义者的最后目的，则是在于力争社会主义社会和共产主义社会的最后的完成。"② 邓小平也多次强调，中国搞资本主义不行，必须搞社会主义。因为走资本主义道路，无法结束旧中国的混乱状态，无法改变中国贫穷落后的状况，更解决不了广大人民群众的生活富裕问题。因此，新民主主义革命，是我国社会主义革命和建设的前奏。只有通过获取国家独立和民族解放，获得民族独立和人民当家做主，才能为社会主义革命与建设奠定政治前提、物质基础和精神文化条件。

中国共产党的性质，决定了我们党培育和践行核心价值观在不同的历史时期虽然具有不同的历史内涵，但在本质联系上必然是一脉相承的。一般而言，"社会主义"作为我国新民主主义革命的目标，其价值观念和理想追求，必然贯穿于新民主主义的始终，在一定意义上，必然成为我国新民主主义时期培育和践行核心价值观的主体内容。这是逻辑的必然。毛泽东曾说："新民主主义的政治、经济、文化，由于其都是无产阶级领导的

---

① 毛泽东：《毛泽东选集》第2版，第2卷，人民出版社，1991，第650页。
② 毛泽东：《毛泽东选集》第2版，第2卷，人民出版社，1991，第651~652页。

缘故，就都具有社会主义的因素，并且不是普通的因素，而是起决定作用的因素。"① 具体实践和历史过程也体现了这一重要传承性。我国新民主主义革命时期培育和践行核心价值观的丰富内容，具体体现在马克思主义思想、社会主义理想、"为人民服务"宗旨当中，体现在推翻"三座大山"、"建立一个独立、自由、民主、统一和富强的新中国"、建立现代化新兴工业、广泛开展共产主义社会主义思想道德教育的历史实践中，这既体现了新民主主义革命的性质和目标，又体现了与社会主义性质和目标的必然联系，成为这一时期我们党思想政治教育的主旋律。新民主主义革命时期核心价值观的培育和践行主要有以下特点：

一是马克思主义及其中国化理论体系是新民主主义时期培育核心价值观的指导思想和理论基石。十月革命一声炮响，给中国送来了马克思列宁主义。我们党自1921年成立的那一天起，就明确以马克思主义为指导思想，以社会主义、共产主义为奋斗目标。我们党经过对"什么是马克思主义、怎样坚持马克思主义"这一问题的艰苦探索，并通过反对教条主义、本本主义的一系列斗争，最终确立了马克思主义的指导地位。毛泽东说："我们的斗争需要马克思主义。"② 从此，马克思主义成为我国新民主主义革命的思想指南和根本指针。马克思主义和社会主义的根本价值取向和价值追求，为我国在新民主主义革命时期培育核心价值观奠定了理论基石。

二是"为人民服务"是新民主主义革命时期核心价值观的根本内容和精神动力。在人类历史上，马克思主义第一次把广大人民群众作为社会历史的实践主体和价值评价主体，以实现绝大多数人的根本利益作为最高价值准则，并且把代表和实现最广大人民群众的根本利益作为无产阶级政党的根本宗旨。马克思说，过去的一切运动，都是少数人的或者为少数人谋利益的运动。无产阶级的运动是绝大多数人的、为绝大多数人谋利益的独立的运动。以马克思主义作为指导思想的中国共产党，必

---

① 毛泽东：《毛泽东选集》第2版，第2卷，人民出版社，1991，第704~705页。
② 毛泽东：《毛泽东选集》第2版，第1卷，人民出版社，1991，第111页。

然坚持科学社会主义的基本原则,坚持无产阶级政党的根本宗旨,在领导中国新民主主义革命及其以后的社会主义革命与建设过程中,始终代表最广大人民的根本利益,始终重视人民群众的主体地位,始终保持与人民群众的血肉联系,坚持全心全意为人民服务。在著名的演讲《为人民服务》中,毛泽东深刻阐述了中国共产党的根本宗旨。"为人民服务"深刻揭示了无产阶级革命政党的根本价值取向。毛泽东说:"我们的共产党和共产党所领导的八路军、新四军,是革命的队伍。我们这个队伍完全是为着解放人民的,是彻底地为人民的利益工作的。"① "为人民服务"的根本宗旨和价值取向,为整个新民主主义革命提供了强大的精神动力。

三是推翻"三座大山"、最终建立社会主义是新民主主义革命的目标和核心价值观的实践主题。以毛泽东为代表的中国共产党人,经过艰辛探索,深刻认识到新民主主义革命归根到底是资产阶级民主革命,只有通过完成资产阶级民主革命,才能进入到社会主义革命和建设阶段。新民主主义革命的历史任务,就是推翻帝国主义、官僚资本主义和封建主义"三座大山"。因此,毛泽东指出,虽然新民主主义革命的领导力量是无产阶级、指导思想是马克思主义,但就整个政治情况、整个经济情况和整个文化情况来说,却还不是社会主义的,而是新民主主义的。正是基于这种清醒的认识,中国共产党领导中国人民进行新民主主义革命,明确中国革命的目的不会满足于建立民主共和国,而是要最终走向社会主义,建立人民共和国。

四是新民主主义革命时期核心价值观集中体现为"建立一个独立、自由、民主、统一和富强的新中国"的新民主主义纲领。毛泽东对我国新民主主义革命的奋斗目标进行了深入思考。在《新民主主义论》中,他说:"我们不但要把一个政治上受压迫、经济上受剥削的中国,变为一个政治上自由和经济上繁荣的中国,而且要把一个被旧文化统治因而愚昧

---

① 毛泽东:《毛泽东选集》第2版,第2卷,人民出版社,1991,第1004页。

落后的中国,变为一个被新文化统治因而文明先进的中国。"① 在中国共产党第七次全国代表大会的政治报告中,毛泽东更响亮地提出了"建立一个独立、自由、民主、统一和富强的新中国"的新民主主义纲领,他说:"我们共产党人从来不隐瞒自己的政治主张。我们的将来纲领或最高纲领,是要将中国推进到社会主义社会和共产主义社会去的,这是确定的和毫无疑义的。我们的党的名称和我们的马克思主义的宇宙观,明确的指明了这个将来的、无限光明的、无限美妙的最高理想……"② "但是,一切中国共产党人,一切中国共产主义的同情者,必须为着现阶段的目标而奋斗,为着反对民族压迫和封建压迫,为着使中国人民脱离殖民地、半殖民地、半封建的悲惨命运,和建立一个在无产阶级领导下的以农民解放为主要内容的新民主主义性质的,亦即孙中山先生革命三民主义性质的独立、自由、民主、统一和富强的中国而奋斗。"③ "独立、自由、民主、统一和富强",深刻、集中、高度地体现了近代以来中华民族面临的两大历史任务,针对性强,价值指向明确,深入人心,鼓舞人心,迅速成为我国新民主主义革命和彻底打倒日本帝国主义、推翻"三座大山"的总动员令,产生了巨大的精神力量并转化为巨大的物质力量,动员、引领、凝聚全国人民团结奋斗,迅速取得了新民主主义革命的伟大胜利。

五是把"建立现代化新兴工业"作为新民主主义时期我国走向独立富强的前提和基础。近代以来的世界史表明,建设和发展现代化工业,是一个国家走向独立、富强的前提和基础。从新民主主义革命时期开始,我们党就高度重视新兴工业的建设。由于我国的特殊国情和革命的客观形势,当时我们党认识到,要在半殖民地、半封建社会的基础上把我国建设成为独立、富强的现代化国家,首先必须建设和发展现代化工业。毛泽东指出,近代中国落后的原因,主要的是没有新式工业。要打倒日本帝国主义,必须有工业;要中国的民族独立有巩固的保障,就必须工业化。在党的七大上,毛泽东进一步深入阐明了实现工业化与中国独立、

---

① 毛泽东:《毛泽东选集》第2版,第2卷,人民出版社,1991,第663页。
② 毛泽东:《毛泽东选集》第2版,第3卷,人民出版社,1991,第1059页。
③ 毛泽东:《毛泽东选集》第2版,第3卷,人民出版社,1991,第1059页。

自由、民主、统一和富强的辩证关系。他说，没有独立、自由、民主和统一，不可能建设真正大规模的工业。没有工业，便没有巩固的国防，便没有人民的福利，便没有国家的富强。在新民主主义的政治条件获得之后，中国人民及其政府必须采取切实的步骤，在若干年内逐步建立重工业和轻工业，使中国由农业国变为工业国。1949年3月，在党的七届二中全会上，毛泽东第一次将工业化与社会主义联系在一起，号召全党："在革命胜利以后，迅速地恢复和发展生产，对付国外的帝国主义，使中国稳步地由农业国转变为工业国，把中国建设成一个伟大的社会主义国家。"①

六是广泛深入开展共产主义社会主义思想道德教育。中国共产党自成立后，就非常重视用社会主义和共产主义思想道德教育党员干部，坚持把全心全意为人民服务作为党的根本宗旨。虽然在党的早期文献中没有出现社会主义、共产主义道德教育等字样，但是在中国共产党所进行的世界观、人生观、价值观教育中，已内在地包含了共产主义思想道德的基本内容。抗日战争时期，以毛泽东为首的中国共产党人在进行共产主义思想道德教育方面，取得了重大发展。毛泽东写下了《纪念白求恩》《为人民服务》等光辉著作，号召共产党员加强共产主义道德修养，做道德高尚的人；刘少奇在《论共产党员的修养》的演讲中指出：要有无产阶级的思想意识和道德品质的修养。共产党员应该具有人类最伟大、最高尚的一切美德，具有明确坚定的党的、无产阶级的立场（即党性、阶级性）。我们的道德之所以伟大，正因为它是无产阶级的共产主义的道德。在党的七届二中全会上，我们党提出了要继续保持谦虚谨慎、不骄不躁的优良传统和艰苦奋斗的优良作风。

二 社会主义革命与建设时期核心价值观的培育和践行

1949年10月1日中华人民共和国建立，标志着我们党胜利地完成了

---

① 毛泽东：《毛泽东选集》第2版，第4卷，人民出版社，1991，第1437页。

国家独立、民族解放第一大历史任务。新中国成立后，我们党领导全国人民顺利解决了新民主主义革命的遗留问题，取得了抗美援朝等斗争的伟大胜利，迅速恢复和发展了国民经济，通过"三大改造"实现了从新民主主义革命向社会主义建设的伟大历史转变，开启了社会主义建设的新阶段。社会主义基本政治制度、基本经济制度的确立和以马克思主义为指导思想的社会主义意识形态的确立，为社会主义核心价值体系建设奠定了政治前提、物质基础和文化条件。

在社会主义建设时期，尤其是初期，马克思主义思想与社会主义理想中的革命导向和建设导向，交互出现。革命导向延续新民主主义革命时期推翻"三座大山"核心价值观中的价值思维和价值主张，坚持斗争哲学和阶级斗争、路线斗争，强调要加快推进社会主义革命，始终警惕和反对资产阶级、资本主义复辟，反对党内出现"走资派"；建设导向立足于新中国成立后，我们党成为代表人民的唯一执政党并长期执政的实际，强调要以经济社会文化建设为中心，加快改善人民生活，提高综合国力，赶超世界发达国家。这一时期的社会主义核心价值观培育和践行，也充分地体现了这种革命导向和建设导向交互作用的特点。在这一时期，马克思主义毛泽东思想得到广泛深入的传播，提出了实现"四个现代化"的宏伟设想，广泛开展了以爱国主义、社会主义、集体主义和为人民服务为主要内容的社会主义思想道德建设，培育了伟大的民族精神和时代精神。同时，极左思想也造成了我国价值观领域的重大失误和严重混乱。

（一）马克思主义毛泽东思想得到广泛深入的传播

新民主主义革命的胜利，证明了马克思主义、毛泽东思想是指引中华民族走向国家独立和民族解放的科学理论武器，在广大人民群众中赢得了巨大影响力和广泛的群众基础。毛泽东说，马克思主义已经确定地在中国人民中间取得了历史性的胜利。同时，也说明了新中国的发展前途就是社会主义。这个前途，也就决定了马克思主义、毛泽东思想必然成为新中国的指导思想。中国共产党在巩固新生的人民民主政权、进行土地改革和民主改革、恢复国民经济发展的同时，开展了广泛宣传马克思主义、毛泽东思想、改造知识分子等一系列意识形态建设工作,进一步确立了马克思主义指导思想,并深入推进了该指导思想的广泛传播。面对挑战和机遇并存的局面,毛泽东充满诗意地说:"我们不但善于破坏一个旧世界,我们还将善于建设一个新世界。"① 这里"建设一个新世界",不仅包括建设社会主义经济、政治,也包括价值观在内的整个社会思想文化建设。毛泽东庄严地宣布:新中国将领导全国人民克服一切困难,进行大规模的经济建设和文化建设,扫除旧中国所留下来的贫困和愚昧,逐步地改善人民的物质生活和提高人民的文化生活。这一时期的社会主义核心价值观的培育和践行,强调系统的马克思主义理论教育和毛泽东思想教育,如在全党开展马克思主义理论普及教育,尤其是历史唯物主义普及教育、毛泽东思想的宣传学习,在高校开设系统的马克思主义政治理论课,对知识分子进行思想改造,对艺术领域的唯心主义思想进行批评,对内批判和清除腐化堕落等各种非无产阶级思想和封建主义、帝国主义尤其是美帝国主义等在我国传播的有害思想。在这一过程中,尽管也暴露出一些问题,如方法简单、粗暴,采取运动的方式搞思想道德建设,等等,但从总体上奠定了马克思主义指导思想、社会主义意识形态和思想道德的深厚基础。

(二)提出了实现"四个现代化"的宏伟设想

新中国成立后,建设一个什么样的社会主义国家,成为我们党考虑一切问题的出发点和落脚点。面对旧中国贫穷落后和一穷二白的局面,我们党把走向繁荣富强作为国家建设的最主要的现实目标,并把建设社会主义工业化提上了日程。建立人民民主专政的国家,由农业国转变为工业国,实现农业社会化,由贫穷落后走向独立富强,是我们党对社会主义中国核心价值的最初步认识。在这样的思想基础以及社会主义工业化基础上,我国于1964年12月在第三届全国人大一次会议上正式提出了建设"四个现代化"的社会主义强国的宏伟战略目标。实现"四个现代化"的宏伟战略目标,虽然受历史条件的限制和主观认识的制约,主要集中在经济领

---

① 毛泽东:《毛泽东选集》第2版,第4卷,人民出版社,1991,第1439页。

域，主要落脚点在物质文明层面、技术层面和硬实力层面，较少延及政治、文化、社会领域，没有深入到人的价值层面、精神层面和信念层面，但由于它既符合我国人民的根本利益，又顺应了当代世界经济发展的必然趋势，是一个正确的战略思想，因而成为一面动员、凝聚、鼓舞全党全国各族人民团结奋斗的伟大精神旗帜，极大地激发了全党全国各族人民建设社会主义新中国的热情，极大地坚定了全国各族人民坚持走社会主义道路的信念，深深地烙刻在新中国成立后30年的艰难创业史上。

（三）广泛开展了以爱国主义、社会主义、集体主义和为人民服务为主要内容的社会主义思想道德建设

在社会主义革命和建设时期，我们党开展了广泛的社会主义思想道德建设，在全社会道德领域除旧布新，宣传和发展新的思想道德观念。从20世纪50年代开始，在全社会大力倡导和深入开展了以爱国主义、社会主义、集体主义和为人民服务为主要内容的社会主义思想道德教育，突出强调了领导干部和先进分子在道德上的率先垂范作用，在社会主义建设过程中涌现出了雷锋、王进喜、焦裕禄、南京路上好八连等一批社会主义道德的先进典型，在全国形成了爱祖国、爱人民、爱劳动、爱科学、爱社会主义和大公无私、服从大局、艰苦奋斗、廉洁奉公等优良社会风气。为人民服务、集体主义、无私奉献、做一颗永不生锈的螺丝钉，成为广大干部和群众的座右铭和口头禅，社会主义思想道德建设被提到了前所未有的高度。同时，在社会主义革命和建设时期，由于比较夸大精神的作用，忽视人民群众正当的物质利益追求，加之缺乏社会主义法制保障，因而到"文化大革命"时期，我国社会主义思想道德建设遭受了严重挫折。

（四）培育了伟大的民族精神和时代精神

从新中国成立至改革开放前，我们党在全党全社会卓有成效地开展了以爱国主义、社会主义、集体主义和为人民服务为主要内容的社会主义思想道德建设，主张用共产主义理想和艰苦奋斗精神使人民超越对物质利益的追求，为实现"四个现代化"服务，形成了爱祖国、爱人民、爱劳动、

爱科学、爱社会主义、爱国主义、为人民服务、大公无私、无私奉献、服从大局、艰苦奋斗、廉洁奉公、英雄主义等价值取向和道德规范。尽管一直没有明确、系统地提出社会主义核心价值观，但社会道德风尚基本上保持了良好的精神面貌，全国人民迸发出建设社会主义新中国的伟大热情。尤其是在1956~1966年，虽然在指导思想上开始出现了"左"的干扰，并且经历了"大跃进"、苏联撤援、三年自然灾害等困难，但我们党仍然带领全国人民展开了全面建设社会主义的伟大实践，建立了比较完整的工业体系和国民经济体系，石油工业、"两弹一星"事业取得了举世瞩目的成就。伟大的时代培育了伟大的民族精神和时代精神，培育了独立自主、自力更生、无私奉献、全心全意为人民服务、不怕困难、勇于攀登的精神品质，培育了抗美援朝精神、雷锋精神、"两弹一星"精神、大庆铁人精神、红旗渠精神等民族精神和时代精神的典范。诚如邓小平所说："（20世纪）50年代，广大党员和人民讲理想，讲纪律，讲为人民服务，爱党，爱国家，爱社会主义，这样的社会风气和道德面貌不是很好吗？三年困难时期，党和人民不是团结奋斗，渡过了难关吗？"①

（五）极左思想造成了我国价值观领域的重大失误和严重混乱

随着反右扩大化和阶级斗争扩大化，我国社会主义意识形态中革命导向开始占据主导地位，社会主义核心价值观的培育和践行也必然受到"左"的干扰。由于宣扬"斗争哲学"，鼓吹阶级斗争，以单纯性的、暴风疾雨式的政治运动、群众运动取代经常性的、润物无声的思想道德建设和价值观的培育与践行，忽视思想道德建设的系统性、持续性和长期性，以致造成了十年"文化大革命"的全局性严重失误，造成了思想道德领域的严重混乱，先前社会赖以维系的价值共识与刚刚培育起来的社会主义核心价值观要素遭到破坏，同时由于新型的、符合社会主义发展方向的核心价值观又没有及时建立起来，从而导致了一定时期的价值"空场"，给我国经济社会发展造成了前所未有的价值迷惘和价值扭曲。

---

① 邓小平：《邓小平文选》第3卷，人民出版社，1993，第318页。

如同我国社会主义建设一样,思想道德建设和核心价值观的培育也遭受了严重挫折。

三 改革开放新时期社会主义核心价值观的培育和践行

"文化大革命"的沉重灾难和深刻教训,使我们党更加深切地认识到,仅仅建设物质层面上的现代化,没有政治民主、法制建设和思想文化上的跟进,是远远不够的。改革开放实现了我国社会主义建设从以阶级斗争为纲向以经济建设为中心的转变,使我国政治经济体制从一元僵化向全面改革转向,从内外封闭向全面开放转向,使社会结构及运行状态开始逐步由革命性动荡走向建设性平稳发展的历史轨道。

改革开放新时期历史条件的重大变动,使整个社会思想文化和价值观念开始不再将改变现有的价值秩序和思想道德规范作为重点,转而寻求和强调价值发展的秩序、规范和规则,以及对现有制度的完善。改革开放以来,我国社会主义意识形态建设不断进行新的探索,以适应变化了的政治、经济和思想文化形势,社会主义核心价值体系建设的自觉性不断提高。在我国新民主主义革命时期和社会主义建设时期大力培育和践行社会主义价值观的基础上,我们党在改革开放新时期始终坚持发挥马克思主义指导思想的主导作用,始终坚持用中国特色社会主义共同理想凝聚力量,坚持以爱国主义为核心的民族精神和以改革创新为核心的时代精神鼓舞斗志,高度重视社会主义道德建设和社会主义荣辱观在社会风尚中的引领作用,并提出了建设社会主义核心价值体系以及以"三个倡导"积极培育和践行社会主义核心价值观的战略任务。

(一)始终坚持发挥马克思主义指导思想的主导作用

马克思主义指导思想,是我们立党立国的根本指针,是社会主义意识形态的灵魂。我们党自成立起就把马克思主义确立为自己的指导思想。党的十一届三中全会重新恢复和确立实事求是的思想路线,从根本上扭转了

"文化大革命"的"左"倾错误。从此之后，通过拨乱反正，马克思主义指导思想沿着正确的方向前进和发展。我们党把马克思主义、毛泽东思想作为必须坚持的四项基本原则之一，强调"老祖宗不能丢"，实事求是地回答了如何对待马克思主义、毛泽东思想，如何坚持和发展马克思主义、毛泽东思想的重大问题。邓小平指出：我们坚信马克思主义，但马克思主义必须与中国实际相结合。只有结合中国实际的马克思主义，才是我们所需要的真正的马克思主义。通过坚持把马克思主义与改革开放和我国社会主义现代化建设的伟大实践相结合，不断推进马克思主义的中国化，科学地继承了毛泽东思想，创立了邓小平理论、"三个代表"重要思想、科学发展观等马克思主义中国化的最新成果，马克思主义在我国意识形态领域的指导地位不断巩固和发展。在与形形色色的各种社会思潮的斗争中，马克思主义始终发挥着主导作用，并得到进一步巩固和发展。

（二）始终坚持用中国特色社会主义共同理想凝聚力量

近代以来，实现中华民族的两大历史任务，一直是中华儿女矢志追求的"共同理想"。这一"共同理想"，成为我们党领导新民主主义革命，团结全国各族人民、各民主党派进行社会主义革命和建设的一个重要口号，发挥了巨大的影响力、吸引力和凝聚力。在改革开放新时期，建设中国特色社会主义，逐渐成为全党全国各族人民共同理想的主要内容，成为我国思想政治教育和思想道德建设工作的重要内容和重要组成部分。党的十六届六中全会把中国特色社会主义共同理想确定为社会主义核心价值体系的重要内容。中国特色社会主义共同理想，是实现中华民族伟大复兴的必由之路，是全国各族人民团结奋斗的强大动力。

（三）坚持以爱国主义为核心的民族精神和以改革创新为核心的时代精神鼓舞斗志

近代以来，爱国主义成为中华民族为实现两大历史任务而英勇奋斗的一面精神旗帜，成为中国共产党团结、凝聚和鼓舞全国各族人民的一面伟大旗帜。在改革开放新时期，加强爱国主义教育，弘扬和培育民族精神，成为我国社会主义文化建设极为重要的任务。同时，在改革开放新时期，时代精神也成为我国社会主义思想文化建设和精神文明建设的重要内容，在建设中国特色社会主义的伟大实践中，形成了勇于改革、敢于创新的时代精神。党的十六届六中全会明确地把以改革创新为核心的时代精神与以爱国主义为核心的民族精神一起，确立为社会主义核心价值体系的基本内容。以爱国主义为核心的民族精神和以改革创新为核心的时代精神，是中华民族生生不息、薪火相传的精神支撑，是当代中国人民不断创造崭新业绩的力量源泉。

（四）高度重视社会主义道德建设和社会主义荣辱观在社会风尚中的引领作用

在改革开放和进行社会主义现代化建设的进程中，我们党十分重视社会主义思想道德建设，强调思想道德建设是社会主义精神文明建设的重要组成部分，对社会主义现代化建设和社会全面进步具有巨大的推动作用。同时，我们党坚持社会主义物质文明和精神文明一起抓的方针，充分发挥思想政治工作优势，保证有中国特色社会主义的经济、政治、文化协调发展。以"八荣八耻"为主要内容的社会主义荣辱观，继承和发展了我们党关于社会主义思想道德建设褒荣贬耻、扬荣抑耻的思想，继承了我国古代的"知耻"文化传统，同时又加入了新的时代内涵，深化了我们党对社会主义道德建设规律的认识。党的十六届六中全会把社会主义荣辱观确定为社会主义核心价值体系的重要组成部分。

（五）提出建设社会主义核心价值体系以及以"三个倡导"积极培育和践行社会主义核心价值观的战略任务

党的十六届六中全会通过的《关于构建社会主义和谐社会若干重大问题的决定》，第一次明确提出了"建设社会主义核心价值体系"的重大命题和战略任务，明确指出社会主义核心价值体系是建设和谐文化的根本，马克思主义指导思想、中国特色社会主义共同理想、以爱国主义为核心的民族精神和以改革创新为核心的时代精神、社会主义荣辱观，构成社会主义核心价值体系的基本内容。党的十七大进一步指出了社会主义核心价值体系是社会主义意识形态的本质体现。在大力推进社会主义核心价值体系建设实践的基础上，党的十七届六中全会对建设社会主义核心价值体系进一步做出了更加深入、更加系统的阐述和全面部署，指出社会主义核心价值体系是兴国之魂，是社会主义先进文化的精髓，决定着中国特色社会主义发展方向。党的十八大报告不仅继续对下一步建设社会主义核心价值体系做出了部署，而且进一步提出了"三个倡导"这一明确表述。党的十八大报告指出："社会主义核心价值体系是兴国之魂，决定着中国特色社会主义发展方向。要深入开展社会主义核心价值体系学习教育，用社会主义核心价值体系引领社会思潮、凝聚社会共识。……倡导富强、民主、文明、和谐，倡导自由、平等、公正、法治，倡导爱国、敬业、诚信、友善，积极培育和践行社会主义核心价值观。"[①]

从党的十六届六中全会到党的十八大，从提出建设社会主义核心价值体系的重大命题到提出"三个倡导"、积极培育和践行社会主义核心价值观，表明我们党已经把建设社会主义核心价值体系、积极培育和践行社会主义核心价值观作为中国特色社会主义建设的一项长远战略任务。当前，我国已进入改革发展的关键时期，经济体制深刻变革，社会结构深刻变动，利益格局深刻调整，思想观念深刻变化，社会思潮更加多元多样多变，各种观念相互交织、碰撞、影响，迫切需要主流价值观念的引领，新风正气的形成。党的十八大提出"三个倡导"，集中体现了社会主义初级阶段我国追求的现实价值目标、我国社会主义社会应当追求的理想价值属性和我国社会主义公民应当遵循的基本价值准则。这三个层面的价值理念，从基本价值准则到现实价值目标，再到理想价值属性，体现了递进和升华的关系，体现了现实与理想的联系，体现了立足于当前与着眼于未来的联系，为积极培育和践行社会主义核心价值观提供了基本范畴，必将推动社会主义核心价值体系建设更加广泛地走向社会生活的实践层面，社会主义核心价值体系建设必将迎来新的高潮。

---

① 胡锦涛：《坚定不移沿着中国特色社会主义道路前进，为全面建成小康社会而奋斗——在中国共产党第十八次全国代表大会上的报告》，人民出版社，2012。

社会主义核心价值观的意义自觉

吴向东[*]

（北京师范大学哲学与社会学学院）

【摘　要】 由于社会主义核心价值观指引着中国特色社会主义道路的发展方向，推动着社会主义理论体系的发展，引导着社会主义制度的进一步完善，因此，社会主义核心价值观的自觉，不仅意味着中国特色社会主义的自我理解，还意味着它的自我建构。在文化成为软实力，成为综合国力竞争的重要因素的背景下，当代中国需要通过社会主义核心价值观来增强民族凝聚力，培养国家认同感，明确国家形象，形成与中国的经济地位相应的文化软实力。社会主义核心价值观这一概念的提出，正是基于对以上诸方面的一种自觉。

【关键词】 社会主义核心价值观　文化　自觉

社会主义核心价值观，已经成为当下中国政治文化中的一个重要概念。早在20世纪90年代的中国，随着社会主义市场经济体制的建立和发展，人们就开始讨论与之相适应的社会主义价值观问题。2006年10月，党的十六届六中全会首次提出"社会主义核心价值体系"，并明确其内

---

[*] 吴向东（1966~），男，北京师范大学哲学与社会学学院教授、博士生导师，主要研究方向为价值哲学、政治哲学。

涵。2007年10月，党的十七大报告提出"大力建设社会主义核心价值体系"的战略任务。此后，学术界逐渐形成共识，即要凝练指向更加明确、更加集中、便于传播践行的核心价值观，并持续展开社会主义核心价值观凝练大讨论，形成了研究热潮。学者们在讨论中提出了60多种关于社会主义核心价值观的表述，涉及90多个具体范畴（或判断）。由于视角、思路、方法各异，各类方案林林总总，似乎很难形成一致意见。2012年11月，党的十八大报告提出三个倡导，即"倡导富强、民主、文明、和谐，倡导自由、平等、公正、法治，倡导爱国、敬业、诚信、友善，积极培育和践行社会主义核心价值观"。

尽管这一表述并没有清晰地指明什么是社会主义核心价值观，但社会主义核心价值观这一概念，绝不是一个空洞的或者装饰性的政治术语。它的提出，是当代中国政治生活中的一个重要事件，对中国的政治、社会和文化生活会产生重要而深远的影响。理解为什么要提出这个概念，不仅对于确定这一概念的内涵，而且对于理解中国的历史运动和当代社会实践的趋向具有重要意义。

一 中国特色社会主义的自我理解与自我建构

走中国特色社会主义道路，是我们的共识。对于建设中国特色社会主义来说，"什么是社会主义"无疑是首要的基本理论问题。然而，历史往往总是表现出某种诡秘性，尽管社会主义至少已经历了近五百年的理论发展和实际运动，出现了各种形式的社会主义，形成了社会主义谱系和不同的社会主义传统。但是，如邓小平所说，"什么是社会主义"这个问题我们过去并没有完全弄清楚。在社会主义思想史上，对"社会主义"一直存在着两种不同的理解传统："科学的"社会主义和伦理的社会主义。"科学的"社会主义，如考茨基等人把社会主义实证化和制度化，忽视、否认社会主义的价值因素；伦理的社会主义，如伯恩施坦、社会民主党以及一些西方马克思主义者等把社会主义伦理化、价值化。他们在各自的立场上割裂了社会主义价值与制度之间的内在关系，对社会主义本质做了片面的理解。我们在改革开放前的社会主义建设实践中，曾经由于对目的与手段、价值理想和现实途径之间的关系把握不恰当，导致社会主义价值的跌落。同时，由于受苏联模式以及对马克思主义科学化的理解导致的科学主义的思维方式的影响，在大多数人心目中，社会主义又被制度化，社会主义的价值维度被忽略。我们没有能够形成合理的社会主义价值观，没有看清楚社会主义价值和价值观对社会主义的意义，从而不清楚什么是社会主义。这种不清楚导致了社会主义实践中的严重失误，带来了严重后果。邓小平曾经站在历史的高度上，以政治家的敏锐和智慧一针见血地指出："问题是什么是社会主义，如何建设社会主义。我们的经验教训有许多条，最重要的一条就是要搞清楚这个问题。"①

改革开放以来，我们始终注重从价值的角度来认识和理解社会主义。邓小平反复指出，贫穷不是社会主义，平均主义不是社会主义，两极分化不是社会主义，没有民主就没有社会主义，没有法制也没有社会主义，等等。最后他提出："社会主义的本质是解放生产力、发展生产力，消灭剥削，消除两极分化，最终达到共同富裕。"② 在这一论断中，他将共同富裕看作社会主义的根本目的，将社会主义价值旗帜鲜明地引入社会主义的本质规定和判断标准之中，矫正了以往对社会主义实证化、制度化的理解。在全面建设小康社会的新的历史条件下，江泽民提出，促进人的全面发展是建设社会主义新社会的本质要求，胡锦涛提出，社会公平和正义是社会主义制度的本质要求，社会和谐是中国特色社会主义的本质属性等。这不仅表明我们继续从价值的角度去理解社会主义，而且也表明我们对社会主义价值的认识在不断深化。"社会主义核心价值体系"和"社会主义核心价值观"概念的提出，则充分反映了我们对社会主义价值，以及对社会主义价值与社会主义本质关系的认识达到了一种理性自觉。

社会主义核心价值观是社会主义根本的价值理想、价值原则，是社会

---

① 《邓小平文选》第3卷，人民出版社，1993，第116页。
② 《邓小平文选》第3卷，人民出版社，1993，第373页。

主义的本质内容,从价值层面上回答了"什么是社会主义、怎样建设社会主义"的问题。在改革开放三十多年的实践中,我们开创了中国特色社会主义道路,形成了中国特色社会主义的理论体系,完善了社会主义制度。社会主义核心价值观是道路、理论体系、制度的灵魂。中国特色社会主义道路是围绕社会主义核心价值观而展开的实践过程。核心价值观决定着中国特色社会主义实践的方向,调控着实践的过程,衡量着实践的结果,促使实践本身不断深化发展。中国特色社会主义理论是围绕社会主义核心价值观而建构的思想体系。它是对社会主义价值的实现条件、手段和路径的探讨和说明。中国社会主义制度是围绕社会主义核心价值观而实现的制度安排。社会主义核心价值观引导着社会主义制度的创立,为之进行合法性辩护,为它的改革注入价值目标和方向,引导着社会主义制度自身的变迁和创新。对中国特色社会主义而言,社会主义核心价值观是它的生命之魂,表达出它特有的精神气质。没有社会主义核心价值观的自觉,就没有中国特色社会主义的道路自觉、理论自觉、制度自觉。不仅如此,由于社会主义核心价值观指引着中国特色社会主义道路的发展方向,推动着社会主义理论体系的发展,引导着社会主义制度的进一步完善,因此,社会主义核心价值观的自觉,不仅意味着中国特色社会主义的自我理解,还意味着它的自我建构。

二 引领当代中国社会价值秩序的建构

人们总是生活在一定的社会秩序中。任何健全的社会都具有稳定和谐的经济、政治、社会秩序,也有着稳定和谐的价值秩序。价值秩序不仅反映着社会的经济、政治秩序,而且通过自身为人们建构有序的意义世界,促进着社会的稳定与和谐。秩序需要核心。犹如一首美妙的乐曲,如果没有主旋律,只能是一堆杂乱的音符而已,要真正形成价值秩序,就必然需要一种核心价值观来调节与整合多元价值的紧张与冲突,统摄价值生活。因此,任何一个成熟的社会和文化都会致力于建构和不断强化其核心价值。中国春秋时期的政治家管仲留下了这样的政治教诲:国有四维,"一曰礼，二曰义，三曰廉，四曰耻"。① "四维不张，国乃灭亡。"② 意思是说，礼义廉耻，是国家的四大准绳，缺少这四样东西，国家就要灭亡。管仲把核心价值观放到国家安危存亡的高度来看待。

中国自改革开放以来，随着市场经济的建立和发展带来的社会急剧转型以及利益格局的深刻调整，人们的价值观念也发生了深刻的变化，呈现出多元、多样、多变的特点。经济全球化、以信息技术为核心的现代科学技术的迅速发展更是强化了多元文化与价值观在同一时空中的激荡与碰撞，各种思潮此起彼伏，各种观念交相杂陈。无疑，改革的历史进步性决定并确证了人们价值观变化的进步性，价值观的复杂多样，打破了传统社会价值观的单调、封闭和僵化状态，使人们的价值生活呈现出色彩斑斓、生动活泼的局面，增添了社会的生机和活力。

同时，价值秩序的变迁中又充满了紧张、冲突甚至一定程度的混乱。价值观的多样性引发和带来了价值观的冲突，这种冲突表现在个人、群体、社会不同主体之间在效率与公平、利益与道义、自由与平等一系列重要价值问题上，有着不同乃至截然相反的看法与选择。同一主体在不同领域、不同方面的价值取向也往往呈现出多变性与矛盾性。这种矛盾和冲突也是不同形态的价值观——如传统的与现代的、本土的与外来的、宗教的与世俗的、精英的与大众的价值观——之间的一系列矛盾和冲突。在这种矛盾和冲突中，我们还看到了在一定程度上存在着价值观的物质主义、相对主义和虚无主义。在一些人那里，金钱、财物及其获得是他们的首要乃至全部目标，是其生活的一种方式。他们认同物化的逻辑，信奉拜金主义、消费主义、享乐主义。在一些人中间，价值观具有明显的模糊性，他们以事物具有相对性为借口，混淆是非界限，美丑不分、荣辱不辨。这种相对主义往往蜕变为庸俗的实用主义，而相对主义的极致便是虚无主义。一些人信仰缺失，精神迷离失措，无所依傍，陷入无意义的焦虑与孤独之中，并走向虚无化、平庸化、冷漠化。因此我们时常看到生活中道德底线

---

① 李山译注：《管子》，中华书局，2009，第4页。
② 李山译注：《管子》，中华书局，2009，第2页。

频频失守，封建迷信沉渣泛起，雷人事件不断发生。

社会主义核心价值观承担着引领和建构社会价值秩序的历史使命。价值秩序变迁中的矛盾冲突以及一定程度的混乱，反映了经济社会关系中的矛盾和利益的冲突，同时也以问题的形式，凸显了对核心价值观的诉求。社会主义核心价值观这一概念的提出，表达了对这一诉求的自觉。通过社会主义核心价值观的凝练、彰显，人们能够对多元价值予以批判性整合，对价值之间的冲突加以调解，以此理解和统摄社会生活，消解价值观的物质主义、相对主义、虚无主义，从而有效建构精神家园，在多元价值的喧嚣声中，安顿自己的心灵。社会也能够找到全体社会成员在价值认同上的最大公约数，在具体利益矛盾、各种思想差异之上最广泛地形成价值共识，有效引领与整合纷繁复杂的社会思想意识，有效避免社会分化带来的思想对立和混乱，形成稳定有效的价值秩序。

三 确立国家形象，提升国家文化软实力

任何一个民族和国家都有自己的文化，任何一个民族国家的崛起，不仅伴随着经济的强盛，而且伴随着文化的昌盛。当今时代，文化越来越成为民族凝聚力和创造力的重要源泉，综合国力竞争的重要因素，因此被人们称为软实力。谁占据了文化发展的制高点，谁拥有了强大的文化软实力，谁就能够在激烈的国际竞争中赢得主动。世界上越来越多的国家把提高文化软实力作为发展战略的重要内容。文化的核心是价值观，而文化的力量，归根到底来自凝结其中的核心价值观的影响力和吸引力，文化软实力的竞争，本质上是不同文化所代表的核心价值观的竞争。社会主义核心价值观这一概念的提出，意味着当代中国提升国家文化软实力的一种自觉。

社会主义核心价值观增强民族凝聚力、培养国家认同感。国家文化软实力首先表现为文化的凝聚力，这种凝聚力主要来自人们对核心价值观的认同和追求。历史和现实一再表明，每一个社会共同体都需要有自己独特的核心价值观，通过这种共同的价值观为自身的存在进行合理性和合法性

论证，并通过它来塑造和凝聚它的成员，把共同体的成员联结在一起，产生一种团结感，形成一种亲和力、感召力和凝聚力。这种亲和力、感召力和凝聚力之所以会产生，是因为这种核心价值观为其成员提供了共同的价值理想、价值规范，使人们在自己的长远利益和根本利益上有了共同的目标和追求，形成价值共识，从而形成一种强大的向心力。当代中国需要通过社会主义核心价值观，为人们提供共同的理想信念和价值目标，使人们超越民族、血缘、语言和地域等方面的差异，超越阶层、行业、职业、利益等方面的差异，增强对中华民族大家庭的向心力和归属感。同时，也正是凭借社会主义核心价值观，当代中国社会进行着自我认同，实现着自我确认，回答了"我们是谁"的问题，并在其中显现自身的特殊性、差异性和同一性。

社会主义核心价值观提升中国文化影响力。我们所说的社会主义核心价值观，就是中国特色社会主义核心价值观，它是当代中华文化的核心。这一核心价值观是在全球化背景下，对当代中国发展问题在价值层面上所做出的具有世界历史意义的解答。解决中国发展问题的中国特色社会主义实践既是在中国文化传统和历史的基础上进行的，也是在经济全球化和世界历史背景下展开的。它既要最大限度地利用资本和市场机制，也要努力消除资本主义现代性带来的种种困境与危机。与此相联系，社会主义核心价值观既离不开对中国传统文化和西方资本主义价值观的合理继承与吸收，又需要对它们进行批判与超越。在这种批判与超越中，克服和消解现代性价值缺陷和危机，为人类文明发展找到一条新的道路和方向。在这个意义上说，社会主义核心价值观既具有中国特色，又具有世界历史意义。因此，如果说中国特色社会主义是对近代以来"中国向何处去"这一历史之谜的创造性解答，中国特色社会主义价值观则是对中国近代以来价值文化领域中西古今之争的创造性解答。这样的价值观，不仅是当代中国的文化标志，对外展示着国家和民族的文化形象，构成国际文化对话、交流、互动的坚实基础，也是当代中国对人类文明的独特贡献，有着独特的价值。只有具有这样的价值观自信，才会有中国特色社会主义的道路自信、理论自信和制度自信。

四 结论

社会主义核心价值观，是从价值层面上回答"什么是中国特色社会主义、怎样建设中国特色社会主义"，中国特色社会主义需要通过核心价值观而进行自我理解和自我建构。当代中国社会价值秩序变迁中的矛盾冲突以及一定程度的混乱，需要社会主义核心价值观来予以引领和规范，从而消解价值观的物质主义、相对主义、虚无主义，安顿人们的心灵，重塑社会价值秩序。在文化成为软实力，成为综合国力竞争的重要因素的背景下，当代中国需要通过社会主义核心价值观来增强民族凝聚力，培养国家认同感，明确国家形象，形成与中国的经济地位相应的文化软实力。社会主义核心价值观这一概念的提出，正是基于对以上诸方面的一种自觉。

社会主义核心价值观视域下的当代中国主流文化论析

朱喆 薛焱[*]

（武汉理工大学马克思主义学院）

【摘　要】 当代中国的主流文化分为三个部分，一是中华优秀传统文化，二是近代以来，在革命、建设和改革过程中，中国人民创造的新的社会主义文化，三是西方文化中具有生命力的优秀成分。当代中国的主流文化面临以下三个层面的危险：一是面临着脱离现实并进而被人民群众抛弃的危险，二是面临着来自各种非主流文化的冲击和蚕食的危险，三是面临着西方文化帝国主义渗透和颠覆的危险。基于战略性的视野纵深，从以下三个方面开展主流文化建设：首先，着力锻造一支高素质的主流文化建设队伍；其次，大力开展主流文化教育活动；最后，转变主流文化传播观念，创新主流文化传播方式。

【关键词】 核心价值观　主流文化　建设

作为一种几乎弥散并渗透于社会生活各个领域的现象，文化是极易为人们所感知并熟悉的，但熟悉的往往并非熟知的。真要给文化下一个相对

---

[*] 朱喆，武汉理工大学马克思主义学院院长、教授、博士生导师，主要研究方向为马克思主义哲学、中国哲学；薛焱，武汉理工大学马克思主义学院2012级博士研究生。

周延,并能为大多数人所接受的概念,确非易事。① 尽管如此,从不同的研究视角切入,运用不同的方法去分析和研究文化,的确能够在得出不同结论的同时,加深对各种文化现象的理解。本文拟从社会主义核心价值观的角度,对当代中国主流文化做一初步探讨。

一 主流文化:基于社会主义核心价值观的解读

何为主流文化?就我们有限的阅读范围而言,可谓见仁见智。尤华认为,"主流文化是一个社会、一个时代受到倡导的,起着主要影响的文化。"② 庞德英认为,"主流文化,是指在一个文化体系中占主导地位或支配地位的文化,它从整体上规定着社会的精神生活,体现着时代的主导思想,决定着文化的发展方向。"③ 龚丹认为,"主流文化就是在社会中占领导地位、起权威作用的文化。"④ 辛红认为,"所谓主流文化,是指一个社会、一个时代所倡导的、起着主要影响的文化,是在文化竞争中形成的,具有高度的融合力、较强的传播力和广泛认同的文化形式,是能够在诸多文化中起到主导地位,并具整合和引领作用的文化。"⑤ 肖萍认为,"主流文化是指在社会中占统治地位,起主导作用的文化。"⑥ 陆岩从实质内容上认为,"我国的社会主义主流文化就是:以马克思主义为指导,吸取中华民族优秀传统文化和世界优秀文化遗产的、具有先进性并体现时代精

---

① A. L. 克鲁伯和克莱德·克拉克洪于1952年在《文化——关于概念和定义的评论》中,通过深入广泛的引证和研究,列举了他们所能查阅到的数百位理论家的各种文化定义。通过不同组别的分类统计,共计梳理出161种关于文化的定义。参见 A. L. Kroeber and Clyde Kluckhohn, *Culture: A Critical Review of Concepts and Definitions*, New York, Vintage Books, 1952, pp. 81 – 142.
② 尤华:《主流文化与多元化文化的关系论证》,载《前沿》2013年第3期,第79页。
③ 庞德英:《主流文化与非主流文化的冲突与和谐》,载《长白学刊》2013年第3期,第152页。
④ 龚丹:《大众文化与社会主义主流文化大众化论析》,载《重庆科技学院学报》(社会科学版)2012年第16期,第8页。
⑤ 辛红:《以主流文化自觉培育文化强国自信》,载《艺术百家》2012年第7期,第21页。
⑥ 肖萍:《人的全面发展视域中的社会主义主流文化建设》,博士学位论文,华中师范大学,2006,第22页。

神,为人民服务的、有中国特色的社会主义先进文化。"① 王桂兰认为,"主流文化是指当代中国以社会主义核心价值体系为核心的执政文化。"② 邓楠则认为,"主流文化是统治者推行的、代表国家意志、为社会大多数成员认同并在文化中占据着主导地位的文化形式;它是统治者意愿的表达,因而具有很强的政治意识形态性、权威性和强制性;它的内容随社会的发展变化而发展变化,所以具有一定的历史阶段性;在阶级社会里,它具有鲜明的阶级性色彩;它崇尚公德、正义、法制和秩序等,对社会经济生活、政治生活和精神生活的发展具有主流性的影响,并对社会的发展和进步起着重要的促进作用。"③ 也有部分学者通过将主流文化与意识形态相联系来阐释主流文化。④

综合比较上述各位学者就主流文化给出的定义,可以发现:一方面,基于不同的研究立场、研究方法和问题指向,甚至是源于学者间学术积累和知识结构的分殊,他们给出的主流文化定义自然各有侧重、不尽相同;另一方面,仔细分析,也会发现上述不同定义背后一定共识的客观存在,如各位学者都承认主流文化在社会中的主导性地位和因此而对社会产生的主导性影响,都认为主流文化是在特定的阶段和历史时期存在的,亦即主流文化的存在受特定时空前提的制约。尽管如此,我们认为,对主流文化的认识尚有深化的空间。

由于"马克思恩格斯的学术思想本质上是一种以历史哲学、社会哲学等为表现形式的文化哲学,是一种活生生的、具有强烈时代气息的文化精神",⑤ 所以,立足于马克思主义的文化哲学理论,我们可以发现,文

---

① 陆岩:《当代社会主义主流文化的内涵特征及发展对策》,《思想政治教育研究》2009年第5期,第6页。
② 王桂兰:《当代中国知识分子认同主流文化的路径》,《马克思主义与现实》2012年第6期。
③ 邓楠:《论和谐社会构建中的主流文化建设》,《湖南社会科学》2009年第6期。
④ 参见邓淦之《大众文化与主流文化:两种文化维度的差异、联系与融合》,《佳木斯大学社会科学学报》2012年第3期;卢衍鹏:《主流文化的解构与文化研究的重生》,《内蒙古社会科学》(汉文版)2011年第4期;胡小岩、史鹤:《主流文化与非主流文化的冲突与调控》,《吉林建筑工程学院学报》2011年第3期;张允熠、张瑞涛:《论中国近代主流文化转型的几个特征》,《安徽史学》2003年第1期。
⑤ 衣俊卿、胡长栓等:《马克思主义文化理论研究》,北京师范大学出版社,2012,第50页。

化始终具有人为的性质,并与特定人群的生存方式息息相关,是人们在生产、生活实践中对自然超越后的类本质活动的对象化,这种对象化一方面具有鲜明的动态性特征,并因此是一个在历史变迁过程中不断积淀和创造的过程,另一方面,这种对象化无论是表现为较具体有形的造物,还是表现为较抽象的制度、语言、习俗等,实质上都是人们自觉不自觉地建构起来的人的形象,以及以此为基础而反映出来的人们关于宇宙、社会等的基本观念,即核心价值观。也因此,在实际运用中,人们往往用文化指称那些历经沧桑与沉浮而始终难以磨灭的、稳定的、深层的、无形的东西。时间越漫长、历史越悠久,这种东西往往越核心、越强大、越有生命力。而这种东西实质上就是特定社会和族群所秉持的核心价值观。这种价值观之所以被特定社会和族群长期坚持、代代相沿,不仅是因为其总是被大多数人自觉不自觉地认同、践行和坚守,更因为其对特定族群的生产、生活实践和繁衍传承、发展壮大具有实质性的保障、促进、激励和凝聚等根本作用。因此,核心价值观是文化之魂,是社会生活中到处充斥、易为人所感知、难为人所把握的种种文化现象的深层内核。"在任何一种文化体系中,价值观都扮演着文化核心的角色,决定着文化的根本性质、基本气质与深层意义世界。"①

在现实生活中,基于人类的种种安排和精巧设计,核心价值观通过各种形式体现在人们生活的方方面面,并在无形中调控着社会秩序、引导着人类前进。主流文化就是核心价值观的重要表现形式之一,其背后反映的就是特定历史时期整个社会的核心价值观,是整个社会中大多数人自觉不自觉认同、信奉、践行和坚守的共识性核心价值准则。也正是在此意义上,我们认为,所谓主流文化,是指在特定历史时期,以特定社会的核心价值观为内核,为大多数人自觉不自觉地认可、信奉、践行并坚守,能够对整个社会的秩序、运行和进步产生主导性影响的文化。当代中国的主流文化,就是指在社会主义改革开放更加深入推进的新时期,以社会主义核心价值观为内核,为大多数人认同、信奉、践行和坚守,能够对中国特色

---

① 沈壮海:《文化软实力及其价值之轴》,中华书局,2013,第5页。

社会主义现代化事业产生积极重大影响的文化。这种文化，通过文学、艺术、影视、网络、传媒、建筑、校园等各种形式和载体表现出来，在各种形式和载体背后所隐含的核心价值观也借以传播和弥漫于整个社会，并因为与大多数人的固有价值观念相契合而在整个社会中居于主导地位，发挥主导性作用。从具体内容来看，结合全球化的时代背景，当代中国的主流文化分为三个部分，一是中华优秀传统文化，二是近代以来，在革命、建设和改革过程中，中国人民创造的新的社会主义文化，三是西方文化中具有生命力的优秀成分。从历史变迁的具体细节观察，这三个部分并非相互割裂、截然分开的，而是相互衔接、有机互动和彼此交融的。最后，必须加以明确的是，我们并非否认特定的社会、经济、政治、科技等因素对主流文化的制约作用，我们只是从文化哲学的层面出发，力图强调在影响和制约主流文化的诸多因素中，社会核心价值观的无形、持久，甚至是决定性的影响。因为，"根据唯物史观，历史过程中的决定性因素归根到底是现实生活的生产和再生产……经济状况是基础，但是对历史斗争的进程发生影响并且在许多情况下主要是决定着这一斗争的形式的，还有上层建筑的各种因素"。[①]

二 基于社会主义核心价值观的当代中国主流文化状况分析

对于当代中国的主流文化状况，学界内部既有不同的看法，也存在着一定程度的共识。我们认为，当代中国的主流文化面临以下三个层面的危险：

一是面临着脱离现实并进而被人民群众抛弃的危险。人民论坛问卷调查中心于2010年围绕着主流文化的相关热点进行了问卷调查，结果有73.6%的受调查者认为当代中国的主流文化缺乏现实关怀；同时，有

---

① 中共中央马克思恩格斯列宁斯大林著作编译局：《马克思恩格斯文集》第10卷，人民出版社，2009，第591页。

45.8%的受调查者表示,"主流文化不吸引人,大众只能'被低俗'";在被问及主流文化边缘化现象是否严重时,有55.7%的受调查者表示"严重"或"比较严重"。① 由此可见,当代中国的主流文化无论是就内容还是就形式而言,都大大脱离了人民群众的生产生活实践。事实上,近来人们对"三俗"的诟病之声日益强烈和全党全国正认真开展的"整顿四风"活动,就是对当代中国主流文化日益脱离现实状况的有力回应。但同时,我们也需要清醒地认识到,这种回应恰恰深刻地反映了当代中国主流文化所面临的生存危机。无数的历史教训告诉我们,当主流文化渐渐远离民生时,其距离被人民群众彻底抛弃的日子也就不远了。

二是面临着来自各种非主流文化的冲击和蚕食的危险。改革开放30多年,市场经济在极大地激发人们的创造热情、解放并促进生产力大发展的同时,也显现出了自身的弊端和不足,并使得人性中恶的一面充分暴露。这些在文化领域就表现为各种非主流文化的崛起和大行其道。过度的消费主义文化观所带来的奢靡、享乐、攀比等不良风气借助影视、广告、服饰、饮食等各种文化载体形式广为传播,造成了对主流文化的巨大冲击;源于市场经济内在机制的对个体的尊重和对经济进步的追求,被放大和异化为极端的个人主义和彻底的"金钱拜物教",进而引发人们私欲的无限膨胀和唯利是图、"一切向钱看"的人性扭曲,导致社会功利化的泛滥、社会责任的丧失、社会公德的退化。在此背景下,传统文化中的各种糟粕也趁势沉渣泛起,各种封建迷信文化和种种"不问苍生问鬼神"的畸形文化现象喧嚣一时,在混淆人们文化观念的同时,更造成了对社会主义主流文化的极大冲击。事实上,有学者就认为,当代中国的主流文化已经被解构。② 如果说前述主流文化面临着脱离现实并进而被人民群众抛弃的危险,是主流文化自身的严重问题的话,那么,各种非主流文化对主流文化的冲击和蚕食,则是与主流文化自身退化、脱离现实相伴相随的。主

---

① 人民论坛问卷调查中心:《73.6%受调查者认为主流文化缺乏现实关怀——"主流文化怎么了"问卷调查分析报告》,《人民论坛》2010年第24期。
② 参见卢衍鹏《主流文化的解构与文化研究的重生》,《内蒙古社会科学》(汉文版)2011年第4期。

流文化脱离现实、非主流文化大行其道,二者一退一进,不过是当代中国主流文化自身状况正反两面的真实反映。

三是面临着西方文化帝国主义渗透和颠覆的危险。当今世界是全球化的世界,伴随着经济全球化进程的加速,文化的全球化进程也日趋明显,主要表现为各个国家、民族之间文化交流的频繁和文化交流内容的日益深广,不同地区和民族间文化的相互影响也日益增大。然而,霸权国家则将这种不同民族文化间的交流视为维护自身利益的重要途径,不遗余力地推行各种文化帝国主义政策,采用各种手段、形式进行文化渗透和颠覆。早在冷战时代初期,美国中央情报局就以社会心理学、文化传播学等的研究成果为依托,制定了专门针对社会主义国家,且被多次修改和完善的"十条戒令",① 其中属于文化方面的就有七条之多,涉及引诱青年、吸引注意力、制造分裂、丑化领导人物、瓦解主流文化和公共道德、宣扬民主

---

① 美国中央情报局的"十条戒令"是:一、尽量用物质来引诱和败坏他们的青年,鼓励他们蔑视、鄙视,进而公开反对他们原来所受的思想教育,特别是共产主义教条。替他们制造对色情奔放的兴趣和机会,进而鼓励他们进行性的滥交。让他们不以肤浅、虚荣为羞耻。一定要毁掉他们强调过的刻苦耐劳精神。二、一定要尽一切可能做好传播工作,包括电影、书籍、电视、无线电波和新式的宗教传播。只要他们向往我们的衣、食、住、行、娱乐和教育的方式,就是成功的一半。三、一定要把他们的青年的注意力从他们以政府为中心的传统引开。使他们的头脑集中于体育表演、色情书籍、享乐、游戏、犯罪性的电影,以及宗教迷信。四、时常制造一些无风三尺浪的事,让他们的人民公开讨论,这样就在他们的潜意识中种下分裂的因子。特别要在他们的少数民族里找好机会,分裂他们的地区,分裂他们的民族,分裂他们的感情,在他们之间制造新仇旧恨。这是完全不能忽视的策略。五、要不断地制造"新闻",丑化他们的领导。我们的记者应该找机会采访他们,然后组织他们自己的言辞来攻击他们自己。六、在任何情况下都要宣扬民主。一有机会,不管是大型小型,有形无形,都要抓紧发动民主运动。无论在什么场合,什么情况下,我们都要不断对他们(政府)要求民主和人权。只要我们每一个人都不断地说同样的话,他们的人民就一定会相信我们说的是真理。我们抓住一个人是一个人,我们占住一个地盘是一个地盘,一定要不择手段。七、要尽量鼓励他们(政府)花费,鼓励他们向我们借贷。这样我们就有十足的把握来摧毁他们的信用,使他们货币贬值,通货膨胀。只要他们对物价失去了控制,他们在人民心目中就会完全垮台。八、要以我们的经济和技术的优势有形无形地打击他们的工业。只要他们的工业在不知不觉中瘫痪下去,我们就可以鼓励社会动乱。不过我们必须表面上非常慈善地去帮助和援助他们,这样他们(政府)就显得疲软,一个疲软的政府,就会带来更大更强的动乱。九、要利用所有的资源,甚至举手投足,一言一笑,都足以破坏他们的传统价值观。我们要利用一切来毁灭他们的道德人心。摧毁他们的自尊自信的钥匙,就是尽量打击他们刻苦耐劳的精神。十、暗地运送各种武器,装备他们一切的敌人和可能成为他们敌人的人们。参见曹泽林《国家文化安全论》,军事科学出版社,2006,第352页。

和破坏传统价值观等方面。近年来,霸权国家又利用各种非法宗教并通过对其暗中资助,以试图颠覆社会主义的主流文化,① 从客观后果来看,这不仅造成了对社会主义主流文化的巨大冲击,更危及了国家的边疆稳定和主权完整。

需要补充说明的是,上述当代中国主流文化所面临的危险,是相互交织在一起的,它们相互影响、相互加强,在恶性循环中不断侵蚀和瓦解着当代中国的主流文化。造成上述当代中国主流文化状况的原因是多方面的,从价值观这一文化之魂的角度来看,我们认为有以下三个方面的原因:

一是价值不自觉。价值自觉是在对自身历史文化传统总结梳理和对自身现状清醒研判的基础上,对社会核心价值观的深刻反思、概括提炼和准确表达。近代以来的中国,在长达一百多年的艰难历程中,既遇中西交锋,又逢古今之变;改革开放后,又经历了经济社会体制的大转型,整个社会的核心价值观一直处于辗转轮回、变动不居的转型过程中,进而使得整个社会的核心价值观一直无法得到自觉地反思、提炼和总结,整个社会处于一种价值迷失甚至是价值混乱的状态,这就在客观上造成了社会核心价值观的真空,为各种非主流文化的大行其道提供了温床。价值缺失必然导致文化乱象的出现,价值不自觉必然制约主流文化积极作用的发挥。直到社会主义核心价值体系与社会主义核心价值观的提出,这种价值不自觉的状况才算结束,然而,因长时期、广范围的经济社会转型所造成的价值迷失与不自觉,毕竟对社会主义主流文化产生了重大的消极影响,基于社会历史发展的惯性,这种消极影响短时间内难以彻底消除。

二是价值不自信。所谓价值不自信就是对自身价值观正义性、道德高尚性和合法性的认同度不高,对自身价值观的凝聚力、整合力和倡导作用等不自信,甚至是怀疑。如果说价值自觉是繁荣主流文化首要前提的话,那么,价值自信就是繁荣主流文化的重要保障。近代以来,长期经济社会

---

① 参见贾友军、赵爽《非法宗教活动对国家主流文化安全的威胁与破坏》,《福建省社会主义学院学报》2012 第 2 期。

的落后状况，深刻影响了整个社会的深层心理结构，"西方的月亮比中国圆"、自我矮化、崇洋媚外等民族虚无主义、历史虚无主义心态大肆泛滥，进而使得价值虚无主义流布四方，并最终影响了整个社会的价值自信。价值不自信，必然导致主流文化的不自信，甚至是主流文化话语权的丧失，并给各种非主流文化扩大市场和文化帝国主义入侵提供可乘之机。在这方面，从早年"无厘头""戏说""躲避崇高"等现象和观念的流行，到近年"范跑跑""郭美美炫富""为秦桧翻案""解构雷锋"等一系列文化乱象的出现及其引发的巨大社会效应，已经给我们敲响了主流文化危机的警钟。

三是价值践行有偏差。如果说价值自觉和价值自信是主流文化繁荣壮大的前提和保障，那么，价值践行就是主流文化繁荣发展的关键。"批判的武器当然不能代替武器的批判，物质力量只能用物质力量来摧毁；但是理论一经掌握群众，也会变成物质力量。"[①] 只有通过价值实践，核心价值观的巨大作用才能发挥，社会主流文化的强大影响力才能展现。事实上，欣欣向荣、昂扬向上的主流文化往往是社会核心价值观得到成功践行的结果。在当代中国，价值践行存在着多方面的偏差，以价值传播为例，社会核心价值观就存在着传播手段单一、传播形式僵化老套、传播内容刻板而不够生动鲜活等弊病，这自然令核心价值观无法适应网络信息化时代传播的客观要求，最终影响核心价值观的传播实效，制约主流文化引导社会健康发展作用的发挥；再比如，面对各种重大公共事件和表现为各种形式的非主流文化、外来消极文化等，核心价值观缺乏借助各种手段和载体，积极对这些事件、文化现象予以适当回应甚至分析和评判的姿态，在涉及核心价值理念的关键问题上，消极回避、不及时表明和坚决捍卫自身价值立场等，都最终会损及社会主流文化的主导性、权威性和影响力。

需要说明的是，上述三方面的原因并非各自独立，而是相互交织在一起，并共同对当代中国的主流文化发展状况产生着持续性的综合影响。同

---

① 中共中央马克思恩格斯列宁斯大林著作编译局：《马克思恩格斯文集》第1卷，人民出版社，2009，第11页。

时,"唯物辩证法认为外因是变化的条件,内因是变化的根据,外因通过内因而起作用"。① 上述当代中国主流文化面临危险的三方面原因,都是内因,也正是这些内因的存在,使得当代中国的主流文化在激烈的文化竞争中"理不直气不壮",并给各种蚕食和瓦解主流文化地位的非主流文化、文化帝国主义等提供了机会。

三 立足社会主义核心价值观,大力建设社会主义主流文化

针对如何立足社会主义核心价值观,大力开展社会主义主流文化建设,有学者已经提出了有益的看法;② 也有学者从发达国家维护国家主流文化安全的经验出发,提出了包括立足核心价值观开展建设在内的多项对策。③ 从实践操作的层面,我们认为,应当在立足社会主义核心价值观的基础上,基于战略性的视野纵深,从以下三个方面开展主流文化建设:

首先,着力锻造一支高素质的主流文化建设队伍。

"文武之政,布在方策。其人存,则其政举;其人亡,则其政息。"④ 任何一项伟大的事业都需要一代又一代高素质的人才坚持不懈、接力奋斗,才能克尽其功。同样,当代中国的主流文化建设,也需要着力锻造一支高素质的建设队伍。

从基本素质来看,这支队伍需要具备以下几方面的条件:一是忠诚于党和人民的社会主义文化建设事业,具有坚定的理想信念和政治立场;二是道德高尚、品格高洁,具有较强的社会责任感和奉献精神;三是受过较为系统的专业化学习和训练,对社会主义核心价值观具有深刻、全面的理解和把握,具有较强的专业化素养,尤其是对包括中华优秀传统文化、西

---

① 毛泽东:《毛泽东选集》第1卷,人民出版社,1991,第301页。
② 参见卢衍鹏《以核心价值体系重塑中国主流文化》,《福建论坛》(人文社会科学版) 2012年第10期。
③ 参见赵爽、苏莱曼·亚森《发达国家维护国家主流文化安全的角色定位与借鉴》,《青海社会科学》2012年第4期。
④ 王文锦:《礼记译解》,中华书局,2001,第784页。

方文明的优秀遗产和近代以来具有创新性的社会主义文化成果，具有较为系统、完整的知识储备和深刻的理解、认知。从内在结构来看，这支队伍需要兼顾以下几个层面：一是年龄结构要合理，从而形成合理高效的人才梯队，保证主流文化建设的长期性、延续性；二是行业分布要合理，无论是文学、艺术还是网络、传媒，无论是经济、民生还是科技、国防，都要注重热心传播社会主义核心价值观、认真弘扬社会主义主流文化的专业化人才队伍建设；三是领域分布要合理，无论是官方机构，还是学院知识分子，无论是民间媒介平台还是社区乡村，都要注重挖掘和培养相关人才。此外，要加强各行业、各领域、各层次的主流文化建设队伍间的相互交流、相互学习，注重对主流文化建设队伍的专门性、系统化教育和培训，尤其是要结合时代特点和科技进步状况，加强对主流文化建设队伍应对、适应并最终娴熟运用现代化网络信息传播技术的能力的培养。最后，要通过一系列的政策规范等，实现有关社会主义主流文化建设人才队伍管理、培养、进出、条件、奖惩等方面内容的制度化和规范化，真正建立起立足于社会主义核心价值观、大力发展和弘扬社会主义主流文化的长效性建设队伍保障机制。

其次，大力开展主流文化教育活动。

"十年树木，百年树人。"教育是国家发展的百年大计、民族振兴的立足根本，当今社会早已是全民学习和终身学习型社会。立足社会主义核心价值观，发展社会主义主流文化，必须充分注重主流文化教育活动。具体而言，包括以下几个方面：

一是注重对党员领导干部的教育。一方面，要通过各种形式和方法，在广大党员中全面、系统、有效地开展基于社会主义核心价值观的主流文化教育活动，以此充分发挥党员的先锋模范作用，通过广大党员对社会主义核心价值观的深刻认同和对社会主义主流文化的热爱拥护，来带动整个社会对主流文化的热爱、学习、认同和践行。另一方面，要加强对领导干部对基于社会主义核心价值观的社会主义主流文化的教育，各级领导干部对社会主义主流文化的认识深度、理解广度等，直接关涉社会主义主流文化建设的大方向，影响社会主义主流文化建设的成败。

二是注重学校教育。各级、各类学校应针对本地区、本校学生的实际状况，立足于当代中国经济社会现实和时代特点，采用灵活多样的方式，开展社会主义主流文化建设。通过生动鲜活、形式多样、内容充实、贴近实际的教育，激发他们对社会主义主流文化的学习兴趣和热情，最终使广大学生养成健全的人格、健康的心灵，树立起正确的人生观和价值观；不仅要注重对他们进行社会主义主流文化基本素养的教育，更要注重对他们进行社会主义主流文化创新能力的培养。

三是注重家庭教育。家庭教育是广义教育的重要组成部分，是学校教育和社会教育的基石。家庭教育在人的一生中不仅起着奠基性的作用，而且贯穿人的一生，可以说是终身教育。我国教育专家赵雨林于2008年提出了为人们广泛接受的"三道发展教育理论"，即开展以"为生之道""为人之道""为学之道"为核心的家庭教育。"为生之道"以生命健康教育为核心，由生理保健、心理健康和安全适应等三方面组成；"为人之道"强调以生命价值教育为核心，由生命角色、人格人生和处世修养等三方面组成；"为学之道"则以生命智慧教育为核心，由学习品质、综合素养和自主专长等三方面组成。① 三道教育的内容中涉及大量关于社会主义核心价值观和社会主义主流文化的内容，大力开展好家庭教育，对建设和弘扬社会主义主流文化具有极为重大的促进作用。

四是注重社区和农村教育。社区教育具有寓教育于管理、服务、文化活动为一体的特点，通过充分发挥社区教育向社区居民开放办学、社区教育设施和场地等为社区居民共享、面向社区居民传播知识和科学技术、帮助社区居民提高素质、参与改善社区环境等功能，来普及各种优秀文化知识，传播和倡导社会主义核心价值观，弘扬和建设社会主义主流文化。同时，要注重加强农村教育。近年来，随着我国经济社会的急剧转型，农村地区的传统习俗、"熟人社会"伦理等都出现了较为严重的衰退，农村地区的社会秩序、人们的精神面貌等都受到不小的影响，各种形式的封建迷

---

① 参见百度百科：http://baike.baidu.com/view/58466.htm. 最后访问时间：2013年9月8日。

信活动、非主流文化、反主流文化和反宗教文化等在一些地区甚至泛滥成灾,① 这直接引发了广大农民的价值信仰转型和文化观念变迁。因此,通过支持、倡导各种形式多样、内容生动、贴近乡民的乡村文化活动,开展社会主义核心价值观教育,普及和弘扬社会主义主流文化,具有极为重大的现实价值。

需要补充说明的是,在开展社会主义主流文化教育的过程中,要因地制宜、因人制宜,在尊重学习教育规律和实际状况的基础上,充分发挥人民群众的积极性、创造性,从而真正保障社会主义主流文化教育的效果,并同时为其注入不竭的动力。

最后,转变主流文化传播观念,创新主流文化传播方式。

无可否认,我们生活在一个通信技术高度发达、信息大爆炸的时代。面对现代化网络信息通信技术的飞速进步和以几何级数增长的海量信息,如何立足于社会主义核心价值观,建设社会主义主流文化?我们认为应当从以下几个方面着手:

一是转变社会主义主流文化传播观念。任何一种价值观念和文化,都需要通过某种媒介和载体加以展现,非此不能让价值观和文化的作用得到发挥。口头语言、书面文字、印刷机、图片、雕塑、广播、电视、互联网等,都是价值观和文化得以呈现和向公众传达的媒介方式,各种方式的变化反映的是传播技术的进步。而不同的媒介方式和传播技术,会深刻改变人们的思维方式、价值观念,并最终从深层社会心理的维度影响和塑造人类社会的面貌。当下,我们处于传播媒介全面电子化、网络化的时代,传播技术和传播方式的深刻变革必然带来传播理念的变革。这就需要我们在立足于社会主义核心价值观、建设社会主义主流文化时,及时转变主流文化传播的观念,准确把握主流文化传播所处时代特点,进而确保主流文化传播的实效。

二是要善于在海量信息的时代潮流中实现对社会主义主流文化的综合权衡与合理取舍。在信息大爆炸的时代,信息空间充斥着大量低效、无用

---

① 参见贺雪峰《乡村社会关键词:进入21世纪的中国乡村素描》,山东人民出版社,2010。

甚至是消极有害的各种信息，文化传播媒介应当高效、合理地对各种信息进行分类筛选，尽力避免传播各种消极无用的信息，避免各种反主流文化、非主流文化信息在传播过程中的聚焦放大效应；要通过有限的传播资源大力传播和弘扬社会主义主流文化，以此来引导公众理性思考，塑造和培养公众的价值观念；从传播技术的层面来说，要避免大量低效、无用信息弱化和冲击人们对社会主义主流文化理念的认同。尼尔·波兹曼有言，"表面温和的现代技术通过为民众提供一种政治形象、瞬间快乐和安慰疗法，能够同样有效地让历史销声匿迹"，[①] 让民众变得思维僵化、心灵冷漠，并最终在无形中剔除社会主流文化和核心价值观的影响。

三是要不断创新主流文化传播方式和传播内容。社会主义核心价值观和主流文化的传播内容虽然有限，但是这些内容的内涵却极为深刻、丰富，这就需要一方面，通过采取多种文化传播形式、运用多种文化传播手段，实现文化传播方式的多样化，避免文化传播方式的僵化、老套，从而提高文化传播的实效；就文化传播风格而言，要注重鲜活、生动，避免刻板、说教。另一方面，文化传播的内容应注重贴近群众生活、贴近社会实际、反映群众心声、洞察社会心理、把握社会发展趋势，只有这样，才能调动公众的文化参与热情，激发公众的文化创造活力，并最终形成广大公众认同、信奉和践行社会主义主流文化观念的社会氛围，促进社会主义主流文化长期不断繁荣发展。

---

① 〔美〕尼尔·波兹曼：《娱乐至死·童年的消逝》，广西师范大学出版社，2009，第118页。

和谐因何价值而成为核心价值

周海春[*]

（湖北大学高等人文研究院暨哲学学院）

【摘　要】 和谐因仁爱而有价值：仁爱是达成和谐的价值前提，和谐是仁爱的价值趋势，和谐确证了仁爱。和谐因公正而有价值。和谐因共生而有价值。和谐的价值诉求不等同于那种否认个体及其价值的绝对整体主义，也不等同于那种单纯地强调个体价值和局部利益的分散主义和个体主义。和谐固然重要，但和谐包含的其他价值追求更值得探讨：和谐实现的是万物生生不息的价值，实现的价值是凝聚力和合力，是万物的自由、平等和公正，实现的是恻隐的价值。

【关键词】 和谐　仁爱　公正　共生

党的十八大报告指出要倡导富强、民主、文明、和谐，倡导自由、平等、公正、法治，倡导爱国、敬业、诚信、友善，积极培育社会主义核心价值观。和谐是国家层面的核心价值之一。中西方文化都重视和谐范畴，都追求和谐。和谐本身构成了一种价值诉求，但由于思维方式不同，和谐在思想体系中的地位不同，和谐追求背后还包含其他的价值诉求，或者与其他价值诉求密切相关。只有把和谐背后或者相关的价值诉求阐发清楚，

---

[*] 周海春（1970～），男，内蒙古扎兰屯市人，湖北大学哲学学院教授，武汉大学哲学学院博士后，博士生导师，主要研究方向为中国文化史、伦理学。

才能确切地知道一个哲学家和谐价值诉求的丰富内涵,以及不同和谐观的异同。我们为什么希望和谐呢?和谐的价值为什么显得那么重要呢?和谐价值的基础价值是什么呢?

一 和谐因仁爱而有价值

在中西方伦理思想中,都有把仁爱视为元德的思想。仁爱对好的和坏的、善的和恶的对立的双方都爱。

1. 仁爱是达成和谐的价值前提

西方博爱思想中的"博"当然包括对好和对坏,对善和对恶。《圣经·马可福音》说:"你们听见有话说:'当爱你的邻舍,恨你的仇敌。'只是我告诉你们:要爱你们的仇敌,为那逼迫你们的祷告。这样,就可以作你们天父的儿子。因为他叫日头照好人,也照歹人;降雨给义人,也给不义的人。你们若单爱那爱你们的人,有什么赏赐呢?就是税吏不也是这样行吗?你们若单请你弟兄的安,比人有什么长处呢?就是外邦人不也是这样行吗?所以你们要完全,像你们的天父完全一样。"①

中国哲人也常常要求超越是非,达成恻隐。从中国佛学方面来看,要求超越是非自不待言。"若见他人非,自非却是左。他非我有罪,我非自有罪。但自去非心,打除烦恼碎。"② 就儒学而言,孔子坚持中庸的方法,要求综合是非两端。"吾有知乎哉?无知也。有鄙夫问于我,空空如也;我叩其两端而竭焉。"③ 孟子则把是非之心摆在了恻隐之心之后。庄子则劝告"欲是其所非而非其所是,则莫若以明"。④ 恻隐就是不管是和非都去爱他,都包容,都照顾;管他是恶人还是善人,都怀一个慈悲的心。以恻隐作为一元的价值对待是非价值双方,自然容易达成和谐。

---

① 《新旧约全书》,南京爱德印刷有限公司,1989,第 5~6 页。
② 慧能:《坛经校释》,郭朋校释,中华书局,1983,第 72 页。
③ 孔健编著《孔子全集》(上),东方出版社,2012,第 33 页。
④ 郭庆藩撰《庄子集释》(上),王孝鱼点校,中华书局,2004,第 63 页。

2. 和谐是仁爱的价值趋势

仁爱的价值总是力求避免争斗，希冀和谐。尽管怀着爱心的双方因为理念的原因、个性的原因常常会发生争执，难以实现和谐，但仁爱的双方总是努力去趋向和谐。

仁爱之情是恻隐之情，这是中国先秦时期的儒家亚圣孟子所强调的。这个情感或者叫作慈爱、善意、宽厚、同情、博爱。佛学那里，叫作慈悲心，在西方文化中叫作博爱，或者叫作同情。德国哲学家叔本华比较强调"同情"，他认为"同情乃伦理学一大奥秘"。[1] 他还说："同情乃是仁爱的渊源。"[2]

那么是什么是同情呢？叔本华的说法比较复杂，他说："我认为同情就是伦理学的基础，并且愿意把它说成是一种认为自我和非我一样的感觉能力，这样这个人便直接在另一个人内认出他本人，他的真实存在就在那里。"[3] 简单地说同情就是对别人的情况感同身受，在别人身上发生的事情，感觉就像在自己身上发生一样。叔本华还强调，同情是在另一个人内认出自我。在另一个人内认出自我，当然包括在所谓的坏人那里认出自我，觉得我不能像他那样，对他陷入这样的状况感到同情；在好人那里认出自我，觉得我应该向他学习。这也就是孔子的"择其善者而从之，择其不善者而改之"强调的意思。叔本华还强调同情有助于人认识自己的真实存在，在同情的时候，我们才会很深入到自己的内心，接近自己的生命的本质，我们在他人那里，触及了自己的本质。人因为仁爱更能够认识自己和他人的本质，更富有"人情味"，从而不断超越自己，并因为对自我的不断超越，从而更能够和更善于与人相处，从而达成和谐。

仁爱是突破"我执"的法宝。怎样才能体会万物同一体，达成和谐呢？简单地说，就是不过分区分哪是你的，哪是我的。区分哪个是你的，哪个是我的，就是有人相，有我相。用《金刚经》的话说，就是要有

---

[1] 叔本华：《伦理学的两个基本问题》，商务印书馆，1996，第302页。
[2] 叔本华：《伦理学的两个基本问题》，商务印书馆，1996，第266页。
[3] 叔本华：《伦理学的两个基本问题》，商务印书馆，1996，第299页。

"无相"的智慧。《金刚经》所说的无相包括无人我相,无寿者相,无佛者相,无众生相。因为是对弟子讲的,所以有无佛者相,无众生相,如果对社会的人讲,就是不要用等级的观念来看人,不能仅仅看到这个人是处长,那个人是小职员,还要看到二者都是平等的人。这样自然容易达成和谐。

3. 和谐确证了仁爱

如果事物间是和谐的,人们一定认为事物间是彼此吸引、彼此相爱的。和谐总是仁爱的确证。正因为如此,在中西方总是有哲学家把这个世界万物存在的根由设想为仁爱。明代哲学家王阳明说:"盖天地万物与人原是一体,其发窍之最精处,是人心一点灵明,风雨露雷,日月星辰,禽兽草木,山川土石,与人原是一体。"① 天人合一、物我一体的仁爱之情是什么?我们很难说清。我们只能说可以尝试着去体会万物一体,去体会被哲学说的"玄而又玄"的那个"一"。也就是《道德经》所说的"道生一,一生二,二生三"的那个"一"。对于万物本身的同一性问题,德国哲学家海德格尔没有诉诸一般的逻辑分析,而是感受到了"同一性"在说话。"同一性"能够"呼求"。海德格尔揭示的"同一体"的哲学经验是:"无论我们在何处和如何对待哪一类型的存在者,我们都感到自己已被同一性所呼求(angesprochen)。倘若这一呼求(Anspruch)不说话,那么存在者就决不能在其存在中显现。"② 怎么去体会海德格尔说的同一性的呼求呢?你见到一个人,你会说不出理由,觉得我们是同类的,是人类,这是为什么呢?我们内心有一种直觉的同一性的认可。就像我们都渴望人与人的关系就像一家人,不分彼此,就可以理解为同一性的呼唤。世界万物有秩序地存在于这个世界上,总是被哲学家理解为是因为仁爱的存在。

二 和谐因公正而有价值

以仁爱之心对待是非双方,容易让人想起"和稀泥"。其实不然,当

---

① 王阳明:《王阳明全集》(一),线装书局,2012,第187页。
② 海德格尔:《海德格尔选集》上卷,上海三联书店,1996,第648~649页。

仁爱落实到具体事物上的时候，就会采用仁慈的原则和功利的准则。"仁慈原则有哪些内容？我想有四条：（1）一个人不应该作恶害人（这是恶）；（2）一个人应该制止恶、防止害；（3）一个人应该避恶；（4）一个人应该行善促进善。"① 仁爱是说要有爱心，希望或准备行善避恶；仁慈则要求把行善避恶当作当然义务；功利原则则要求通过现实的努力尽力使善超过恶。"我已经，并将继续在更严格的意义上，把功利原则解释为这样一种原则，即：我们应该采取这样的行为，服从这样的惯例或准则，它将使，或可能将使人类的善最大限度地超过恶。然而很清楚，这条原则是以另一条更基本的原则为前提的，那就是，我们应该行善避恶。如果没有这一更基本的义务，我们就没有努力实现善最大限度地超过恶的责任。实际上功利原则代表了一种与理想的妥协；这种理想，就是只行善、不作恶（暂时忽略正义）。但是，这种理想是不可能实现的，因此，我们就不得不尽力争取使善超过恶。如果是这样的话，那么功利原则就是预先假定了一条更基本的原则——行善避恶。只有当我们具有一种前定的行善避恶的当然义务的时候，我们才有一种尽力使善超过恶的当然义务。我把这种前定的原则称为仁慈原则。我把它称作仁慈原则，而不是仁爱原则，其理由是：这条原则要求我们在实际上行善避恶，而不仅仅是希望或准备行善避恶。"② 只有在应该行善避免恶是基本义务或者当然义务的时候，尽力在现实上使得善超过恶的当然义务才能得到较好的说明。

当然，要看到仁慈和功利原则是不同的。"功利原则是从量的方面提出的，并假定善恶可以以某种方式衡量或比较。"③ "假设我们有两个行为，A 和 B，A 产生的善是 99 分，且没有产生恶；而 B 既产生善，又产生恶，扣除被恶抵消的部分，善净得 100 分。在这种情况下，行为功利主义者要求我们承认 B 是正当的，但有些人肯定会认为 A 是正当的，仁慈原则允许我们这样认为，尽管它并不要求我们这样认为。"④ 当仁慈原则

---

① 〔美〕弗兰克纳：《伦理学》，关键译，三联书店，1987，第 98~99 页。
② 〔美〕弗兰克纳：《伦理学》，关键译，三联书店，1987，第 94 页。
③ 〔美〕弗兰克纳：《伦理学》，关键译，三联书店，1987，第 95 页。
④ 〔美〕弗兰克纳：《伦理学》，关键译，三联书店，1987，第 95 页。

和功利原则实现了的时候,公正也就实现了。

如何从爱的法则中导出正义?爱的法则如何提供在分配善恶的不同方式中提供选择的方法?爱的法则要求像爱我们自己一样去爱邻人。这正是平等的要求。爱要求对所有人仁慈,对所有人平等,从这当中可以推导出公正和正义。有恻隐之心的同时要有是非之心、羞恶之心、辞让之心。比如你说你有爱心,但是却没有是非之心和羞恶之心,显然不行。真正的爱心是人家做坏事,我们应该警告他,要想办法让他开悟,而不是人家做什么好事、什么坏事,我们都保护他。如果你的恻隐之心没有伴随是非之心,那么它也是一个无明的恻隐之心,恻隐之心和是非之心就像唐僧离不开孙悟空一样,谁也离不开谁,离开了就取不成真经;其他两个心也是这样。就像疾恶如仇,你连什么是恶、什么是善还没有搞清楚,疾的什么恶,如的什么仇?你连恻隐之心都没有,辞让之心都没有,让你去嫉恶如仇,去羞恶,岂不羞尽天下人,岂不把世界闹翻了天。

如果进一步说,要想维护公理,还非得有爱心作为精神的动因不可。"公正,作为一种真正的,自觉自愿的德行,其根源在于同情。"①

如果没有注入同情的动机,规则很难重新被遵守,被执行。叔本华说:"所以,无论何时,在特殊情况下,确定的规则有失灵的迹象时,那一个能够向其中注入新鲜的活力的动机(因为我们当然排除建立在利己主义的那些动机),便是从源头本身引出来的——同情。"② 爱心、同情心同样有助于规则的维护。比如,当你想到破坏规则,会对他人,尤其是那些弱势的群体和个人造成很大的伤害的时候,你就会产生一种同情,那么这个同情就提供了一个动力,使得你可能会选择遵守规则。比如,当你想到如果你不遵守婚姻的契约,会伤害到你的家人的时候,并因此有了对家人的同情心的话,自然就加强了你遵守婚姻道德规则的动机和精神动力,从而维护了彼此之间的公理和正义。如果你只是想到了利己,那么破坏规则就是无所谓的事情了,自然正义就失去了精神和情感的保障。

---

① 叔本华:《伦理学的两个基本问题》,商务印书馆,1996,第243页。
② 叔本华:《伦理学的两个基本问题》,商务印书馆,1996,第242页。

为什么同情可以在源头上、在动机上保证公正的规则得到维护呢？就是因为同情想到了别人，而利己的动机只是想到自己，自然很容易和另外一个人发生冲突，很难做到公正。在叔本华看来，同情能够产生一个规则，就是不要损害任何人。而不损害任何人本身就是公正的德行的基本原则。他觉得同情是公正德行的纯粹而有简单的德行根源，同情是公正和仁爱的真正的基础。只有发自于同情的行为才尤其具有道德的价值。

公正肯定"是"这个单一的价值，但不等于肯定单一的具体事物。"虽然我不爱你，但是基于是非的要求，我尊重你，相信你是对的。""虽然我不欣赏你，但你有自我欣赏的权利和自由。"这是公正的要求。公正要求由己达人，要求实现中国古人所说的"恕"道。《论语》中的"恕"道来源于孔子的一个弟子子贡提的一个问题。"子贡问曰：'有一言而可以终身行之者乎？'子曰：'其恕乎！己所不欲，勿施于人。'"[1] 没有"恕"道的前提，很难实现公正。

中国先秦时期有丰富的二元对立造成和谐的思想，其中很多强调发展和丰富二元性，强调保持每个部分独立性的价值和意义。"侯至自田，晏子侍于遄台，子犹驰而造焉。公曰：'唯据与我和夫！'晏子对曰：'据亦同也，焉得为和？'公曰：'和与同异乎？'对曰：'异。和如羹焉，水火醯醢盐梅以烹鱼肉，燀之以薪。宰夫和之，齐之以味，济其不及，以泄其过。君子食之，以平其心。君臣亦然。君所谓可而有否焉，臣献其否以成其可。君所谓否而有可焉，臣献其可以去其否。是以政平而不干，民无争心……今据不然。君所谓可，据亦曰可；君所谓否，据亦曰否。若以水济水，谁能食之？若琴瑟之专一，谁能听之？同之不可也如是。'"[2] 一个事物有肯定和否定两个方面；君可，是对肯定方面的说明；臣子说明否定的方面，这样对事物的认识就全面了；在此基础上成就一个新的包含肯定和否定两个方面的新的"可"，是否定之否定后达到的新的肯定。"夫和实生物，同则不继。"[3] "和"和"同"的价值追求不同，"和"中有"他

---

[1] 孔健：《孔子全集》，东方出版社，2012，第65页。
[2] 杨伯峻：《春秋左传注》（四），中华书局，2009，第1419~1420页。
[3] 《国语》，韦昭注，明洁辑评，上海古籍出版社，2008，第240页。

者"的立场,强调"他者"的独立价值。"以他平他谓之和,故能丰长而物归之;若以同裨同,尽乃弃矣。"① 站在他者的立场上来对待自己和事物,就会彼此和谐。使用人才和政策意见的采纳要讲究和谐。"公曰:'周其弊乎?'对曰:'殆必弊者也。《泰誓》曰:'民之所欲,天必从之。'今王弃高明昭显,而好谗慝暗昧;恶角犀丰盈,而近顽童穷固。去和而取同。'"②"高明昭显"和"谗慝暗昧"是"贤"和"不贤"两个对子。本段话有政治讽刺的意味,君王本身"谗慝暗昧",更应该使用"高明昭显",让不同种类的两种人的价值诉求都能得到伸张。"于是乎先王聘后于异姓,求财于有方,择臣取谏工而讲以多物,务和同也。声一无听,物一无文,味一无果,物一不讲。王将弃是类也而与剸同。"③ 于是先王在异姓诸侯中聘娶王后,向四方各地征求贡物财富,选择敢于直谏的人为官,来处理众多事务,努力做到和谐而不是苟同。只有一种声音就没有什么可听的了,事物只有一种颜色就没有什么文采了,东西只有一种味道就没有什么美味了,事物只有一类就没有什么可比较的了。现在君王抛弃这些和谐的法则,而专门喜欢苟同。

结党营私和团结协作的区别是"党""别"和"比"的区别。"宣子召而礼之,曰:'吾闻事君者比而不党。夫周以举义,比也;举以其私,党也。'"④ 赵宣子向晋灵公推荐韩献子,任命他为司马。在秦、晋河曲之战时,赵宣子派人乘坐他的战车去干扰部队的行列,韩献子立刻逮捕了赶车人并将他处以死刑。大家都说:"韩厥一定没有好结果了,他的主人早晨提升他的官职,而晚上就杀了主人的车夫,谁还能保持他这个官位呢!"赵宣子召见了韩厥,并且以礼相待。在"党"中只有自我的一元价值是被肯定的,而在"比"中他人的价值和公共利益则是被肯定的。"叔向曰:'君子比而不别。比德以赞事,比也;引党以封己,利己而忘君,

---

① 《国语》,韦昭注,明洁辑评,上海古籍出版社,2008,第240页。
② 《国语》,韦昭注,明洁辑评,上海古籍出版社,2008,第240页。
③ 《国语》,韦昭注,明洁辑评,上海古籍出版社,2008,第241页。
④ 《国语》,韦昭注,明洁辑评,上海古籍出版社,2008,第184页。

别也。'"① 公正不是"单极"的是,而是给"非"以"翻供"的空间,以合理的标准得到共识的"是"。

和谐包含了一种尺度的要求,来保证避免"过"和"不及"两种情况,"过"和"不及",都是"不均",是与公正的原则相悖的。在和谐的基础上达成的"和"则是一种均衡,"多力"是对整体功能的价值追求。表面上一堂和气,实则暗藏权威控制、不平衡、灰色博弈乃至危机,这是建立在不公正基础上的和谐。表面上平衡、有差异各方相安无事,但在庸俗的"和平""和合"以及无原则折中的局面下,各种不同意见都难以获得恰当的领会与表述,这也是一种不公正的和谐。

建立在个体自由价值基础上的和谐,需要肯定人的自由意志,肯定个体的价值追求,肯定彼此之间的相互关系,肯定程序性。但程序性要建立在个体选择和个体责任的基础上,否则就成了伪程序。伪程序也是一种程序,有程序总比没有程序要好。伪程序虽然也能起到化解冲突、吸收不同意见和建议的作用,但最终还是掩盖了矛盾和冲突,容易导致更根本的矛盾和冲突。另外,也要考虑程序的成本,虽然无个体充分参与的程序过程也会起到达成和谐的作用,但是这样达成的和谐花费了太多的成本。程序要在相互性的基础上进行,并最终有利于各个个体利益的优化和整体利益的优化,否则程序性就失去了价值方向。

三 和谐因共生而有价值

在中西方思想史上,有的哲学家强调和谐是建立在多元事物的存在和发展基础上的,相应地,和谐的价值诉求就是万物都可以共同存在和发展,不同的理论也都可以得到相同的肯定。

毕达哥拉斯学派认为,一切都是和谐的。"和谐是杂多的统一,不协调因素的协调。"② 在强调和谐是杂多的统一的前提下,再讲和谐是美或

---

① 《国语》,韦昭注,明洁辑评,上海古籍出版社,2008,第216页。
② 北京大学哲学系美学教研室:《西方美学家论美和美感》,商务印书馆,1980,第14页。

者和谐是美德的时候，就等于赋予了杂多的统一是美或者是美德，这就肯定了事物多元性的价值地位。毕达哥拉斯学派对事物多元性的价值肯定是建立在对事物的杂多的统一的认识基础上的。

和谐是杂多的统一，前提是杂多，统一是建立在杂多基础上的。而统一的价值诉求最终还是为了创造更为丰富的杂多的世界图景。中国先秦哲人更着眼于万物的生成发展来说明和谐的价值和意义。"和者，天之正也，阴阳之平也，其气最良，物之所生也。"①董仲舒是客观地描述和谐才能生成万物的，同样荀子也大概是着眼于对和谐的价值进行一种客观描述："万物各得其和以生。"②而《中庸》则表达了更多的价值渴望："致中和，天地位焉，万物育焉。"③《中庸》希望"万物并育而不相害，道并行而不相悖"。④ 先秦哲人还从实践创造新事物的角度来说明和谐的价值："故先王以土与金木水火杂，以成百物。"⑤ "夫和实生物，同则不继。"⑥ 万物并育用现代的语言来说，相当于价值上的合作共赢。在这一意义上，和谐的价值诉求就是万物生生的诉求，就是发展和创新的诉求，和谐的价值就是要使得世界更为丰富多彩，使得大千世界的不同事物都获得更多的发展空间，在生生中实现动态的稳定。

和生万物，在和谐这个"一"的基础上生出"二"和"三"，乃至"万"的价值，是这种和谐观的价值诉求。在这种思路看来，只有肯定事物的多元性才能最大限度地让万物为人服务，从而达到最高的和谐境界。"是以和五味以调口，更四支以卫体，和六律以聪耳，正七体以役心，平八索以成人，建九纪以立纯德，合十数以训百体。出千品，具万方，计亿事，材兆物，收经入，行姟极。故王者居九畡之田，收经入以食兆民，周训而能用之，和乐如一。夫如是，和之至也。"⑦

---

① 阎丽：《董子春秋繁露译注》，黑龙江人民出版社，2003，第293页。
② 王先谦：《荀子集解》，中华书局，1988，第309页。
③ 王文锦：《礼记译解》，中华书局，2001，第773页。
④ 王文锦：《礼记译解》，中华书局，2001，第797页。
⑤ 《国语》，韦昭注，明洁辑评，上海古籍出版社，2008，第240页。
⑥ 《国语》，韦昭注，明洁辑评，上海古籍出版社，2008，第240页。
⑦ 《国语》，韦昭注，明洁辑评，上海古籍出版社，2008，第240~241页。

强调多元杂多的和谐，本身也包含着把多归结为二的可能性，也存在着进一步归结为一的可能性。不过，这种杂多归结为"一"可以是"一心一意""合力"的价值，"和则一，一则多力"。① 而不是肯定某种单一事物的价值至上性的价值一元论。

尽管如此，从逻辑进程来看，多元的世界本身包含着二元的对立和一元性的发展趋势。多元性可以进一步归结为二元性，而二元性则可以归结为一元性。"一"是受制于"多"的，"一"要通过"多"显现出来。如齐美尔指出，一个人的孤独感、个体感总是和另一个人或者群体有关。一个人单独存在的时候，有时没有孤独感和个体感，一旦进入某种群体关系，往往会增强这种个体感；一个人单独存在的时候有孤独感往往意味着个体存在着强烈的对群体的某种依赖和渴望认可的心理。一个领导者显现出是一个领导者，具有统一全局的能力或者权威，恰好是在诞生新的工作任务的时候。一个群体组织每增加一个新的要素，就会强化或者显现出领导的统一性功能。构成个人的个人性的东西，或者是与他人共有的带有整体性特征的东西，或者是和其他个体或者整体能够相区别的东西。"多"归结为"三"，归结为"二"，归结为"一"，不仅是一种自然规律，还是一种社会规律。比如投票活动，尽管有很多人投票，但只有三种可能：或赞成，或否定，或弃权。而最终只有肯定或者否定才成立。而结果呢，又只有一个结果是被认可的。"二"是整体之"一"构成的法则。

追求和谐没有错，但同时还要区分追求和谐背后是追求何种价值。多元价值和谐不是一盘散沙，二元价值的和谐也不是无休止的争斗，一元价值的和谐追求不是唯我独尊。

"一"如果是合力、是整体的利益、是凝聚力就是值得肯定的，如果"一"是对某一具体事物的价值肯定，则与价值包容相悖。"二"元的价值则是要肯定不同事物有自身的价值，都允许其存在和发展。"万"的价值追求的核心是包容性的万物生生繁荣，推动发展的多样化，让生活更加丰富多彩。"一"的价值实现是建立在"多"的价值得以实现的基础上

---

① 王先谦：《尚子集解》，中华书局，1988，第164页。

的，整体和个体要有机结合，一元价值的实现要有利于个体价值实现的优化，个体价值的实现要能促进一元价值的优化和健康发展，以达成动态的过程性和目标性一体的和谐。和谐的价值诉求不等同于那种否认个体及其价值的绝对整体主义，也不等同于那种单纯地强调个体价值和局部利益的分散主义和个体主义。

  和谐固然重要，但和谐包含的其他价值追求更值得探讨。如果和谐实现的是万物生生不息的价值，实现的价值是凝聚力和合力，是万物的自由、平等和公正，实现的是恻隐的价值，这种和谐就是值得肯定的。相反，如果和谐实现的是僵化、无生气，是某个单一的价值，是不公，是不自由的价值，这种和谐就不值得肯定。

中国梦的实践进程论[*]

陈宗海[**]

（北京理工大学人文与社会科学学院）

【摘　要】近代以来中国人民编织着中华民族伟大复兴的中国梦。中国梦的实践进程可以分为相互联系、彼此贯通的三个阶段：在20世纪的世界巨变中，中国奋力争取并坚决捍卫独立自主，振兴中华从此扬帆起航；改革开放的新时期，中国秉持道路自信的心态与姿态，向世界宣告和平发展是中国的战略抉择；面向未来，世界面临着多种危机，中国积极倡导可以持续的文明发展。中国梦在独立自主、和平发展、文明担当的进程中持续推进，中国梦是民族复兴的梦，是世界和谐的梦。

【关键词】　中国梦　独立自主　和平发展　文明担当

中国人民在长期艰苦奋斗的历程中，编织着中华民族伟大复兴的中国梦。聚焦国强民富、民族复兴这项历史任务，胡锦涛在中共十八大报告中概括指出："建设中国特色社会主义，总依据是社会主义初级阶段，总布

---

[*] 本文是2012年度国家社会科学基金一般项目"新中国成立以来中印关系发展的历史经验与现实意义研究"（批准号：12BDJ023，主持人：陈宗海）的阶段性研究成果。
[**] 陈宗海（1970~），男，汉族，北京理工大学教授，历史学博士，研究领域为当代中国政治与外交。

局是五位一体，总任务是实现社会主义现代化和中华民族伟大复兴。"①实现中华民族伟大复兴，是近代以来中华民族最伟大的梦想，是冷战结束后中国应对世界变局做出的明确回应。历史地具体地看，中国梦的实践进程可以分为相互联系彼此贯通的三个阶段：以独立自主为立国之要，以和平发展为复兴之法和以文明担当为入世之道。

一 独立自主：奋力争取、坚决捍卫的立国之要

人类进入 20 世纪，热战、冷战构成了其主题。第一次世界大战灼热欧亚非，第二次世界大战横扫五大洲。两次世界大战的灾难，让人类重新审视战争与和平的关系与意义，重新评价欧洲资本主义制度的优越性与弊病。人类告别 20 世纪上半叶两次大规模热战的痛苦，又走进下半叶近半个世纪冷战的阴影——以美国、苏联为核心的两大阵营进行的争夺与对峙，使地球上的众多国家以盟友、敌人或不结盟姿态卷入其中。直到 1991 年苏联解体，两极对抗的世界格局终结，全局性冲突对峙的阴霾渐渐散去，和平、发展、合作的曙光铺展倩影。中国进入 20 世纪，大清国的首都京师被列强肆意踩躏，中华民族丧失了独立自主，彻底沦为半殖民地半封建社会，无数仁人志士、阶级阶层奋力抗争，中国人民在水深火热之中上下求索、救亡图存。辛亥革命推翻君主专制、创立民主共和，是一次典型的资产阶级民主革命。但惊见欧洲列强发动血腥的"一战"，中国人开始反思欧洲资本主义的缺陷，在民主科学的旗帜下，转向取得"十月革命"胜利的俄国学习，在中国共产党的领导下走上新民主主义革命道路。按照西方人的观点，"大革命通过一番痉挛式的痛苦努力，直截了当、大刀阔斧、毫无顾忌地突然间便完成了需要一点一滴地、长时间才能成就的事业"。然而，中国积贫积弱已久、内外压迫积重，民族民主革命的征途漫长而坎坷。国共合作的"大革命"打倒军阀、再创共和，却开启了"十年内战"。从日本乘中国内战之机发动"九一八事变"，拉开了

---

① 本书编写组：《十八大报告辅导读本》，人民出版社，2013，第 13 页。

独霸中国的帷幕。"七七事变"加快结束了中国"十年内战",从局外推进了中国人"停止内战、一致抗日"的民族抉择。在中国"八年抗战"的烽火岁月中,在世界反法西斯战争的大棋局里,在第二次世界大战以后民族独立的大浪潮中,中国人民重获独立,自主建国,走上社会主义发展道路。20世纪上半叶,在世界热战的烽火岁月,中国人民通过长期的革命斗争,奋力争取到痛失已久的独立自主。

争取独立自主不易,捍卫独立自主亦难。热战结束,美国、苏联两大阵营开启了冷战争夺。20世纪50年代至70年代,抗美援朝战争、台湾海峡危机、抗美援越战争,反映了中美之间的冲突;20世纪60年代至80年代,中苏珍宝岛战役、苏联屯兵外蒙古、入侵阿富汗,激化了中苏之间的对抗;1962年中印战争、1979年中越战争也有美、苏争夺南亚、东南亚的复杂背景。新中国成立后的30余年,我国周边发生的一系列冲突对抗事件,说到底都是在美、苏冷战的背景下,中国人民为了捍卫独立自主而进行的抗争。独立自主,是中国人民经历百年奋斗取得的国家核心利益,新中国的历任领导者在这个问题上从来都是坚决捍卫的。长期遏制新中国的美国、曾给新中国巨大帮助的苏联、与新中国交好的新相知印度、中国鼎力帮助过的近邻越南……不论是谁、以什么方式挑战新中国的独立自主,它们得到的都是中国人民的"决不答应"、中国领袖的毅然回应。

怎样看待以热战、冷战为主题的20世纪的中国与世界的变化?笔者以为,当国际体系发生重大变化的时候,正是中国内部出现深刻变化的时候,变动的世界与变动的中国之间存在着直接或间接的互动关系。面对世界巨变,中国人民积极应对变局,从濒临毁灭的绝境中站立起来,争取独立自主获得新生,捍卫独立自主不断前行。独立自主是立国之要,振兴中华在这一前提下扬帆起航。

二 和平发展:深谋远虑、顺应潮流的复兴之法

苏联解体是20世纪末震惊世界的事变,社会主义的高楼大厦顷刻之间轰然坍塌,长期效仿苏联的中国为什么能免遭此劫?秘密在于,在苏联

解体发生的十余年前，中国已经开辟并走上中国特色社会主义道路。十一届三中全会之后，中国开始了以改革开放为显著特征的现实主义的实践探索。国家高级领导人主动出访日本、美国等发达资本主义国家，深刻反思中外社会主义建设的经验教训，重新研判时代主题发生的深刻变化，坚定选择"走自己的路，建设有中国特色社会主义"。

中国特色社会主义道路，以改革开放作为强大动力，从农村到城市、从沿海到内地、从促进生产能力提高到产业结构调整、从计划经济到市场经济、从引进来到走出去、从外向型到内需型、从制造型国家模态到创新型国家模态、从人力资源大国到人才资源强国、从贫困到温饱到小康到现代化、从注重经济发展到注重经济与政治文化社会生态全面协调可持续发展，不断向前推进。中国特色社会主义道路在实践探索中不断被赋予新特点、新要素、新魅力，中国特色社会主义道路"具有深厚的历史渊源和广泛的现实基础"。中国特色社会主义道路，是在改革开放30多年的伟大实践中走出来的，是在中华人民共和国成立60多年的持续探索中走出来的，是在对近代以来170多年中华民族发展历程的深刻总结中走出来的，是在对中华民族5000多年悠久文明的传承中走出来的。中国以肯定与批判并行、继承与创新并举的方式处理自己的历史问题，以实事求是、改革开放、和平发展、市场经济等务实选择规划自己的未来发展。中国没有像有些西方人所期待的那样步苏联后尘，社会主义发展的历史没有像有些西方人所预言的那样走向终结，关键原因在于探索并开辟了中国特色社会主义道路。

开辟中国特色社会主义道路不易，在选定的道路上心无旁骛、执着行进更难。两极格局终结后，求和平、谋发展、促合作日益成为时代潮流，但是这个世界并不太平。海湾战争、科索沃战争、阿富汗战争、伊拉克战争等频繁出现的局部战争和军事冲突，埃及、利比亚、叙利亚、马里、苏丹等主权国家的局势动荡，亚洲金融危机、美国次贷危机、欧洲债务危机引发的经济衰退，气候变暖、物种消亡、人口膨胀、粮食短缺、能源枯竭、毒品肆虐、恐怖活动等非传统威胁的不断凸显，冷战思维、遏制战略、再平衡战略的延续与翻新，硬实力、软实力、巧实力轮番登场，各种动荡因素在滋生蔓延。在此背景之下，中国专心致志搞建设、一心一意谋发展的主观愿望，时常受到内外情势的客观挑战。例如，远洋货轮被搜查，驻外使馆被炸毁，飞机在家门前被撞落，近海岛屿被他国占据，海外商店工地人员被袭扰，贸易项目被反倾销调查，"台独"、"藏独"、"疆独"等势力内外勾结、稳局不安，经济发展面临巨大的下行压力，国内发展不平衡、不协调、不可持续因素不断增长，等等。面临种种风险与考验，中国坚持实事求是的思想路线不动摇，专注于自己的和平发展不松劲。中国特色社会主义道路是一条新路，"因为它是一条和平发展道路"，"和平发展是贯穿中国特色社会主义内外的标志性特征和国家战略"。

改革开放新时期的和平发展，深刻改变了中国的自身面貌与国际形象。正如章百家所言："改变自己是中国力量的主要来源，改变自己也是中国影响世界的主要方式。"过去10亿中国人中温饱难济的人口就有1/4，如今13亿多中国人基本上不再为吃穿犯愁。过去80%以上的中国人生活在农村、以农为业，如今51%以上的中国人居住在城镇，是第二、第三产业的生力军。过去中国工业化水平低下，生活必需品、机电产品、交通通信、能源水利等需求不能得到有效满足，如今中国成为世界装备制造大国，工业化信息化融合发展的成就，方便了国人需要，打进了国际市场，中国经济总量从1978年到2010年30余年翻了四番多，占世界的比重从1.8%增加到9.3%。过去我们不能生产飞机、坦克、汽车和拖拉机，如今中国创新型国家建设成效显著，载人航天、探月工程、载人深潜、超级计算机、高速铁路等实现重大突破。中国以和平发展、自我变革的方式，改变了自己、改变了世界，中国日益成为世界多极化进程的积极推进者、经济全球化的重要参与者、和平发展合作旗帜的摇旗呐喊者。在和平发展的中国特色社会主义道路上，中国的成就斐然、名声大振。

在实现中华民族伟大复兴的未来征途中，中国将以什么样的心态和姿态发展自己、影响世界？中国作为一个"文明型国家"，以其悠久文明大国的韬略与智慧，以其超大规模的体量和实力，坚持中国特色社会主义的和平发展道路，给中国社会主义的前途命运以崭新诠释，也给世界政治经济格局带来原创性贡献。中国选择和平发展，要表明的姿态是：既通过维护世界和平发展自己，又通过自身发展维护世界和平；在强调依靠自身力量和改革创新实现发展的同时，坚持对外开放，学习借鉴别国长处；顺应经济全球化发展潮流，寻求与各国互利共赢和共同发展；同国际社会一道努力，推动建设持久和平、共同繁荣的和谐世界。和平发展，是中国深谋远虑、顺应潮流、实现民族伟大复兴之法，是中国影响世界文明、续写新的传奇之法。

三 文明担当：民族复兴、世界和谐的入世之道

最近百年，人类文明取得了空前进步；面向未来，世界发展将面临空前危机，尤其是经济衰退、人口膨胀、环境恶化、恐怖主义等四大危机更加突出。

这四大危机，以不同的形式现身于当下，却深远地威胁着世界的未来。第一，经济衰退发端于2008年美国的次贷危机，随后美、日、欧等发达国家经济发展急剧减缓甚至倒退，美元、日元、欧元币值大幅波动，欧洲主权国家债务危机狼烟四起，全球性金融危机至今还在深刻地影响世界经济的复苏进程。1929～1933年的世界经济危机，将世界拖进第二次世界大战的泥潭；未来世界经济、人类前途，能否避免重蹈历史覆辙？第二，人口膨胀表现在2011年世界人口突破70亿大关，预计到2050年将达到94亿。人口无节制地加速度增长，最终可能给人类带来毁灭性灾难。当前，地球上有10亿人口得忍着饥饿睡觉，等待下一个有顿饭吃的黎明。贫穷是万恶之源，10亿人的贫困威胁，绝不亚于现存全部原子弹的威力。为了挣脱贫苦的拖累、赢得生存的资源，人类的好斗性、残忍性、恶劣性以各种姿态表现出来，与他人争抢、与自然争夺、与良知争斗，使世界陷入人与人、人与环境、人与伦理的冲突和混乱之中。第三，人口急剧膨胀和生存发展需要，使当前生态环境不断恶化。人类对自然界过度索取并不断向自然界排放固态、液态、气态污染物质，给地球上的草地、森林、耕田、河流、湖泊、海洋、空气、臭氧层、太空等都带来了严重的污染。人

类的生命健康持续受到环境威胁,动植物多样性迅速减少,很多物种永远消亡,生命赖以生存的土地、水源、空气没有安全保障,雾霾、沙尘暴、酸雨、死水、洪涝、赤潮、地震、海啸、温室效应、海平面升高等,恶性环境事件频繁告急。第四,恐怖主义是实施者对各国政府、公众或个人,有组织地使用暗杀、爆炸、空中劫持、扣押人质等暴力或以暴力相威胁,来达到某种政治目的或某项具体要求的主张和行动。"恐怖主义在除南极洲以外的各大洲都发生过,涉及几乎每个国家。2001年'9·11'事件是这一历史现象的登峰造极"。人体炸弹、空中劫持、毒药毒气的恶性使用,生化武器、大规模杀伤性武器等流失与交易,形形色色的恐怖主义言论和活动,令当今世界不得安宁。这些危机不断拷问地球居民:世界将走向何处?我们当如何应对?

面对危机,中国积极倡导可以持续的文明发展。第一,应对全球经济衰退,中国主动转变经济发展方式、调整经济结构,改善需求结构、优化产业结构、促进区域协调发展、推进城镇化建设,完善城乡发展一体化体制机制,以扩大内需为突破口保持国民经济的持续健康快速发展,成为拉动世界经济发展的引擎。中国经济长期繁荣,在经济危机肆虐时期毅然坚挺,不仅给中国特色社会主义增添了魅力,也给世界经济复苏带来了希望。第二,应对世界人口膨胀,中国坚持把实行计划生育作为基本国策,严格管控农业耕地的实际保有量,依靠不断提高"科技对农业增长的贡献率"的方式确保大国粮食安全,以扶贫、开发、环保并行的方式不断减少贫困人口。中国通过普及九年义务教育、推进大众化高等教育,极大提高了国民的科技文化素质,有效驱动了经济社会发展。通过推动多种方式的就业、推进城乡社会保障体系建设、健全全民医保体系等措施,有效管控了超大规模人口社会可能出现的社会风险。中国作为拥有1/5世界人口的大国,生育有计划、生活有保障、生产有动力、安全有保障,这就是对人类进步事业的积极担当。第三,应对生态环境的严峻形势,中国响应可持续发展倡议,坚持节约资源和保护环境的基本国策,坚持节约优先、保护优先、自然恢复为主的方针,制定实施节能减排的约束性指标体系,推进绿色发展、循环发展、低碳发展。一个人在地球上比一只蚂蚁在篮球上还要渺小，人应当敬畏自然、热爱自然。第四，应对恐怖主义，中国主张加强国际合作，旗帜鲜明地反对一切形式的恐怖主义。中国坚持标本兼治，消除贫困，缓和地区及国际紧张局势，彻底铲除恐怖主义及其滋生的根源。"软力量对于赢得和平至关重要"，恐怖主义要坚决反对，但是反恐要善于辅以软力量、好政策、利和平。中国反对反恐扩大化，反对借用反恐名义推行霸权主义、干涉别国内政。

有学者指出："超越崛起，聚焦复兴，进入后崛起时代，中国与世界的关系逻辑从融入世界、与国际接轨，转变为中国与世界互动建构。这就要求中国积极去建构世界的中国观，并在此过程中再塑中国的世界观。"中国以"道法自然"的东方理念，以敢于担当的实际行动，积极应对人类面临的各种危机，促进世界的和平合作共同发展。"人类取得进步的关键就在于各民族之间的可接近和相互影响。"中华民族的伟大复兴与世界的和平和谐共进共赢，是中国面向未来应对危机的入世之道。

综上所述，最近百年，世界在热战冷战、和平危机的轨迹上演变，中国在独立自主、和平发展、文明担当的道路上行进，中华民族伟大复兴的实践进程与世界政治经济格局的深刻巨变环环相扣、相互促进。改革开放新时期，是中国近现代史上历时最长的和平稳定发展的黄金时期，中国在此期间快速积累了大量物质财富和精神财富，实现中华民族伟大复兴的中国梦在此背景下被明确提出、鼎力践行。中国梦将过去、现在与未来连接编织在一起，充满了自立、自强与豪情；中国梦的实践进程，以独立自主立国、以和平发展复兴、以文明担当入世，回答了中国如何自立、如何发展、如何与世界共处三大问题。中国梦是民族复兴的梦，中国梦是世界和谐的梦。

主流文化之构建

当代中国主流文化的困境及主流地位重塑

高中华　张德义[*]

(中共中央党校党史教研部)

【摘　要】当代中国主流文化应当是以马克思主义为指导、充分吸取中国传统文化的精髓和其他民族所创造的优秀文化成果、体现时代精神并为人民服务的中国特色社会主义先进文化。当代中国主流文化面临的困境主要体现在以下三个方面：全球化和多元化，外来文化的巨大冲击，新型文化的出现。创新发展主流文化可从以下四个方面入手：提升主流文化的现实关怀，表达主流文化的价值诉求，丰富主流文化的形象表达，推动主流文化与时俱进。

【关键词】　主流文化　困境　重塑

党的十八大报告指出："全面建成小康社会，实现中华民族伟大复兴，必须推动社会主义文化大发展大繁荣，兴起社会主义文化建设新高潮，提高国家文化软实力，发挥文化引领风尚、教育人民、服务社会、推动发展的作用。"[①] 这一精辟论述为当前的主流文化建设指引了正确方向。

---

[*] 高中华，中共中央党校党史教研部教授，历史学博士，从事中国共产党文化史和社会史研究；张德义，中共中央党校中共党史专业硕士研究生，研究方向：新中国成立前后的文化与社会。
[①] 本书编写组：《十八大报告辅导读本》，人民出版社，2012，第31页。

一 主流文化的概念界定

一般来说,主流文化是在一个社会、一个时代被执政主体所倡导和宣扬的、对国家和社会起着重要影响的文化。只有把主流文化放在具体的时代和社会中才具有深刻内涵和理论意义。关于当代中国的主流文化,迄今为止还没有形成一个公认的概念性表达。笔者认为,当代中国主流文化应当是以马克思主义为指导、充分吸取中国传统文化的精髓和其他民族所创造的优秀文化成果、体现时代精神并为人民服务的中国特色社会主义先进文化。当代中国主流文化亦即中国共产党所倡导和宣扬的文化观和价值观。当代中国主流文化的最集中体现是社会主义核心价值体系。社会主义核心价值体系是兴国之魂,决定着中国特色社会主义发展方向。弘扬当代中国主流文化,建设社会主义文化强国,必须增强亿万民众对社会主义核心价值体系的广泛认同和有效摆脱当代中国主流文化所面临的困境。

二 当代中国主流文化的困境

弘扬主流文化并促进其广泛认同是当代文化理论工作者研究、传播的使命和担当所在。经过近35年的改革开放和市场经济的不断推进,社会思想文化呈现多元化发展趋势,人们的价值选择日益多样化,思想文化的传播方式日益信息化,再加上西方价值文化的不断渗透,使当代中国主流文化面临着困境。困境主要体现在以下三个方面:

(一)全球化和多元化

21世纪是一个全球化的时代。全球化主要是指人们社会交往的跨洲流动,超越制度、语言的障碍,在全球范围内实现较充分的交流、对话、协调和沟通,并在此基础上形成的一种文化认同、价值认同和实践认同的发展趋势。全球化不仅指经济的全球化,还包括政治的全球化和文化的全球化。全球化导致的直接结果是文化的多元化。全球化和多元化给当代中国主流文化带来机遇的同时，也带来了消极影响：某些西方大国执意推行"西化""分化"战略，通过网络、报刊、广播等多种媒体形式进行攻击和丑化，加剧了东西方两种文化的冲突；全球化在促进人类广泛交往的同时，也宣扬了西方文化霸权主义思想，传播资产阶级的意识形态和价值观念，给中国社会主义建设带来了严重危害，严重制约着文化强国建设的步伐。

（二）外来文化的巨大冲击

在当今经济全球化的趋势下，我国社会主义的文化强国建设日益受到西方外来文化的冲击和挑战，其突出表现为外来文化霸权主义和外来政治文化的和平演变。前者披着合法的"文化外衣"，以西方资本主义腐朽文化为主要内容对中国主流文化进行侵袭。而后者通过公开或隐蔽的方式推销其社会政治理念、价值观念、意识形态和生活方式，宣传西方的社会制度和普世价值。这两种形式的外来文化冲击着缺乏足够辨识力的青少年的头脑，严重威胁甚至侵害着青少年的全面健康发展。而关于青少年群体的主流文化认同教育成效不太显著，外来文化更容易占据。外来文化通过传播意识形态和价值理念等内容，将逐步弱化当代中国主流文化的影响，最终达到其通过政治文化手段实现和平演变中国的目的。

（三）新型文化

以商业娱乐性和通俗流行性为主要特征的消费文化，受五花八门广告的吸引和各种诱惑的娱乐文化，自由主义盛行、促使文化发展呈多元化趋势的网络文化，等等，这些新型文化都促使人们偏爱追求物质和感官享受以及浅薄的生活理念和行为方式，最终导致社会大众的精神异常空虚、意志极其消沉。这种新型文化会长期影响人们的身心健康，使人们安于生活现状，重视享受而忽略发展，最终失去奋进的动力和梦想。这种消磨民族意志的新型文化对于实现中华民族伟大复兴的中国梦显然是十分不利的。这种新型文化的破坏效果不会像外来霸权文化和政治文化的和平演变那么明显，但是它的危害是隐性和长期的，曾被西方人形象地称为民族意志的"安乐死"。

三 创新发展主流文化

当代中国主流文化面临着严峻的困境，如任其发现下去会给中华民族带来毁灭性的打击。因此，我们必须正视这些困境，积极采取有效措施创新和发展主流文化，结合我国文化和传统教育的优势，不断提高文化自觉和文化自信，积极构建当代中国主流文化。创新发展主流文化，可从以下四个方面入手：

（一）提升主流文化的现实关怀

《人民论坛》杂志社曾对主流文化问题做了调查，从对"您认为当前主流文化面临哪些问题？"的回答可以看出，主流文化边缘化严重。造成主流文化边缘化的最主要原因是主流文化在宣扬过程中缺乏现实关怀，对社会现实问题关注不够，表现形式不够贴近民生。因此，我们必须提升主流文化的现实关怀，善于将主流文化转化为不同层次的梦想，架起一座主流文化与现实群众的利益密切相关的桥梁。

（二）表达主流文化的价值诉求

构建当代中国主流文化，需要充分表达人民群众的价值诉求。最主要的形式和做法是让主流文化大众化，让普通民众乐于消费。主流文化只有主动融入大众，而非高居庙堂，才能表达社会大众的价值诉求。此外，还应加强主流文化创作的引导，弘扬核心价值观；加大主流文化改革创新的力度，改变传统面貌，也是表达社会大众价值诉求的较为有效的方式。

（三）丰富主流文化的形象表达

主流文化难以吸引大众主要原因在于宣教太多，难以打动人心。这就要求丰富主流文化的形象表达，把抽象的理论转化为现实生活中广大人民群众易于接受的具体事物和案例,并真正解答他们感到困惑或迷茫的问题。通过选取群众身边的各类有代表性的典型,用事实说话,将讲道理与讲事实结合起来,对人民群众的利益表达最具说服力和感召力。

(四)推动主流文化与时俱进

主流文化边缘化严重的重要原因之一是主流文化不能摆脱对权力依靠的习惯思维,难以走下圣坛、走进民众和贴近民心。推进主流文化大众化,就是要努力推动主流文化与时俱进,使其真正成为主流。

建设社会主义文化强国,既需要摆脱当代中国主流文化面临的困境,又需要创新发展主流文化的传播形式;不仅需要继承发扬中国传统文化的精髓,也需要借鉴融合外来优秀文化的成果;不但需要把握当今全球化多元化多样化的大势,而且需要促进中国主流文化的时代转型。只有不断推进主流文化大众化,使主流文化得到社会大众的广泛认同,社会主义文化强国的梦想定将实现,伟大的中国梦定将实现。

建构制度信任基础上的现代信任社会

倪 霞[*]

（湖北大学哲学学院、高等人文研究院）

【摘　要】信任不仅包括个体之间的信任，也包括社会成员对制度的信任。这两种信任模式各有优长与不足，在社会生活中发挥着不同的作用。任何一种单一的信任模式都无法满足人们的现实存在需要。本文在分析人际信任和制度信任各自的特点和不足的基础上，探讨这两种信任模式之间的关系，为建立一个有效、合理的现代社会信任结构提供新的思路。

【关键词】　人际信任　制度信任　信任社会

我国社会的进一步发展迫切需要重构社会信任。信任只产生并存在于人们的交往实践过程中。人们的各种活动和彼此间的互动不仅取决于个体间的关系，也受到外部制度环境的影响。对人的信任与对制度的信任，是两种不同的社会信任模式。要建立有效、合理的现代信任社会，就必须探讨这两种信任模式各自的优长与不足以及他们的相互关系。

---

[*] 倪霞（1976~），女，汉族，湖北省武汉市人，湖北大学哲学学院教师，研究方向为马克思主义哲学、西方伦理学。

一 人际信任的边缘化与制度信任的突显

一般认为，人际信任主要以人与人之间的情感联系，尤其是人与人之间的血缘、地缘、业缘等感性联系为基础。如马克斯·韦伯就认为，中国的人际信任主要建立在血缘共同体基础上，即，建立在家族亲戚关系或准亲戚关系基础上。① 但是，实证研究表明，人际信任并不完全以人与人之间的天然情感、自然关系为限，而更多地依赖于人们交往中的实际情感性因素。刘易基和邦克（Roy J. Lewichi & Barbara Benedict Bunker）曾将人际信任的发展过程划分为三阶段：第一阶段以个人对交往中得失结果的精确计算为基础；第二阶段以个人对交往对象的认知、了解为基础；第三阶段以交往双方在感情及认知上的相互认同为基础。只有在第三阶段，交往双方在感情上达到亲密无间的程度，才真正建立起了相互信任的关系。②

人际信任必须建立在对对方的了解和认知基础上，以在长期交往实践中获得的关于交往对象个体特质的认知为前提。通过交往，人们能够了解和掌握对方的人品、性情、能力等个体特质，并由此判断此人是否可信。我们之所以信任某人，并不是因为他与我们有着某种血亲关系，更不是因为他说他会这么做，而是因为我们了解他的品性、能力、他可能的有效选择及选择结果等。这种了解，需要长期反复的交往和互动实践。

个体生活世界的最远边界限定了他的交往范围，并由此决定了他的信任范围。在交通和通信条件较为落后的环境中，个体的交往范围和交往对象极为有限，几乎不可能超出血亲、地缘、业缘等自然联系所限定的范围。我们对自己最常接触的人最为了解，而对"外人""陌生人"了解甚少。所以，对他人的信任呈现出费孝通先生所说的"差序格局"。但这种差序实际上反映了人们在情感联系、认知程度上的差序，而不仅是费先生所认为的"血亲关系的差序"。

---

① 参见马克斯·韦伯《儒教与道教》，商务印书馆，1995，第289页。
② 刘易基、邦克：《工作中信任的发展与维持》，载罗德里克·M.克雷默、汤姆·R.泰勒编《组织中的信任》，中国城市出版社，2003，第150~180页。

人际信任,以个体面对面的直接联系和交往为纽带。信任双方休戚相关,彼此高度信任,互相依赖,容易形成自足的封闭循环圈。这种信任,表面看来,温情脉脉,实际使个人依附于对方,丧失个人的独立人格和个体价值,成为维持信任关系圈顺利运转的工具。

"一个只有私人信任的社会将不成其为社会,因为那仅仅是由亲属组成的个人利益的小群体而已。"[①] 当人际信任在社会中占主导地位时,社会高度分化,工具理性盛行,特殊主义普遍,腐败到处滋生蔓延,最终将导致社会生活的全面萎缩甚至倒退。如福山就认为,局限在家族或准家族范围内的信任,很难扩展到家族以外的范围,从而限制了经济和社会的进一步发展。[②]

社会的客观发展使特殊主义的人际信任不断被边缘化。随着科学技术的发展,新的通信、交通工具不仅极大地拓展了人们的生活空间,压缩了人们沟通的时间,也增加了人们交往的中间环节,还加快了社会流动和社会生活的变动节奏。异时空的间接交往、互动日益频繁。原有的人与人之间面对面的交往和同一时空下的直接联系,无法满足社会和经济发展的需要;那种基于直接联系和情感关系的信任模式也远远不能支撑社会结构和社会关系的稳定。

现代制度是可普遍化和可形式化的制度。它超越了个人特质和私人情感,具有非人格化特征。它以一般化、可普遍化、规则化、非人格化为基本价值取向,在形式上具有正确性和真理性,具有最基本的普遍性、一般性和公开的、明确的形式合理性。它在内容上不仅合乎理性,而且具有合目的性,符合人们实际利益和价值观念,能够满足人们在利益和价值方面的需要与追求。它既能被大众所认识,又能实现公众共同的预期,保证广泛而普遍的异时空联系和交往活动的顺利进行。对制度功能本身的信任已成为现代社会生活的支柱之一。

有人把制度信任理解为建立在法规、制度基础上的信任。以制度为基

---

① 安东尼·帕格顿:《信任毁灭及其经济后果:以18世纪的那不勒斯为例》,载郑也夫编《信任:合作关系的建立与破坏》,中国城市出版社,2003,第161页。
② 参见弗朗西斯·福山《信任:社会美德与创造经济繁荣》,海南出版社,2001,第74页。

础的信任，需要以制度本身能够有效发挥其功能、实现预定目标为前提。要在制度基础上建立社会信任，首先需要信任制度本身。得到广泛承认和普遍遵守的现代制度，因其在现代社会生活中承担的角色和发挥的作用，而取代人际信任成为社会中的基本信任模式。

二 制度信任在社会信任中的作用与不足

现代制度打破了一切身份等级和地域限制的束缚，为个人提供了前所未有的自由空间，是人们保障和扩展自己生活空间和自由度的有力工具。作为抽象、明确、平等的可普遍化的活动规则，现代制度为自由主体提供了有效的预期机制，能够增强自由行动者之间的互动、交往和合作。同时，任何制度都具有一定的权威性和强制性，能够规范并引导社会成员的活动和交往、互动，使个体间的交往活动呈现出一定的规则性、规律性和稳定性，从而使整个社会达致必要的秩序，为开展广泛的信任活动提供稳定有序的外部环境和制度保障。

制度的首要功能在于建立和维持稳定的社会秩序。稳定的社会秩序能够在一定程度上克服和限制社会生活中的不确定性，为个体的生存和发展提供安全、稳定的条件，使行为的活动结果呈现出必然性，减少偶然性和不确定性，使多元互动的信任主体获得相对稳定的"本体性安全"，[①] 从而拓宽个人联系范围、扩展交往内容进而强化个体间的人际信任关系。

但是，任何一种制度，都内在地包含着限制。它通过限制某种自由而保证其他种类的自由，通过限制某些人的自由来保证并扩展另一些人的自由。当严苛的制度僭越公共生活空间，或强制性地挤压个体自由时，就会将个体置于制度的严格控制之下，使个体不得不按制度要求行事。个体行为的不确定性因确定的制度而消解，无须预期，个体间的人际信任也就成为多余。

"当变化行为的大多数方面能够以其角色责任而得到明确解释（和计

[①] 参见邹吉忠《自由与秩序》，北京师范大学出版社，2003，第204页。

划）时，信任就是不需要的——对系统化界定的规范行为模式的信任是不足的。只有当人们对变化行为（或意图）的各方面无法做出说明时，信任才会作为社会组织的一个方面而系统地出现。"① 如果对制度的信任成为社会中唯一的信任模式，则社会生活将完全依赖制度的安排，制度将过分膨胀，侵蚀并占领私人生活空间，使个人丧失其个体性和自由，个人的自由选择空间将不复存在，信任也就无以立足。

三 建构制度信任基础上的现代信任社会

在现代社会中，制度作为一系列常规化、日常化和定型化的规则、规范，具有普遍性和一般性，是一种无人称的标准化的行为模式。它强调人的普遍性、工具理性和行为的合标准性。对制度的信任事实上隐含着对人的普遍性和工具理性的信任，而忽视了人的个性生活和价值选择。但是，人不仅具有普遍性和工具理性，还具有价值理性和丰富的个性。他既需要在社会中寻求自身存在的价值根据、生命意义，又需要实现自己的独特性和个性，并在实现个性的过程中展现人的普遍性。他既需要血亲、情感等天然、自然联系带来的心理、情感需要的满足，又需要突破直接联系的有限性和封闭性，走向更为广阔的普遍社会生活。任何单一的信任模式都不能实现人的现实存在需要，都不可能是有效的合理社会信任模式。

人既需要也必然首先和他人发生直接的面对面的交往、互动，又需要通过制度来规范并保障通过中介环节展开的各种间接交往、互动。"制度信任不可能在真空中存在，而必须嵌入关系网络中。"② 这种关系网络就是人们之间的情感联系和建立在制度基础上的各种直接、间接的交往和互动关系。对制度的信任只能通过具体的人际信任表现出来。人的现实存在和发展需要建立以制度信任为基础、制度信任与人际信任有机结合的混合

---

① 亚当·B. 塞里格曼：《信任与文明》，载曹荣湘编《走出囚徒困境》，上海三联书店，2003，第258页。
② 彭泗情：《信任的建立机制：关系运作与法制手段》，载郑也夫编《中国社会中的信任》，中国城市出版社，2003，第87页。

信任模式。

  有效而合理的信任社会，不仅需要培养个体的"诚信"意识，培育人们的现代法制意识、强化法制观念，培养守法精神，更需要充分发挥制度在社会生活中的职能和作用；不仅需要健全各种法规、制度并加强执行力度和强度，更需要建设一支高素质的政府公务员队伍。只有使制度真正成为保障人民自由、维护人民权益的工具，才可能建立现代信任社会，保证稳定有序的社会生活。

论思想政治教育对于构建我国主流价值文化的作用[*]

姚才刚　李平平[**]

（湖北大学哲学学院、高等人文研究院）

【摘　要】 思想政治教育与构建主流价值文化之间具有十分密切的关系。就当代中国而言，两者至少存在着内容上和目标上的一致性。无论是在革命战争年代还是和平建设时期，思想政治教育一直被我们党视为一切工作的"生命线"，是社会主义国家的政治优势。主流价值文化可被视为思想政治教育的内容之一，而思想政治教育乃是主流价值文化得以现实化的一种重要方式，是促进主流价值文化从理论形态向实践形态转化不可缺少的一个环节。我们要充分发挥思想政治教育在构建我国主流价值文化中的作用。

【关键词】 思想政治教育　主流价值文化　构建

教育是立国之本，主流价值文化的贯彻落实也有赖于教育，而思想政治教育尤其应贯穿于主流价值文化构建过程的始终。思想政治教育与我国主流价值文化的构建之间是什么关系？如何创新思想政治教育，进而推动

---

[*] 本文系国家社会科学基金重大项目"构建我国主流价值文化研究"（项目编号：11&ZD021）以及湖北大学当代中国主流文化研究项目的阶段性成果。

[**] 姚才刚，湖北大学哲学学院教授；李平平，湖北大学哲学学院硕士研究生。

我国主流价值文化从理论形态向实践形态转化？这是需要我们深入探讨的一个重大理论与实践问题。

一 思想政治教育与构建主流价值文化之间的一致性

所谓思想政治教育，是指"一定阶级或政治集团为了实现其政治目标和任务，运用意识形态的教育理论，对受教育者施加的一种有目的、有组织的社会教育活动"[①]。我国的思想政治教育是以马克思主义为理论基础的，同时吸纳了政治学、教育学、伦理学、心理学、社会学等学科的理论和方法。思想政治教育发挥了较强的导向功能、保证功能与育人功能，在构建社会主义和谐社会的过程中起着十分重要的作用。

思想政治教育与构建主流价值文化之间具有十分密切的关系。就当代中国而言，两者至少存在以下两方面的一致性：

（一）内容上的一致性

我国主流价值文化即中国特色社会主义价值文化，其核心在于体现社会主义核心价值观的社会主义核心价值体系。因此，构建我国主流价值文化关键在于建设社会主义核心价值体系[②]。思想政治教育所涉及的内容则较广，在不同历史时期，其具体内容也会有所变化与调整。从当前来看，马克思主义中国化的最新理论成果，如中国特色社会主义理论体系、社会主义和谐社会理论、社会主义核心价值体系、社会主义新农村建设理论、党的先进性建设理论等都可被纳入思想政治教育的范围之内。另外，人的理想信念问题、"三观"问题（世界观、人生观、价值观）、"三个主义"（爱国主义、集体主义、社会主义）、"三德"问题（社会公德、职业道德、家庭美德）等也是当前思想政治教育所要探讨的问题，这些问题尽管数十年一直被学者及思想政治教育工作者反复讨论、宣讲，但它们并没

[①] 荆兆勋等：《思想政治教育的学科定位及建设思路研究》，山东人民出版社，2011，第8页。
[②] 江畅：《我国主流价值文化构建的三个问题》，《光明日报》（理论版）2012年6月21日。

有过时，时至今日也未能完全解决好，因而仍然属于当前思想政治教育的重要内容。从这个角度来看，思想政治教育所涉及的内容远比主流价值文化宽泛，主流价值文化本身也是思想政治教育的内容之一。主流价值文化在外延上尽管无法与思想政治教育比肩，但也不可对其做过于狭义的理解。毫无疑问，我们可从价值论、伦理学、文化学等层面来把握主流价值文化的内涵；除此之外，主流价值文化也与马克思主义理论、政治学、社会学、哲学、历史学、心理学等学科息息相关，构建主流价值文化，需要借鉴这些不同学科的理论与方法。可见，思想政治教育与主流价值文化都具有很强的综合性，而不是一两个学科所能囊括的。同时，两者也都具有很强的应用性、实践性。

思想政治教育与构建主流价值文化在内容上的一致性尤其表现于价值观、价值体系方面，价值观、价值体系是思想政治教育与构建主流价值文化得以融通的一个中介。所谓价值观，就是"人们在实践中形成的关于价值和价值关系的根本观点、根本看法和根本态度。具体地说，价值观是人们心目中关于某类事物的价值的基本看法、总的观念，是人们对该类事物的价值取舍模式和指导主体行为的价值追求模式"。所谓价值体系，是指"由相互联系的价值观念、价值实践、价值目标、价值实现条件、价值制度等要素共同组成的一个有机联系的系统"。与价值体系密切相关的另外一个概念是核心价值体系，核心价值体系是指"在一个社会的多样价值体系中，居于主导、支配地位，反映现实生活和社会发展内在要求以及统治阶级根本利益的基本价值体系"[1]。不同的国家或地区、不同的社会制度具有不同的价值观，也具有不同的核心价值体系。核心价值体系不仅作用于经济、政治、文化和社会生活的各个方面，而且对每个社会成员的世界观、人生观、价值观都施加着深刻的影响。我国是社会主义国家，我国的核心价值体系自然是体现社会主义核心价值观的社会主义核心价值体系。

社会主义核心价值观是社会主义核心价值体系的灵魂，是其中最基础、最核心的部分。若进一步用简洁、凝练的语言来加以概括，社会主义

---

[1] 吕振宇主编《社会主义核心价值体系》，山东人民出版社，2009，第12~21页。

核心价值观则可表述为富强、民主、文明、和谐、自由、平等、公正、法治、爱国、敬业、诚信、友善①。同时，社会主义核心价值观又是我国主流价值文化的深层结构。因而，社会主义核心价值观、社会主义核心价值体系与我国主流价值文化是三个密切相关的概念。我们甚至可以说，我国主流价值文化是社会主义核心价值观或社会主义核心价值体系的另外一种表达方式。而当前我国思想政治教育的一项重要工作恰好也是围绕社会主义核心价值观、社会主义核心价值体系的理论阐释与贯彻落实而展开的。社会主义核心价值观、社会主义核心价值体系丰富了当前我国思想政治教育的内容，亦是创新思想政治教育的重要理论依据之一。也就是说，当代中国的思想政治教育工作需要进一步强化用马克思主义的指导思想引导社会成员坚定政治方向、用中国特色社会主义共同理想引导社会成员树立正确的人生信念、用民族精神引导社会成员培育社会责任感、用时代精神引导社会成员培育创新能力、用社会主义荣辱观引导社会成员塑造良好的道德品质，同时引导社会成员确立"富强、民主、文明、和谐、自由、平等、公正、法治、爱国、敬业、诚信、友善"等社会主义核心价值观。可以说，当代思想政治教育已深度融合了社会主义核心价值观、社会主义核心价值体系等元素。

（二）目标上的一致性

构建我国主流价值文化的目标可分为两个层面：首先，从国家和社会的层面来说，构建我国主流价值文化的目标在于促进中国特色社会主义文化的自觉和自信，推动中国特色社会主义文化大发展、大繁荣，尤其要致力于在全社会确立社会主义核心价值观和核心价值体系；其次，从社会成员个体的层面来说，构建我国主流价值文化的目标则是促使每个社会成员形成健全、合理的思想价值观念，注重德性养成，进而拥有幸福的、有尊严的人生。

中国特色社会主义文化建设是一个自觉的过程，需要精心设计和谋

---

① 胡锦涛：《坚定不移沿着中国特色社会主义道路前进，为全面建成小康社会而奋斗——在中国共产党第十八次全国代表大会上的报告》，《人民日报》2012年11月18日。

划,更需要采取各种措施推动。价值文化是文化的深层结构,它决定着整个文化的面貌、品质、特色和走向。中国特色社会主义文化的发展与繁荣取决于我国主流价值文化的构建。从这种意义上看,构建我国主流价值文化的过程就是一个谋划和推动中国特色社会主义文化发展的过程。在构建的过程中,要为中国特色社会主义文化的繁荣发展确定正确的发展目标,规划合理的发展格局,明确依靠的发展力量,找准诉求的发展动力,建立科学的发展体制机制。当前我国主流价值文化的构建要体现时代感、突出大众化、富有独创性。时代感,就是要使社会主义核心价值观和价值体系及其原则把握时代主题、反映时代精神、引领时代潮流。大众化,就是要使社会主义核心价值观和价值体系及其原则关注大众诉求,融入大众生活,具有强大的道义力量和广泛的社会认同。独创性,就是要使社会主义核心价值观和价值体系及其原则突出特色,能够为人类文明发展有所贡献。在确立社会主义核心价值观和价值体系及其原则的过程中,要善于总结历史智慧与当代的实践经验,提炼中国人民在长期奋斗中形成的精神内核,同时,还面向世界,关注人类文明进步的趋势,阐明自己的核心理念和基本价值原则,敢于在超越他人中引领潮流。

当然,塑造社会主义核心价值观、推动中国特色社会主义文化的发展和繁荣需要服从于另外一个更为终极性的目标,那就是全体社会成员的幸福感。探讨社会主义核心价值观或主流价值文化,既应立足于国家和社会层面进行宏观把握,也应突出社会成员的个体感受。原因在于,若仅有"宏大叙事",则会给人一种虚无缥缈之感。在宏观把握的前提下又能切入到个体层面,才显得较为全面。况且,党和国家致力于经济、政治、文化、社会等各项建设,其根本目的即在于让全体社会成员生活得更加幸福、更有尊严。温家宝同志在 2010 年政府工作报告中明确指出:"我们所做的一切都是要让人民生活得更加幸福、更有尊严,让社会更加公正、更加和谐。"① 将我国建设成富强、民主、文明、和谐的社会主义国家,这

---

① 温家宝:《政府工作报告——2010 年 3 月 5 日在第十一届全国人民代表大会第三次会议上》,《人民日报》2010 年 3 月 16 日。

是一个基础或前提，而国强的目的则是民富，即让全体社会成员能够过上殷实、幸福、有尊严的生活，并且使社会成员之间讲信义和相互关爱。幸福是"一种令人满意的生活"①，是人们对自己的需求总体上获得满足之后感到愉悦的心理状态。处于这种状态的生活就是幸福生活，即伦理学家们所说的"好生活"。好生活可以从两种不同意义上理解：一是理解为"值得赞赏的生活"，这是指道德或德性高尚的生活；二是理解为"值得欲望的生活"，这是指繁荣或发达的生活。真正的好生活应该既是"值得欲望的生活"，又是"值得赞赏的生活"。这种好生活在伦理学上被看作人们应该追求的理想生活，过上这种好生活则被看作人生的终极目的。当然，幸福的内涵较为丰富、多元，极易引起歧义。不同的哲人对幸福的理解大不一样，即使是普通民众，各人心目中所谓的幸福也不尽相同。幸福感虽然是社会成员对生活幸福程度的一种主观心理感受，但这不妨碍我们把社会成员获得幸福感作为构建我国主流价值文化、推动中国特色社会主义文化建设的目标之一。

再论思想政治教育的目标。思想政治教育的内容具有多层次性，因而其目标也不是单一的。思想政治教育的根本目标是要培养具有一定思想政治觉悟和道德素养、符合统治阶级要求的人。在这一根本目标的指引下，思想政治教育是一个动态的持续的过程，这一过程又涵盖了一系列更为具体的目标，如思想教育目标、政治教育目标、道德教育目标、心理健康教育目标，等等。具体来说，现代社会思想教育的目标是：立足于对主观世界的改造，促进人的正确思想观念的形成和发展，解决现代人在思想观点和立场上的种种问题，从而树立正确的世界观、人生观、价值观，促进人的自我和谐、人际关系的和谐、社会的和谐，推动社会的发展。政治教育的目标是：通过提高受教育者的政治认识、培养政治情感、锻炼政治意志，使受教育者具备正确的政治立场和政治观点，确立坚定的政治信念，有较高的政治觉悟，从而最终养成良好的政治行为。道德教育的目标是：通过提高社会成员的道德认识，培养其道德情感、道德信念，从而养成良

---

① 江畅：《幸福与和谐》，人民出版社，2005，第98页。

好的道德行为。心理健康教育的目标是：对人的心理进行教育与引导，使其认知、情感、态度等发生变化，解决其心理问题，消除心理困惑，提高心理素质，塑造健康人格①。

思想政治教育的目标也与一定时期的意识形态及社会发展目标密切相关。就当代中国而言，思想政治教育的目标应紧密围绕如何贯彻落实社会主义核心价值观及核心价值体系来制定。因而，当前思想政治教育最重要的目标与任务即是用马克思主义中国化的最新理论成果武装全党、教育人民，从而引导更多的党员干部及社会成员真正信仰马克思主义；用中国特色社会主义共同理想凝聚力量，从而增强社会成员对我国改革开放和社会主义现代化建设的信心，增强对党和政府的信任，同时促使社会成员将共同理想和个人理想紧密结合，自觉投身于中国特色社会主义建设的伟大事业之中；用以爱国主义为核心的民族精神和以改革创新为核心的时代精神激发社会成员的爱国情怀与创造活力，从而鼓舞社会成员的斗志，提升社会成员的民族自尊心、自信心和自豪感，增强使命感和创新意识，为把我国建设成为创新型国家、为实现中华民族的伟大复兴而共同奋斗；用社会主义荣辱观引领风尚，从而使社会成员形成正确的荣辱观念，并自觉践行社会主义荣辱观。思想政治教育除了注重体现国家意志、强调政治与道德的教化之外，也十分关注社会成员个体的生存状态、生存意义与价值，把社会成员个体获得幸福、尊严与独立人格视为自己的目标之一。由此可见，思想政治教育与构建我国主流价值文化在目标上具有一致性。

当然，思想政治教育与主流价值文化毕竟是两个不同的概念。思想政治教育既是人类的一项教育实践活动，又是一个发展较为成熟的学科门类，从事与此相关的教学、研究或实际工作的人数较多，成果丰富，且广为人知。主流价值文化则是与核心价值观、核心价值体系密切相关的一个概念。每个文化体系的灵魂、精髓即是其价值观，其深层结构则是它的价值体系，而价值体系是价值观的具体化。价值观和价值体系一起构成了一种文化的价值层面，体现核心价值观及核心价值体系的文化即是主流价值

---

① 参见赫文清主编《现代思想政治教育学》，合肥工业大学出版社，2008，第234~244页。

文化。一种价值文化要成为主流的价值文化有两个条件：其一，一个社会必须是价值多元化的，或者说，社会管理者允许多种价值文化存在。如果一个社会是价值文化一统的，不允许所推行的价值文化以外的价值文化存在和流行，那么，这个社会就不存在主流、非主流价值文化的问题，因为它只有一种推行的价值文化流行。其二，在多种价值文化中，有一种价值文化真正能起主导作用，其他价值文化不与之相对立、相抗衡，相反与之共存共荣，并且接受它的引领和指导。否则，即使有多种价值文化流行，也没有一种主流价值文化，我国春秋战国时期的情形就是如此[①]。需要说明的是，核心价值观及核心价值体系常为学者们所提及，但"主流价值文化"的概念尚较少见诸学术期刊或媒体[②]。2011年，湖北大学江畅教授申报的国家社会科学基金重大项目"构建我国主流价值文化研究"获准立项，自此以后，以江畅教授为首席专家的科研团队投入到有关我国主流价值文化的研究之中，研究成果被陆续推出，主流价值文化的概念也渐渐进入学者、党政官员以及广大社会成员的视野之中。

二 充分发挥思想政治教育在构建我国主流价值文化中的作用

无论是在革命战争年代还是和平建设时期，思想政治教育一直被我们党视为一切工作的"生命线"，是社会主义国家的政治优势。当前我国主流价值文化的构建、传播与普及仍然离不开这条"生命线"。主流价值文化可被视为思想政治教育的内容之一，而思想政治教育乃是主流价值文化得以现实化的一种重要方式，是促进主流价值文化从理论形态向实践形态转化不可缺少的一个环节。

思想政治教育的作用、功能并未随着时代发展与变迁而被削弱，相

---

① 参见江畅《我国主流价值文化构建的三个问题》，《光明日报》（理论版）2012年6月21日。
② 学者们也论及"主导价值观"等概念，如陈章龙出版有《论主导价值观》（江苏人民出版社，2006）、刘小新等出版有《当代大学生主导价值观研究》（首都师范大学出版社，2005）。"主导价值观"与"主流价值文化"这两个概念有一定的相似之处。

反,其作用、功能有得到进一步增强的趋势。从社会政治的层面来看,思想政治教育通过传播主流政治意识,扩大政治认同,为政治统治的合法性提供了辩护;通过调节社会精神生产,营造舆论氛围,引导政治行为,维护了社会的政治稳定;通过政治文化的传承、创新和变革,和谐政治关系,维持和变革了政治系统;通过培养一代新人,造就政治人才,充实、更新政治机构,促进了政治关系的再生产。从社会经济的层面来看,思想政治教育为经济发展提供了价值导向,为经济进步营造了良好的社会环境,为经济主体提供了精神动力与道德激励。从社会文化的层面来看,思想政治教育总是以弘扬、传播社会的主流政治文化、主流伦理文化、主流价值文化为己任,它铸就了社会成员共同的理想信念和精神支柱,培育了一个民族赖以生存和发展的民族精神。从社会成员个体的层面来看,思想政治教育提高了个体的社会适应能力,满足了个体的精神需求,促进了个体的全面发展,塑造了个体的现代人格[①]。思想政治教育在现代社会中的重要作用于此可见一斑。当然,我们也不可将思想政治教育的作用无限地拔高,尤其应避免再次出现"文革"时期曾产生的"政治冲击一切""政治代替一切"的"左倾"错误思潮,拒斥以政治为中心或"泛政治化"的做法。思想政治教育应服务于中国特色社会主义政治建设、经济建设、社会建设、文化建设以及生态建设,服务于社会主义价值体系的贯彻落实及我国主流价值文化的传播、普及。

我们这里着重阐述思想政治教育对于构建、传播与普及我国主流价值文化的意义、作用。主流价值文化是一种理论形态,要使这种理论转化为社会成员内心的理念,进而将其付诸实践,则有赖于教育。当然,教育有不同的种类,有的教育侧重于对社会成员进行知识传授与智力培育,有的教育则侧重于提高社会成员的思想政治觉悟、提升社会成员的道德品行以及引导社会成员确立合理的价值观念。思想政治教育恰恰属于后一种类型的教育,它专门探讨、宣扬人的世界观、人生观、价值观、道德观、政治观、法纪观等问题。主流价值文化也是当前我国思想政治教育的重要内容

---

① 参见王勤《思想政治教育学新论》,浙江大学出版社,2004,第104~145页。

或主题之一。也就是说，无论是对马克思主义指导思想地位的坚持与巩固，对中国特色社会主义共同理想的维系与坚守，还是对民族精神和时代精神的弘扬和培育，对社会主义荣辱观的自觉践行，以及对富强、民主、文明、和谐、自由、平等、公正、法治、爱国、敬业、诚信、友善等中国特色社会主义核心价值理念的信奉与持守，都需要坚持不懈地开展思想政治教育工作。

值得思考的是，能否通过思想政治课堂教学的方式将主流价值文化内化为社会成员的信念，并转化为社会成员的行动呢？依我们的看法，未必能够。社会成员在接受相关的教育之后，还须进行自我反思，参加社会实践活动，在此基础之上方能获得对主流价值文化的真切体认，进而"入脑""入心"，并贯彻落实于具体的行为之中。但是，思想政治教育对我国主流价值文化的普及并不是无所作为的，而是能够发挥积极的、正面的作用。在课堂教学中，教育者至少可从学理层面向受教育者阐释我国主流价值文化或中国特色社会主义核心价值理念的内涵、意义以及其他相关的理论问题，这将十分有益于受教育者认同并践行当代中国的主流价值文化或核心价值理念。

江畅教授在剖析"德性是否可教"的问题时指出，德性不是知识，不能够通过学习理解和掌握；德性也不是能力，不能通过教育直接培养。德性是品质，需要长期的实践才能形成。但教育者却可以通过有关德性知识的传播，使受教育者了解德性的实质、要求、意义以及德性形成的规律等，从而促使他们德性意识的觉醒，并有意识地自觉进行德性修养。德性教育不只是知识的传授，还应该包括日常的德性教育，这种教育可以产生德行并可能形成德性。父母经常告诫自己的孩子要诚实，不要撒谎，这也是德性教育。这种教育也会通过影响孩子的行为而使孩子逐渐形成相应的德性。人的许多具体的德性都是在父母、教师或其他人的教育下逐渐形成的，特别是那些我们称为自发德性的那些德性，不仅是个人自发地在环境的影响下形成的，同时也是在他人教育下形成的。离开了他人的日常教育，单靠环境的影响，人们很难形成各种具体的德性。当然，完整的德性需要通过修养才能获得，而不能仅通过教育获得，教育在这里的作用是为修养提供知识的准备①。江畅教授所得出来的结论同样也适用于"思想政治教育与我国主流价值文化的传播、普及"问题,从而印证了我们上面的看法。也就是说,作为知识或理论形态的主流价值文化是可教的,而受教育者内心能否真正接受主流价值文化则是另外一码事,显得较为复杂。为了进一步澄清这个问题,我们有必要介绍思想政治教育中的接收理论。

"接受"一词具有认可、接纳、承受、验收等意,思想政治教育接受则特指发生在思想政治教育领域内的接受活动,它是受教育者对教育者所传递的思想文化信息进行反映与择取、整合与内化、外化与践行的连续的、完整的、能动的活动过程。20世纪90年代以来,国内一些学者开始研究思想政治教育领域的接受问题,并在实践中将其加以推广应用,从而纠正了以前思想政治教育重视"灌输"而轻视"接受"、重视教育者的主导性而轻视受教育者主体性的偏颇。思想政治教育接受从本质上说,是受教育者出于提高自身思想道德素质、更好地适应社会、追求更高社会价值和人生境界的需要,而对思想政治教育的内容、观点进行判断、选择和接受的过程。接受效果的优劣则取决于多种因素,如教育者、受教育者、教育内容与方法、接受环境及载体形式等因素均会影响到思想政治教育接受的效率。这里试举数例。其一,教育者作为思想政治教育活动的主导者、设计者和实施者,其理论水平、知识结构、业务素质、思想修养、人格魅力等对思想政治教育的接受具有十分重要的影响。可以说,受教育者往往先接受教育者,然后才接受他们所传授的教育内容,教育者的人格形象、感召力、亲和力、责任心等均影响到受教育者对教育内容的认可度。其二,受教育者的需要、动机、兴趣、情感、意志及其已有的思想基础、道德觉悟、思维方式、接受能力、社会阅历等也影响着接受活动的开展,影响着其所能接受的深度和广度。其三,教育内容本身的价值、可信度、新颖性等亦直接影响到受教者的接受态度。其他方面的影响因素不再逐一列举。思想政治教育接受的最终目的则是促使受教育者形成一定的世界观、

---

① 参见江畅《德性论》,人民出版社,2011,第603~604页。

人生观和价值观,确立某种理想和信念①。

借鉴、运用思想政治教育的接收理论,将会有助于引导越来越多的社会成员认同、践行我国主流价值文化,进而促进我国主流价值文化从理论形态向实践形态转化。一方面,应积极推动主流价值文化进教材、进课堂,以便使其成为各级各类教育机构思想政治教学课程的重要内容,并着力提高教育者自身的素质;另一方面,要充分尊重受教育者的接受意向、接受态度及接受能力,调动社会成员自身的主体性与主体能力,以便尽可能地将主流价值文化内化为社会成员的坚不可摧的信念。内化不同于服从或同化。单纯的表面服从行为可能不是出于个体的真实意愿,而往往是外在压力造成的。同化是指个体长期在特定环境的熏陶下,逐渐自愿接受他人或群体共有的观点、意见,使自己逐渐与他人或群体的要求相一致。服从、同化不是真正的接受。内化在境界上则高于服从、同化。所谓内化,是指把客观的、外部的东西通过主体的建构,转化为个体精神财富的过程。只有到了内化阶段,个体才会从内心深处相信并接受他人或群体的观点,使这些观点纳入到自己的价值观念或信念之中,进而将自身内化形成的信念逐步外化于行为之中,指导自己的实践。社会成员经过多次反复的学习、反思与实践,才能形成与主流价值文化要求相应的行为习惯,并通过联动性扩展到其他社会群体中,推动主流价值文化成为大多数社会成员一致的价值追求,成为社会成员共同的精神力量②。也只有这样,思想政治教育才能避免出现低效、无效的现象,才能最大限度地发挥其在我国主流价值文化构建、传播与普及中的作用。当然,主流价值文化的构建对思想政治教育也有非同寻常的意义,它保证了思想政治教育的正确方向,丰富了思想政治教育的内容,且有利于思想政治教育在当代的创造性发展。

此外,思想政治教育的基本原则及方法虽然具有相对的稳定性,但它同时又是一个开放的体系。随着社会环境的变迁,思想政治教育也需要与

---

① 参见王勤《思想政治教育学新论》,浙江大学出版社,2004,第273~289页。
② 参见杨晓慧《社会主义核心价值体系融入大学生思想政治教育全过程的基本问题研究》,人民出版社,2011,第94~97页。

时俱进，推陈出新。当代中国的思想政治教育创新，就是根据时代发展的需要，按照党和国家的要求，以科学发展观为指导，以社会主义核心价值观或主流价值文化为立足点，以当前社会发展面临的新情况为主轴，以促进社会成员的全面发展为旨归，针对当前思想政治教育中存在的问题而进行的改进和提高①。通过思想政治教育的理念创新、内容创新及方法创新，进一步推动当前我国主流价值文化的传播与普及。

---

① 参见邓卓明主编《高校思想政治教育创新研究——以构建和谐校园为视角》，人民出版社，2009，第7页。

情感德育视域中的社会主义核心价值体系教育[*]

刘 丹[**]

（北京师范大学价值与文化研究中心）

【摘　要】 开展社会主义核心价值体系教育，正面灌输是非常必要的，但是容易使受众产生逆反、排斥心理。以情感德育为切入点，实施社会主义核心价值体系教育，其实质是使受教育者对于道德规范的遵守不仅只是一种外在的行为，而是要与其内在的情感和价值信念产生认同与共鸣，进而将社会主义核心价值体系的要求转化为内在的精神信仰和现实行为追求。总体而言，情感德育视域中的社会主义核心价值体系教育的实践建构可以家庭教育、学校教育和社会教育三个方面来着力打造。

【关键词】 社会主义核心价值体系　教育　情感德育

一

自党的十六届六中全会第一次明确提出建设社会主义核心价值体系这

---

[*] 本文系韩震教授主持的2013年度北京市哲学社会科学规划重大项目"社会主义核心价值观研究"之子课题的阶段性研究成果。

[**] 刘丹（1981～），女，湖北荆州人，教育学博士，教育部人文社会科学重点研究基地北京师范大学价值与文化研究中心/哲学与社会学学院讲师、硕士生导师，主要研究方向为价值观教育和公民教育国际比较。

个重大命题以来，社会主义核心价值体系建设一直为理论界所关注。其中，对社会主义核心价值体系教育方面的研究更是为学界所重视。社会主义核心价值体系既是一个精神培育的过程，更是一个共同价值观形成的过程。因此，在社会主义核心价值体系建设中，教育始终发挥着基础性的作用。我们需要通过坚持不懈的教育，引导人们主动认同和自觉践行社会主义核心价值体系："无论是对马克思主义的坚定信仰，对社会主义共同理想的坚定信念，还是对民族精神和时代精神的弘扬和培育，以及对社会主义荣辱观的自觉践行，都需要持续不断地进行教育。"[①]

首先，社会主义核心价值体系教育有利于坚定马克思主义的信仰。马克思主义是关于自然界、人类社会和人类思维发展的普遍规律的科学，是关于工人阶级、劳动人民和全人类解放的科学，是真理与价值的高度统一。在社会主义核心价值体系中，马克思主义提供的是科学的世界观和方法论，是认识世界和改造世界的强大思想武器，是我们立党立国的根本指针。因此，坚持马克思主义的指导地位，就抓住了社会主义核心价值体系的灵魂。然而，马克思主义不是教条，它要深入人心，成为无产阶级行动的指南，就必须通过卓有成效的社会主义核心价值体系教育。要坚持贴近实际、贴近生活、贴近群众，不断巩固马克思主义在发展中国特色社会主义伟大实践中的指导地位，深刻阐释马克思主义在新时期新形势下引领社会发展的巨大生命力，使马克思主义的信仰成为人们自觉追求的价值认同。

其次，社会主义核心价值体系教育有利于坚定社会主义共同理想的信念。所谓共同理想，就是指共同的价值追求、价值取向和价值目标。实现社会主义现代化，建设富强、民主、文明、和谐的社会主义国家，需要在全社会树立中国特色社会主义共同理想。在社会主义核心价值体系中，树立中国特色社会主义共同理想，对于坚持中国特色社会主义道路，实现中华民族的伟大复兴，具有重大的理论价值与现实意义。因此，树立中国特色社会主义共同理想，就抓住了社会主义核心价值体系的主题。邓小平同志曾经指出，

---

① 韩震：《社会主义核心价值体系研究》，人民出版社，2007，第218~219页。

"我们一定要经常教育我们的人民，尤其是我们的青年，要有理想。"① 所以，树立中国特色社会主义共同理想，一定的教育途径、方式和方法是必不可少的。通过中国特色社会主义共同理想教育，将建设中国特色社会主义的共同理想转化为全社会和全体人民共同的价值追求、价值取向和价值目标。

再次，社会主义核心价值体系教育有利于弘扬和培育民族精神和时代精神。民族精神和时代精神是一个民族赖以生存和发展的精神支撑，是凝聚和鼓舞人们奋发进取的伟大旗帜。大力弘扬以爱国主义为核心的民族精神和以改革创新为核心的时代精神，使全体人民始终保持昂扬向上的精神状态，是建设社会主义核心价值体系的精髓。诚如江泽民同志所强调的：民族优良传统的发扬，共同理想和精神支柱的形成和巩固，科学文化水平的提高，都离不开教育工作。因此，社会主义核心价值体系教育对于强化中华民族共享的文化价值观念，增强各民族同属一体的归属感，弘扬和培育民族精神和时代精神等方面起到巨大作用。② 我们相信，通过形式多样的社会主义核心价值体系教育，我们培养的社会主义接班人和合格建设者一定会在弘扬和培育民族精神和时代精神方面大有作为。

最后，社会主义核心价值体系教育有利于自觉践行社会主义荣辱观。以"八荣八耻"为主要内容的社会主义荣辱观，明确了当代中国社会最基本的价值取向和行为准则，涵盖了人生态度、社会风尚的方方面面，体现了社会主义基本道德规范和中华民族传统美德。在社会主义核心价值体系中，以"八荣八耻"为主要内容的社会主义荣辱观是基础。然而，在价值多样化成为鲜明的时代特征的当代中国，由于道德相对主义片面激发价值主体个性的张扬，片面强调"怎么都行"，自觉不自觉地为一些腐朽颓废的行为大开方便之门，并以此作为逾越道德规范的托词或者荣辱颠倒的借口。因此，如何正确处理多元化与一元化的关系、如何正确认识个人价值与人类或社会核心价值的关系，就成为日益重要而紧迫的现实社会问

---

① 邓小平：《邓小平文选》第3卷，人民出版社，1993，第110页。
② 吴玉军：《国家认同视域中的社会主义核心价值体系》，《中国特色社会主义研究》2011年第4期。

题。无论是在强化公民的规范认同,凝聚多元时代的道德共识,还是在引导人们弃恶向善、避辱求荣等方面,都离不开一定的社会主义核心价值体系教育。① 因此,大力推行社会主义核心价值体系教育是非常有利于公民自觉践行社会主义荣辱观的。

二

众所周知,教育作为一种规范性、系统性和导向性的活动,它必然具有一定的价值取向。因此,健全的教育往往不仅包括对知识的"传道授业解惑",它更要涵盖那些关注人的情感培育、价值取向与心灵成长等具有价值观意义的教育。② 社会主义核心体系教育也不例外,它不仅能够帮助全体人民正确认识社会主义核心价值体系的重要理论价值和现实意义,全面把握社会主义核心价值体系的科学内涵和基本要求,还能促使人们将社会主义核心价值体系的要求转化为每个公民的内在精神信仰和现实行为追求。

有鉴于此,党的十七届六中全会强调,要把社会主义核心价值体系融入国民教育全过程,贯穿于国民教育的各个环节。现在的问题是,在社会主义核心价值体系教育的实施过程中,怎样才能更好地以群众喜闻乐见的方式使之"融入"国民教育全过程?换句话说,社会主义核心价值体系教育"融入"国民教育全过程的切入点在哪?毕竟,铁一般的客观真理也只有以散发人性光辉的形式出现,才能博得受众的接受和青睐。正如有学者所指出的那样,"开展社会主义核心价值体系教育,正面灌输是非常必要的,但是容易使受众产生逆反、排斥心理"。我们应"兼采显性教育与隐性教育,容许核心价值观的政治内容和非政治性传授方式并存,力求在令人轻松愉悦的语境和氛围中,更好地发挥核心价值体系对社会思潮的引领作用"。③

---

① 韩震:《社会主义核心价值体系研究》,人民出版社,2007,第216~217页。
② 杨韶刚:《从道德相对主义到核心价值观:学校道德教育转向的心理学思考》,《教育研究》2004年第1期。
③ 韩震:《社会主义核心价值体系引领作用论略》,《光明日报》2011年11月23日。

20世纪80年代滥觞于英国的情感教育（affective education）虽然与认知教育紧密关联，但说到底是一种促进学生的态度、信念、情绪等情感素质发展和以人际关系能力、适应性技巧为依归的教育。[①] 有必要指出的是，情感教育所指称的"情感"，虽然也包含情绪（emotion）和感情（feeling），但它更强调积极的一方面。在情感教育的视域中，情感是人的生命态度的重要表征，情感的存在、表达方式及其质量反映着人的精神面貌，"一个真正意义上的人，应该是一个有情感的人"。因此，教育的价值取向功能能否实现与特定教育情境中是否关注和发展人的情感状态、方向以及情感品质直接相关。在德育层面，情感教育更是旗帜鲜明地指出，"道德教育若要真正成为一种抵达心灵、发育精神的教育，一定要诉诸情感。如果不诉诸情感、改善情感，就不可能使德育成为一种发育精神的生命内在活动。毕竟，精神发育是内在的，是生命内部的过程，而不是靠外在的知识输入，也不是外部的行为强加和所能控制的。"[②] 我们以往的德育工作，正是过于概念化、浅表化和教条化，在有意无意中遮蔽了人的生命中的内在情感。于是乎，我们的德育工作主要靠外部的知识灌输和行为规约，这样做导致的一个直接后果就是我们的德育有点"忘情负义"，情感培育、价值引领和心灵成长等这些非常重要的心理疏导和人文关怀工作在我们的传统德育中缺位了。

其实，人际交往过程中如果缺乏彼此的眷念，缺乏起码的尊重，不能获得社会的认同，缺少爱与被爱的感同身受，道德的种子就不会苏醒和萌芽。然而，人的情感是不能靠命令的，它需要在一定的环境氛围中进行"润物细无声"的情感培育。因此，在大力推行社会主义核心价值体系教育的过程中，我们不妨以情感德育为切入口，将以往单向传递的德育方法转向教育者与受教育者之间的互动、对话，最终达致一定意义上的情感共鸣。

[①] Lang. P. Pastoral Care: Some Reflection on Possible Influences, *Pastoral Care in Education*, Vol. 2 No. 2, 1984: 40.
[②] 朱小蔓：《情感德育论》，人民教育出版社，2005，第 10~11 页。

三

以情感德育为切入点，实施社会主义核心价值体系教育，其实质是使受教育者对于道德规范的遵守不只是作为一种外在的行为，而是要与其内在的情感和价值信念相关联，进而将社会主义核心价值体系的要求转化为每个公民的内在精神信仰和现实行为追求。我们认为，这是值得我们认真思考和大胆实践的。总体而言，情感德育视域中的社会主义核心价值体系教育的实践建构可以从以下三个方面来着力打造。

首先，要高度重视家庭教育在社会主义核心价值体系教育中的作用。家庭是社会的基本单位和细胞，也是所有社会化因素中最早、最为直接和最为重要的场所。正是在家庭中，人们建立了第一个亲密的感情联系纽带，并开始理解和接受本民族文化的价值规范。毛泽东同志曾明确指出，"家庭之人无知识，（家庭之组织不善习惯不善等从之。）则学生在学校所得之知识与之柄（枘）凿，其结果只有二途：一则被融化于家庭，造成一种孝子顺孙新旧杂揉（糅）之乡愿。一则与家庭分张，近来'家庭革命''父子冲突'之声，所由不绝于耳也。"① 因此，必须充分发挥家庭教育在社会主义核心价值体系教育中的启蒙和熏陶作用，以情感关怀为切入点，通过显性的说服教育和隐性的榜样力量等多种教育方法（比如动之以情，晓之以理），在互信和互爱的家庭氛围中，为孩子将来形成正确的世界观、人生观和价值观打下良好的基础。

其次，要充分发挥学校教育在社会主义核心价值体系教育中的作用。学校教育是社会主义核心价值体系教育的主阵地和主渠道，必须把社会主义核心价值体系的精神实质和基本内容同各级各类学校的教育目标、教育内容等有机结合起来，使其担负起建设社会主义核心价值体系的重要任务和神圣使命。以往我们的学校教育过于看重分数和应试，学校德育工作不受重视，所谓的道德教育主要就是靠外部的知识灌输和一定的行为规约，

---

① 本书编写组：《毛泽东早期文稿》，湖南出版社，1995，第452页。

情感缺失问题比较严重，这样做导致的一个直接后果就是学校德育工作成效不彰。正如马克思所言：情感是一个精神饱满为自己目标而奋斗的人的本质力量。清代学者戴震也曾强调：理也者，情之不爽，失也。未有情不得而理得者也。因此，在新修订的义务教育课程标准中，"情感态度价值观"在学校德育中的作用得以凸显，一再强调要将"情感态度价值观的培养、知识的学习、能力的提高与思想方法、思维方式的掌握融为一体"，正确引导和有效帮助学生过积极健康的生活，做负责任的公民。

最后，要不断增强社会教育在社会主义核心价值体系教育中的作用。人的价值观念的形成过程，在本质上是一个社会化的过程，是在社会中完成的。与此同时，人们的价值观念也不是一成不变的，而是不断变化着的，所以要不断地接受社会教育。江泽民同志说："一个人的一生，要接受家庭教育、学校教育、社会教育，这些教育都很重要，对于自己世界观、人生观、价值观的形成和巩固都会起很重要作用。"[①] 由此可以看出，社会乃是对全体国民进行社会主义核心价值体系教育的大课堂，我们要力图通过各种以履行公民责任为宗旨的社会公共活动（比如志愿活动、慈善募捐、生态环保等）来激发人们心灵深处那些爱与被爱、互相信任、感同身受等情感，在社会教育中培育一定的情感环境，通过那些能震撼人心灵深处的情感体验和情感共鸣，在潜移默化中培养受教育者的公共参与精神和公民行动能力，引导个体人凝聚成一个有秩序、有效率和有整体精神风貌的社会集群，进而实现社会的和谐稳定。

---

① 江泽民：《江泽民文选》第 2 卷，人民出版社，2006，第 332 页。

新闻媒体要做社会主义核心价值体系建设者

——以"我是建设者"大讨论为例

杨业华[*]

（湖北大学马克思主义学院）

【摘　要】社会主义核心价值体系是兴国之魂，是社会主义主流文化的精髓，决定中国特色社会主义发展方向。由湖北日报发起，在湖北新闻界开展的"我是建设者"大讨论，是新闻媒体自觉投入社会主义核心价值体系建设，以社会主义核心价值体系引领新闻媒体的重要举措，体现了新闻媒体的政治敏感和高度自觉。弘扬社会主义核心价值体系，对于新闻媒体工作者来说，就是要以建设者的姿态弘扬社会主义核心价值体系，做社会主义核心价值体系建设者，积极探索发现适宜于新闻媒体社会主义核心价值体系建设的好形式、好方法。

【关键词】"我是建设者"大讨论　新闻媒体　社会主义核心价值体系

2013年3月22日，《湖北日报》刊发了一位老新闻工作者的来信。他在肯定湖北报业集团新闻工作的同时，指出了当前一些新闻媒体和新闻工作者的不良表现，由此提出一个重要问题：新闻工作者应该以什么样的角色姿态履行自己的职责使命？《湖北日报》为此开辟《"我是建设者"大讨论》专栏展开讨论。荆楚网也制作了"'我是建设者'大讨论"专

---

[*] 杨业华（1963~），湖北青少年思想道德教育研究中心常务副主任，湖北大学马克思主义学院教授、博士生导师。

题，让大家共同回答他提出的问题。正是这封来信和持续推出的"我是建设者"大讨论，在荆楚大地、新闻界乃至全国引起了强烈反响。中央领导多次做出重要批示，中共中央宣传部专发一期新闻阅评给予高度肯定。《中国新闻出版报》多次刊文，推介"我是建设者"大讨论活动。2013年4月14日《人民日报》在第一版刊发报道《新闻人要做共圆中国梦的建设者》，介绍了正在湖北省深入开展的"我是建设者"大讨论，肯定这场围绕"新闻工作者应该以何种姿态履职"展开的大讨论，引发了业界和社会的强烈反响；4月17日《人民日报》在第一版《今日谈》栏目，发表评论《做传递正能量的新闻人》，在第四版刊发长篇通讯，报道湖北省开展的"我是建设者"大讨论情况；4月22日《人民日报》又刊登《担当责任——湖北新闻界"我是建设者"大讨论续记》。2013年4月16日，中国记者协会以湖北开展的"我是建设者"大讨论为主题，在北京举办"我为实现中国梦传递正能量——记者社会责任"讨论会。人民日报、新华社、求是杂志社、中央电视台等50多家中央及地方媒体、新闻专业社团的70多位代表参加了讨论会。中央电视台在4月16日《新闻联播》中，不仅报道了为推广湖北"我是建设者"大讨论而召开的全国讨论会消息，而且对湖北开展"我是建设者"大讨论进行了深度报道，并且配发评论《做好共圆中国梦的建设者》。《光明日报》三次刊发长篇通讯，肯定"我是建设者"大讨论。与此同时，《经济日报》、中央人民广播电台等中央媒体，以及人民网、新华网、新浪、网易、凤凰网、新民网、南方网等全国和地方主要网站都大篇幅、长时段地报道了中国记者协会推广湖北开展的"我是建设者"大讨论经验而召开的专题讨论会和湖北开展的"我是建设者"大讨论情况。一个省的一场讨论，引起中央媒体和地方媒体这样强烈的反响，是非常少见的。社会主义核心价值体系是兴国之魂，是社会主义主流文化的精髓，决定中国特色社会主义发展方向。党的新闻媒体是建设和传播社会主义核心价值体系的重要舆论阵地，从社会主义核心价值体系的视角认真总结"我是建设者"大讨论，对于以社会主义核心价值体系引领新闻媒体，充分发挥新闻媒体在社会主义核心价值体系建设中的作用有十分重要的意义。

一　自觉以社会主义核心价值体系引领新闻媒体

建设社会主义核心价值体系是中国共产党理论创新的重大成果，是大力推进社会主义文化强国建设的重要举措。党的十六届六中全会第一次鲜明地提出了"建设社会主义核心价值体系"这个重大命题，并且把社会主义核心价值体系的基本内容概括为四个方面，即马克思主义指导思想、中国特色社会主义共同理想、以爱国主义为核心的民族精神和以改革创新为核心的时代精神、社会主义荣辱观。党的十七大报告又强调要"建设社会主义核心价值体系，增强社会主义意识形态的吸引力和凝聚力"。要"切实把社会主义核心价值体系融入国民教育和精神文明建设全过程，转化为人民的自觉追求"。① 党的十八大报告再一次对社会主义核心价值体系建设做出了重要论述，不仅提出要"加强社会主义核心价值体系建设"，"要深入开展社会主义核心价值体系学习教育"，要"积极培育和践行社会主义核心价值观"的新要求，而且用"富强、民主、文明、和谐；自由、平等、公正、法治；爱国、敬业、诚信、友爱"24个字，从国家、社会、个人三个层面对社会主义核心价值观进行了精辟概括。② 中共中央宣传部编写的《社会主义核心价值体系学习读本》明确要求，"要把社会主义核心价值体系体现到媒体宣传之中。新闻媒体是思想文化传播的重要载体，是推广主流价值观念的主渠道，必须始终坚持正确舆论导向，大力唱响社会主义核心价值体系这一主旋律。要把社会主义核心价值体系的要求贯穿到日常报道之中，大力宣传科学理论、传播先进文化、塑造美好心灵、弘扬社会正气，给人以积极向上的力量。要发挥党报、党刊、电台、电视台的主力军作用，发挥都市类媒体、网络媒体的自身优势，确保各类新闻报道、专题节目、娱乐类体育

---

① 胡锦涛：《高举中国特色社会主义伟大旗帜，为夺取全面建设小康社会新胜利而奋斗》，《人民日报》2007年10月25日。
② 胡锦涛：《坚定不移沿着中国特色社会主义道路前进，为全面建成小康社会而奋斗》，《人民日报》2012年11月18日。

类节目以至各类广告都符合和反映社会主义核心价值体系的要求，实现媒体全联动、舆论全覆盖，共同奏响社会主义核心价值体系建设的大合唱"。①

从上述论述可以看出，以社会主义核心价值体系引领新闻媒体，不仅是党中央的要求，而且是由新闻媒体的特点所决定的。广大新闻媒体和新闻工作者要按照党中央关于社会主义核心价值体系建设的要求，以社会主义核心价值体系引领新闻媒体，把建设社会主义核心价值体系作为新闻宣传战线的一项主要任务和主要责任，贯穿到新闻媒体建设的各个方面，"通过日常的宣传报道，形成有利于社会主义核心价值体系建设的强势舆论，使社会主义核心价值体系成为全社会成员普遍理解接受、自觉遵守奉行的价值理念，从而不断巩固全党全国人民团结奋斗的共同思想基础"。②由湖北日报发起，在湖北新闻界开展的"我是建设者"大讨论，是新闻媒体自觉投入社会主义核心价值体系建设，以社会主义核心价值体系引领新闻媒体的重要举措，体现了新闻媒体的政治敏感和高度自觉，是新闻媒体历史使命感和责任感的体现，具有强烈的示范和带动作用。全国新闻媒体和广大理论工作者应当通过深入学习和探讨，推动新闻媒体社会主义核心价值体系建设深入开展。

二 以建设者的姿态弘扬社会主义核心价值体系，做社会主义核心价值体系建设者

弘扬社会主义核心价值体系，对于整个新闻媒体来说，就是要以社会主义核心价值体系引领新闻媒体；对于新闻媒体工作者来说，就是要以建设者的姿态弘扬社会主义核心价值体系，做社会主义核心价值体系建设者。新闻媒体工作者是中国特色社会主义建设者，是时代的记录者，也是先进文化的生产者、传播者，更是社会主义核心价值体系建设者，

---

① 中共中央宣传部：《社会主义核心价值体系学习读本》，学习出版社，2009。
② 谌笛：《媒体要自觉投入社会主义核心价值体系建设》，《新闻窗》2007年第6期。

这是由新闻媒体工作的党性原则决定的。但是，由于种种原因，新闻媒体界的有些同志没有充分认识到自己的角色定位，因而在实际工作中时常流露出"局外人""旁观者"意识，甚至"无冕之王"心态，有的还有"唱衰"偏好，从而使某些新闻报道偏离人民群众的需要和社会发展的方向。"如有的媒体编辑记者对正面报道和建设成就宣传热情不高，认为缺乏新闻价值，但对负面新闻却兴趣十足，常常一拥而上；有的媒体对主旋律影视作品报道仅三言两语，对一些影视明星的风流韵事却连篇累牍；还有些媒体喜欢从互联网网站上'扒'新闻，导致经常出现虚假不实报道，严重影响新闻报道的公信力。我还注意到，身边有的同行习惯以'黄鹤楼上看翻船'的心态看待社会发展中的问题，或者以'无冕之王'的口吻指责从事实际工作的同志；有的同行特别是青年同行甚至以'打酱油的'自称神圣的新闻工作岗位，令一些老同志愕然不已。"①"我是建设者"大讨论就是通过这位老新闻工作者来信中指出的当前新闻媒体上述不良现象展开的，具有很强的针对性。"我是建设者"大讨论的初衷是：让全社会共同来回答这位老新闻工作者提出的问题——新形势下我们应该以什么样的角色姿态履行自己的职责使命？希望有更多的新闻人来思考并以自己的实践科学地回答这个问题。通过"我是建设者"大讨论，引导新闻工作者自己教育自己，提高认识，提高素质，帮助新闻工作者定好位，树立和强化社会主义建设者和社会主义核心价值体系建设者的主体意识。因此，"我是建设者"大讨论，本身就具有建设性。

以建设者的姿态弘扬社会主义核心价值体系，做社会主义核心价值体系建设者，要自觉担当社会责任。社会责任不是一个抽象的名词，对新闻工作者来说，当前最大的任务就是担负起为社会主义核心价值体系建设鼓与呼的社会责任，这是党和人民赋予新闻媒体的时代重托，是当代新闻工作者的崇高追求，是中华民族同心构筑中国梦的重要支撑。广大新闻工作

---

① 湖北日报讯《请大家来参加"我是建设者"大讨论——一封老新闻工作者的来信》，《湖北日报》2013年3月22日第4版。

者要自觉履行职责使命，为实现中华民族伟大复兴提供强大精神动力和思想保证。建设社会主义核心价值体系，人人都可添把力，新闻工作者要善于发现生活中的真善美，传递正能量，凝聚社会共识，做社会主义核心价值体系的建设者。通过"我是建设者"大讨论，广大新闻工作者充分认识到，"新闻工作者也是中国特色社会主义的建设者，是全社会各行各业建设者中的一员，而绝不是社会主义事业的局外人。因此，遇到社会问题，我们应该与广大人民群众同忧乐、共患难，绝不能有'黄鹤楼上看翻船'的'看客'心态，也不应该有高居人民群众之上的'无冕之王'错觉。新闻媒体是社会现象的'放大镜'，是社会舆论的'扩音机'，新闻报道的毫厘偏差都可能对现实生活产生倍加效应。心态的失准很容易带来报道的失误。因此，我们必须以社会主义建设者的姿态自觉担当社会责任，热情讴歌推动社会进步的人民群众，科学对待社会转型期的社会矛盾，努力凝聚中国力量，共同解决前进中的问题，实现我们的中国梦。"①"心有责任，才有大局，才会拒绝用个案来判断整体；心有责任，才能把解决问题作为舆论监督的出发点，把有利于推动发展、有利于消除社会矛盾、有利于凝聚发展力量作为舆论监督的落脚点；心有责任，才会传播建设的正能量，使社会形成向心力，才能做、可以做、也能够做凝聚社会共识的建设者。"②

　　以建设者的姿态弘扬社会主义核心价值体系，做社会主义核心价值体系建设者，要"以建设者的角色做好新闻报道，就要求我们每一篇报道都要有正确的出发点，要有明确的建设性，能促进党和人民事业的发展，也要求我们要具备强烈的责任意识、政治意识和大局意识。有了强烈的建设者意识和高度的自觉性，才能保证报道不会偏离正确的方向，才能帮助我们正确判断一篇稿件的价值。有的同志忽视这一点，往往在判断新闻价值、处理稿件上出现偏差。我们要吸取教训，时刻牢记自己的角色定位，

---

① 湖北日报讯《请大家来参加"我是建设者"大讨论——一封老新闻工作者的来信》，《湖北日报》2013年3月22日第4版。
② 周湘云：《建设是媒体人的责任》，《湖北时报》2013年5月20日第4版。

确保正确的舆论导向"①。

以建设者的姿态弘扬社会主义核心价值体系,做社会主义核心价值体系建设者,"要求新闻工作者在采写、传播新闻中树立明确的主体意识,通过自身主观能动性的发挥,去践行'文以载道'的社会功能——以新闻作品之'文',载公众福祉之'道'。新闻报道并不只是简单的信息传达,更是社会主流价值观的传递和社会正能量的传播。只有确立了这一理念,通过新闻传播去构建社会主义核心价值观,新闻工作者才能无愧于社会主义'建设者'的角色"②。

以建设者的姿态弘扬社会主义核心价值体系,做社会主义核心价值体系建设者,要有建设心态。"作为社会正义与社会公德守望者的媒体人,肩负着弘扬主流价值、引领社会文化的特殊使命和重大责任,更应成为社会成长的一束光源。因而,具备这种'建设心态',乃是新闻工作者的一种职责和使命。有了这种'建设心态',就会努力去洞察事物的主流和本质,在市场竞争的压力下,腿子就不会发软;在网络的裹挟中,方向就不会迷失。更不会成为网络舆论的跟风者、网络热点的炒作者和网络谣言的传播者。热衷'唱衰'、习惯'扒粪'、片面'亮丑',就不会有市场。"③心态失准很容易带来报道的失误,因此,在价值多元复杂的当今社会需要新闻媒体有建设心态,有清醒的认识、专业的判断,不猎奇,不媚俗,不跟风。

以建设者的姿态弘扬社会主义核心价值体系,做社会主义核心价值体系建设者,要正确处理"建设"与"监督"的关系,发挥新闻媒体的监督作用。舆论监督是媒体公信力的表现,是新闻媒体必须认真履行的职责。任何滥用或放弃舆论监督权利的行为,都有违于新闻媒体的社会责任。新闻媒体是社会主义核心价值体系建设的主力军,面对纷繁复杂

---

① 周政授:《做建设者才能实现正确舆论导向》,《新闻前哨》2013 年第 5 期。
② 喻发胜:《新闻工作者的"载道"与"厚德"》,荆楚网,http://news.cjn.cn/tfsj/ztcs-8038/zxxx-8047/201304/t2250690-1.htm。
③ 顾兆农:《人民日报评"我是建设者":问题意识与建设心态》,荆楚网,http://news.cnhubei.com/xw/2013zt/wsjsz/201305/t2562157.shtml。

的社会现象和行为，新闻媒体要以社会主义核心价值体系加以引领。对不良现象和行为的抵制，是新闻媒体责任意识的体现，是建设社会主义核心价值体系的重要目标之一。当前新闻工作面临着比以往更为复杂的国内外形势，因此，特别要处理好舆论引导和舆论监督、歌颂光明与揭露黑暗、弘扬正气与鞭笞邪恶等关系。以建设者的姿态弘扬社会主义核心价值体系，做社会主义核心价值体系建设者，并不是要回避负面事件，但监督的出发点、监督的途径和方法、监督的效果，应是建设性的，以解决问题为目的。湖北广播电视台交通广播陈前、李曙光用切身事例为我们阐释了这一问题："在我们的新闻实践中，经常会遇到社会矛盾，如何进行舆论监督？立足建设性、促进问题解决，应该是监督的出发点和价值所在。去年初，不少司机向楚天交通广播反映：某高速卡口测速存在'陷阱'，逢车必罚。我们立即派记者现场驾车体验。调查中，一家客运集团的同志告诉我们，他们24台客车，不到1个月就被这个卡口的电子眼记录了1237次超速，罚款多达200多万元。而这个卡口近期的超速数据总计多达2万条，总罚金将达2000余万元，涉及省内外多地司机。由于涉及面较大，我们立即将调查情况通报给主管部门。主管部门随即要求当地调查，结果发现是个别交警故意调低测速仪器数值，以便滥开罚单。主管部门马上宣布：元月1日至2月3日间该卡口采集的所有超速数据不具法定效力，决定清除，并对责任人进行严肃处理。这次舆论监督受到主管部门和许多司机的肯定。去年夏天，交管部门告诉我们，武汉碰擦类交通事故中，因为'加塞'诱发的超过三分之一。于是，我们联合省市交管部门发起'拔塞行动'。一个月里，文明行车大课堂、百名主持人街头系绿丝带、百万驾驶员签名承诺……使'拔塞行动'演变成媒体服务群众、服务社会、服务文明湖北创建的系列活动，为社会提供了正能量。实践告诉我们，站在建设者立场上，就应该把解决问题作为舆论监督的出发点，把有利于推动发展、有利于消除社会矛盾、有利于凝聚发展力量作为舆论监督的落脚点。"①"我是建设者"大

---

① 陈前、李曙光：《解决问题是舆论监督的出发点》，《湖北日报》2013年4月1日第1版。

讨论，就是这样用新闻媒体切身事例教育引导新闻媒体和广大新闻工作者正确认识新闻媒体舆论监督的性质和作用，在新闻媒体宣传工作中正确把握舆论监督的分寸，充分发挥新闻媒体在社会主义核心价值体系建设中的作用。

三 积极探索新闻媒体社会主义核心价值体系建设的方法

以社会主义核心价值体系引领新闻媒体，深入开展新闻媒体社会主义核心价值体系建设，不能停留在口头上，需要有效的方法。自党的十六届六中全会第一次鲜明地提出"建设社会主义核心价值体系"这个重大命题以来，以什么样的有效方式、方法以社会主义核心价值体系引领新闻媒体，就成为新闻媒体社会主义核心价值体系建设的重点和难点。由湖北日报发起的"我是建设者"大讨论，是以社会主义核心价值体系引领新闻媒体，积极探索新闻媒体社会主义核心价值体系建设的有益探索和有效方式。

"我是建设者"大讨论，不是自上而下展开的，而是自下而上、由新闻媒体自觉开展的。它与改革开放以后由人民群众自觉开展的群众性精神文明创建活动一样，是新闻媒体社会主义核心价值体系建设方法的创新。2013年3月，有一位老新闻工作者向《湖北日报》写信，探讨新闻工作者应该以什么样的角色姿态履行职责，《湖北日报》的编辑们没有简单处理、将来信当作一个简单的消息刊发，而是开辟专栏，开展"我是建设者"大讨论。"我是建设者"大讨论自开展以来，在社会上产生了非常广泛的影响，成为新闻媒体社会主义核心价值体系建设的有效方式、方法。以社会主义核心价值体系引领新闻媒体，要深化以"我是建设者"大讨论为核心的这种新闻媒体自我教育的方法。回顾"我是建设者"大讨论开展以来走过的历程，"大讨论"由湖北少数新闻媒体发展到湖北全省新闻媒体乃至全国新闻媒体，由新闻媒体发展到高校新闻院系师生、发展到新闻理论界和社科理论界。整个"大讨论"，无不来自基层干部群众的积极创造，无不闪烁着人民群众的智慧之光。实践证明，"我是建设者"大讨论，不仅主题鲜明，而且贴近新闻媒体实际，实现了群众自觉参与，使广大新闻媒体从业人员在参与中自我教育、自我约束、自我管理、自我提高，收到了很好的效果，是新闻媒体社会主义核心价值体系建设的有效方式，在全社会推动了新闻媒体社会主义核心价值体系建设发展。[①]

广大新闻媒体及其从业人员，要按照社会主义核心价值体系建设要求，深入到"我是建设者"大讨论等新闻媒体社会主义核心价值体系建设创建活动中去，积极探索发现适宜于新闻媒体社会主义核心价值体系建设的好形式、好方法，进一步深化以"我是建设者"大讨论为核心的这种新闻媒体自我教育的方法，推动新闻媒体社会主义核心价值体系建设发展。

---

① 参见杨业华《当代中国大学生核心价值观研究》，人民出版社，2011。

浅析新中国成立后董必武的廉政文化思想及其当代价值*

任 杰　徐方平**

（湖北大学马克思主义学院）

【摘　要】 在董必武廉政文化思想中，良好的道德是廉政文化思想的坚实基础，良好的作风是廉政文化思想的集中表现，完善的制度是廉政文化思想的有力保证。在董必武廉政文化思想的形成中，马克思主义是理论基础，无产阶级是阶级基础，共产党人是党性基础，艰苦奋斗、勤俭建国是实践基础。学习董必武的廉政文化思想，我们应大力加强党员干部的道德修养，发扬艰苦朴素的优良作风，建立强有力的监督约束机制和健全的法律制度。

【关键词】 董必武　廉政文化　当代价值

众所周知，董必武是出席中共第一次全国代表大会的13位代表之一，又是在《联合国宪章》上签字的10位中国代表之一。新中国成立后，董必武担任过政务院副总理、最高人民法院院长、全国政协副主席、中共中央监察委员会书记、全国人大常委会副委员长、中共中央政治局常委、中华人民共和国副主席、代主席等重要职务，一直辛勤工作到89岁。

---

* 本文为湖北省教育厅人文社科重点项目"我国舆情创新管理与政府公信力关系研究"（项目编号：13d008）的阶段性成果。

** 任杰，湖北大学马克思主义学院政治学2012级硕士研究生；徐方平，湖北大学马克思主义学院教授、博士生导师。

董老为中国革命和建设事业呕心沥血，做出了不朽的贡献，但他从不以党和国家的"元老"自居。他说，国民党是吃垮的，是被自己的腐败打倒的，共产党今天执政了，绝不能沾染国民党的毛病。董老堪称艰苦朴素、清正廉洁的典范，他的廉政文化思想对当前的党风廉政建设，仍然具有十分重要的现实借鉴意义。

一 董必武廉政文化思想的主要内容

新中国成立之初，百废待兴。封建社会时期的"特权""官本位""人治"等封建主义思想在一些党员干部身上仍然存在；资本主义的拜金主义、享乐主义、极端个人主义等腐朽思想和生活方式侵蚀着一些党员干部的言行。这些消极因素使一部分党员干部的价值取向和道德观念混乱，造成了一些贪污腐败现象的滋生蔓延，严重地危害和阻碍了新中国的建设事业。面对这种现象，董老提出，反腐倡廉工作必须从我们的党员干部抓起，加强道德、作风和制度建设，并倡导"俭以养廉"的思想，这是从内到外拒腐防变的坚固坝堤。

1. 良好的道德是廉政文化思想的坚实基础

《左传·襄公二十四年》指出："德，国家之基也。"① 道德是廉政的坚实基础，也是一个国家健康运行的基础，具有长期性、持久性的特点。道德能塑造人的世界观和价值取向，良好的道德能推动人们按照正确的方向做出正确的行动。守住自己的道德准则，正确运用手中的权力，不致腐败堕落，就必须不断加强自身修养，重视道德操守，树立大公无私的正确人生观。这是董必武廉政文化思想的重要基础。

董必武一直注重培养健康的生活情趣，保持高尚的精神追求。他有良好的国学根底，擅长旧体诗，在诗词和书法方面的造诣达到了炉火纯青的境界。从1939年到1975年，他一共写了1300余首诗。这些诗的草稿都写在旧信封、旧日历、过时的请柬及各种形状的废纸上。平日练习书法，

---

① 杨伯峻：《春秋左传注》，（三），中华书局，2009，第1089页。

他也不肯用白纸、宣纸，都是用旧报纸。他所用的毛笔，笔头掉了也舍不得扔，用胶粘在笔杆上，或用线捆扎在笔杆上继续使用。他身边的工作人员见他一直用着已经不能再用的旧笔时，劝他扔了，董必武解释说："一支笔，一片纸，一把牙刷，不值多少钱。可是，我们是一个几亿人口的大国，每个人浪费一点，几亿人加到一起绝不是个小数。社会财富，大家要爱惜呀！"① 这一事例有力说明了节约意识、廉政思想已深入到了董老的日常生活当中。

新中国成立后，董必武目睹一些干部居功自傲，滋生特权思想，脱离群众，甚至以权谋私、违法违纪，十分忧心。1963年10月，董老到贺兰山视察植树造林工作时，看到了过去军阀马鸿逵在贺兰山腰修盖的别墅、戏台、警卫哨所等，便赋诗讽刺曰："军阀图宴安，周围列哨戍。人民起革命，巨帚扫旧污。"阐明了官僚腐败激起民愤而引起革命的因果关系，同时也从反面说明了廉政思想在中国革命和建设中的作用。

董必武说过："人民是主人，而政府干部都是长工。"② 董必武的人生观就是立党为公，无私奉献，把为人民谋利益、谋幸福当作人生的快乐。对在自己身边的工作人员，他约法三章：一、不许向地方上要东西；二、不许假借自己的名义在任何部门搞特殊化活动；三、不许接受礼物。③ 每逢组织上安排新同志到他身边工作，他都要当面讲清这三条规矩。

董必武认为，"我们共产党人所领导的革命，和过去的改朝换代不同。"④ "做行政工作不是做官。"他认为共产党员应当事事以群众利益为出发点。董老从不以党和国家的"元老"自居，而是"甘为民仆耻为官"⑤，常把自己比喻成"补洞洞""跑龙套"⑥，总是把自己融入到整个人民革命事业中，把自己看作这个队伍中的普通一员，把自己担负的工作

---

① 胡传章、哈经雄：《董必武传记》，湖北人民出版社，1985，第306页。
② 《董必武选集》编写组：《董必武选集》，人民出版社，1985，第304页。
③ 胡传章、哈经雄：《董必武传记》，湖北人民出版社，1985，第298页。
④ 胡传章、哈经雄：《董必武传记》，湖北人民出版社，1985，第296页。
⑤ 胡传章、哈经雄：《董必武传记》，湖北人民出版社，1985，第291页。
⑥ 《董必武传》撰写组：《董必武传》下册，中央文献出版社，2006，第1013页。

当作革命链条中的一个环节。他写下的诗"新功未建惭高座，老本无多啃早完"①，体现了董老崇高的思想道德风尚。

2. 良好的作风是廉政文化思想的集中表现

子曰："政者，正也，子帅以正，孰敢不正。"孔子认为当权者应该以身作则，上行下效，才能实现天下大同的圣贤政治。良好的作风是廉政的集中表现。历史和现实一再告诉我们，执政党不注重作风建设，听任不正之风侵蚀党的肌体，就会损害党群关系和干群关系，甚至失去民心，丧失政权。董老在新中国成立后，题写了"民生在勤，勤则不匮；性习于俭，俭以养廉"。②这句话很好地体现了董老所倡导的"俭以养廉"正作风促廉政的思想。董老是这样写的，也是这样做的。

董必武原本喜欢看京剧，每次去剧场看戏都是自己掏钱买票。可后来，他发现有几位按规定跟随他的保卫人员进剧场是公家购票，心中顿感不安。从此他便很少再进剧场看戏了。

董必武的二姐夫有一次未打招呼便乘火车来到北京。他出了火车站，坐三轮车找到董必武的住地，下了三轮车，自称是"董必武副总理的姐夫"，没有付车钱就一走了之。三轮车工人不肯罢休，向住地工作人员反映了此事。董必武的夫人何莲芝得报，立即给三轮车工人付了车费，并表示了歉意。董必武下班回家听说了此事，大发脾气，严肃地批评了自己的姐夫。

董必武的亲属们看到他位高权重，一度向他提出过一些要求。有的希望他批给紧缺的物资；有的想利用他的关系从边疆调回内地工作；还有的想请他出面"说句话"，介绍进北京的大学念书。董必武对亲属们一一进行了耐心的教育和解释，对不合理的要求，予以拒绝；对合理的要求，则劝告他们通过所在单位的正常途径申请解决。后来，他见仍有亲友提出各种要求，便写了一封通函，说明不应通过领导干部个人关系办私事的道理，并将这封通函打印数十份，分别寄给亲友们。这一来，托他办事的亲

---

① 《董必武传》撰写组：《董必武传》下册，中央文献出版社，2006，第998页。
② 胡传章、哈经雄：《董必武传记》，湖北人民出版社，1985，第303页。

友果然越来越少了。①

1957年,董老担任了最高人民法院院长,住在北京钟鼓楼后一个十分气派的昔日王府大院里。由于离"高院"远,董老决定搬至离单位较近的中南海的旧房子里居住。他的提议遭到儿女们的反对。董老耐心地解释:"为我一个人,要有警卫排,要烧锅炉,要煤,要人跑这么远送文件,上班要坐很长一段距离的汽车,要用掉不少汽油。搬到中南海,这些都解决了,为国家节省了人力财力……我们国家还穷啊!"这些都透视出董老的优良作风与其廉政文化思想的水乳交融。

3. 完善的制度是廉政文化思想的有力保证

永葆党的执政地位和先进性,维护国家的长治久安,制度建设是最根本的,推进廉政建设,制度建设同样也是有力保证。切实加强廉政建设,是落实党要管党、从严治党方针的必然要求,是形成风清气正的党内环境的重要途径。加强党的建设,必须把廉政制度建设放在重要位置,从制度上保证对存在的问题加以整改,及时纠偏,防范"破窗效应"的滋生。在这个问题上,董老也较早认识到加强廉政制度建设的重要性。

新中国成立后,董必武有相当长时间从事政法和监察工作,对人民司法事业做出了奠基性的贡献,是新中国社会主义法制建设的奠基人之一。从1954年9月到1959年4月,他担任最高人民法院院长,在党内任中央监察委员会书记。他根据马克思主义关于国家和法的学说,结合我国法制建设的实际,努力探索和建立、健全了我国的司法制度,精辟地提出了一系列加强和健全社会主义民主法制的科学理论和方针原则。他提出,无产阶级领导人民夺取政权后必须迅速建立人民民主的法制,按法律办事,必须做到有法可依、有法必依。② 同时,董老主张强化党的纪律,从严治党,党员干部应该带头遵纪守法、依法办事。对那些违法乱纪的党员,"除受到党纪制裁外,应比群众犯法加等治罪"。他说:"党员犯法,加等治罪。这不是表示我们党的严酷,而是表示我们党的大公无私。党绝不包

---

① 胡传章、哈经雄:《董必武传记》,湖北人民出版社,1985,第296~297页。
② 《董必武选集》编写组:《董必武选集》,人民出版社,1985,第419页。

庇坏人，党绝不容许在社会上有特权阶级。"这些都有力地说明了完善的制度建设是廉政思想强有力的保证。

二 董必武廉政文化思想形成的基础

董必武出生于清朝末年的一个清贫知识分子家庭，虽然家庭比较清贫，但是受到了良好的家庭教育。青年时代的董必武目睹劳动大众穷苦的生活，从那时起，他就开始积极寻求改革中国社会和为人民谋幸福的真理，同时，在长期的革命斗争时期与和平建设时期又坚持进行学习和自我道德的改造，从而为其廉政文化思想的形成提供了肥沃的土壤。

1. 马克思主义是理论基础

1917 年董必武赴日本留学期间就接触到马克思主义的书籍。[①] 五四运动发生后，董必武和陈潭秋等在武汉成立共产党早期组织。1921 年 7 月，董必武赴上海参加了中共"一大"。在中央根据地和陕北，他分别担任过马克思主义学校和中央党校的副校长。新中国成立后，他倡议和推动成立了多所中央和地方学校，为马克思主义的发展做出了重大贡献。纵观其一生，董必武不愧是伟大的马克思主义者。

马克思主义关于反腐倡廉的基本观点是：腐败产生的根源是私有制，铲除腐败的根本途径在于消灭私有制，建立公有制；无产阶级政党的本性是大公无私的，无产阶级政府应当是廉价政府；由于党内外各种因素的影响，无产阶级政党内部也会出现不正之风和腐败现象，必须同不正之风和腐败现象做斗争；无产阶级取得政权以后要防止国家机关和公职人员由"社会公仆"变为"社会主人"。这都为董必武的廉政思想奠定了坚实的理论基础。

2. 无产阶级是阶级基础

任何社会的主流思想，大都是统治阶级的思想。任何思想，都是代表一定阶级利益的。在马克思、恩格斯看来，无产阶级及其政党的本性是大

---

① 《董必武年谱》编撰组：《董必武年谱》，中央文献出版社，2007，第 37 页。

公无私的,不仅如此,无产阶级及其政党还把消灭私有制及其伴生物——包括腐败在内的各种社会不公正现象——作为自己的基本目标。董必武是无产阶级革命家,他60多年的革命生涯,贯穿了从辛亥革命、新民主主义革命到社会主义革命和建设的各个历史时期,他毕生为无产阶级事业而奋斗,他的廉政思想也必然打上无产阶级的深刻烙印。可以说,历史上的任何一个阶级,都没有无产阶级革命最彻底、最大公无私。

3. 共产党人是党性基础

董必武的廉政文化思想与传统的廉政文化思想,既有传承上的联系,又有本质上的区别。在无产阶级执政以前的社会里,有些统治阶级也提倡为政清廉、廉洁奉公,这在客观上固然对劳动人民有好处,但他们的出发点一般都是为了剥削阶级政权的长治久安,而且其为政清廉的程度也是极为有限的。作为共产党人,全心全意为人民服务是党的宗旨,为人民求解放、谋利益是共产党人最大的党性要求。所以,廉政,是共产党人的题中之义。共产党讲廉政,是指整个政权的清廉,是广大人民群众根本利益的自身体现和内在要求,是由共产党的性质决定的。这与传统的廉政文化思想本质上有别。

4. 艰苦奋斗、勤俭建国是实践基础

新中国是在旧中国一穷二白基础上建立起来的,百废待兴。在当时,对外要打破帝国主义国家对我国的封锁,争取国际活动的空间;对内,要镇压反革命,建立健全各级人民民主专政政权,要开展土地改革和城市工商业调整,恢复和发展经济,解决人民温饱问题。所有这些都需要我们艰苦奋斗,合理调配社会资源,勤俭建国。

三 董必武廉政文化思想的当代价值

当今社会,领导干部中滥用职权、贪污受贿、失职渎职的现象仍然存在,国有企业和金融机构中内幕交易、关联交易、操纵交易的事件常常出现,司法领域中贪赃枉法、徇私舞弊、为黑恶势力充当"保护伞"的情况也时有发生。这些腐败行为严重影响了社会的安定和谐。如果反腐问题解决不好，就会对党和国家造成致命的伤害，甚至会亡党亡国。

针对当今社会中的一些腐败现象，董必武的廉政文化思想仍然有着重要的现实价值。董老的一生是朴、诚、勇、毅的一生，是立党为公、清正廉洁的一生。从董老勤俭清廉的人生历程中，我们可以深深体会到老一辈革命家的高风亮节和高尚情操。

1. 学习董必武的廉政文化思想，我们应大力加强党员干部的道德修养

广大党员干部应当把保持理想、道德、信念的清醒坚定作为政治人生的第一要求。反之，就容易产生腐败问题。2013年7月，新闻媒体多次报道"大师"王林与多名官员勾结的事件，其中，原铁道部长刘志军经常找"大师"求"平安"，并长期在家烧香拜佛，还在办公室里布置了"靠山石"。一些项目的开工竣工，刘志军都会请"大师"选择黄道吉日。原河北省委常委、常务副省长丛福奎为求仕途升迁，也找"大师"算命，还将贪污受贿来的大笔钱财捐给寺庙，并送给寺庙一部轿车。这些官员"不问苍生问鬼神，不信马列信先生"，就存在严重的信仰问题、腐败问题。从这些案例看，"大师"为了满足其需要，牟取钱财，而官员为了仕途，提供钱财，这背后往往还能挖出更严重的腐败问题。因此，我们要加强道德修养，持之以恒地学习马列主义、毛泽东思想、中国特色社会主义理论体系和社会主义核心价值观，坚持不懈地改造主观世界，加强道德修养，始终坚定对马克思主义的信仰和对中国特色社会主义的信念。

2. 学习董必武的廉政文化思想，我们应发扬艰苦朴素的优良作风

发扬艰苦奋斗、勤俭节约的光荣传统，是抵御腐朽思想的利器，是攻坚克难的法宝。"忧劳可以兴国，逸豫可以亡身。"广大党员干部要牢记党的十八大做出的"三个没有变"的国情判断，坚定"与人民群众一块苦"的信念，坚守艰苦奋斗的传家宝，自觉抵御腐朽思想的侵蚀，厉行节约。要心系人民群众，时时刻刻把群众的安危冷暖放在心上，多做暖人心、得人心、聚人心的好事，多办顺民意、解民忧、惠民生的实事。要珍视生态环境，珍惜自然资源，勤俭办一切事业，把有限的资金资源用到经济社会发展和民生改善最需要的地方。要深入基层，深入群众，坚决反对形式主义、官僚主义，坚决纠正庸懒散奢等不良风气。

3. 学习董必武的廉政文化思想，我们应建立强有力的监督约束机制和健全的法律制度

加强监督、关口前移，是有效预防腐败的关键。要认真执行党内监督条例，加强对领导干部特别是党政主要领导干部的监督，严格规范权力行使。进一步深化党政主要领导干部经济责任审计，积极推进党政领导干部问责工作，严格执行党风廉政建设责任制。进一步加强和改进巡视工作，重视巡视成果综合运用，提高巡视工作水平，更好发挥巡视制度的监督作用。深入推进改革创新和制度建设。要坚持改革创新精神，切实加强以党章为核心的党内制度建设，加强国家廉政立法，健全反腐败法律制度，努力形成反腐倡廉的法律制度体系。

思昔抚今，董必武的廉政文化思想，为我们开展党风廉政建设提供了宝贵的理论财富，为我们建立"不敢贪，不能贪"的社会环境，提供了有力的智力支持。

弘扬党史文化，实现党史研究的新跨越

江 峰*

（黄冈师范学院大别山红色文化研究中心）

【摘　要】党史文化是中国共产党在领导中国革命、建设、改革和党的自身建设实践的不同历史时期创造、积淀并且仍在不断创新、衍扩的一种特殊类型的文化形态。从文化角度研究党史，是党史研究的全新视域，也是党史研究价值增生的重要视域。加强党史文化研究，要以党史研究为基础，注重文化透视与反思，选择正确的突破点面和方向，从理论体系、实践方法、发展模式、路径选择等诸方面探讨其系统建构，从而开辟一条党史研究的跨越之路。

【关键词】党史文化　反思　价值　系统语境　文化形态

一　党史文化：一种特殊类型的文化形态

何谓党史文化？对这一问题有许多不同角度的阐释。比较典型的如，杨莉认为，"党史文化就是为记录党的历史、宣传党的历史，弘扬中国共产党的革命精神和优良传统而形成的文化艺术；或者为再现党史中的某些

---

* 江峰，黄冈师范学院大别山红色文化研究中心教授，哲学博士，研究方向为中国哲学、大别山红色文化。

重大事件，歌颂党和党的领袖，歌颂革命英模、先烈而形成的文化艺术。"① 此说突出了党史文化记录、宣传党史，再现党史重大事件，歌颂党史人物等系统功能，揭示了党史文化的文化艺术特质。康超光探讨了"党史文化"中的"文化"，认为这种文化可以界定为一种精神形态的文化或观念形态的文化，并将党史文化理解为："党在改造客观世界和自身发展历程中，逐渐形成、积累起来的为党内所认可的一系列规范体系、价值理想、价值信念和行为模式。"② 此说注重从制度规范、思想观念、行为模式上来揭示党史文化的价值导向作用，强调了对于党史文化的动态考察。郑晓亮认为，井冈山根据地文化、重庆红岩文化、延安窑洞文化、东北抗联文化、长征文化等系列文化现象构成了中国共产党历史文化的基石，而"党史文化"是"中华民族文化的重要组成部分，是对红色文化的新总结新概括"。③ 此说突出了党史文化的重要地位，分析了党史文化与红色文化的相互关联。高荣朝从广义和狭义探讨党史文化，认为广义党史文化是指"中国共产党在领导革命、建设和改革实践中创造的全部精神财富，主要包括党在各个历史时期形成的正确的理论、路线、方针、政策；党的优良传统和优良作风；党在领导政治、经济、军事、外交、统一战线、民族、教育、科技、文化、卫生、体育等方面所积累的经验、教训"。而狭义党史文化特指"以党的历史为题材的文化艺术作品，包括党史题材的小说、戏剧、电影、电视剧、曲艺、诗歌、舞蹈、美术、摄影等等"。④ 相对而言，此说在内涵上对党史文化的揭示比较全面。而杭州全国"党史文化论坛"征文启事对党史文化界说为："党史文化是中国共产党历史自身所蕴含的文化。它伴随着党成立90多年来领导中国革命、建设、改革和党的自身建设的伟大实践而形成并发展。党史文化是党的历史与先进文化有机结合的产物，与中华民族的优秀传统文化等其他文化有着密切联系。党史文化一般表现在物质、制度和精神等三个

---

① 杨莉:《切实搞好党史文化建设》,《世纪桥》2001年第6期。
② 康超光:《关于"党史文化"研究的一点建议》,成都党史网,www.zgcdds.cn。
③ 郑晓亮:《党史文化的纲领性文献》,人民网-理论频道,2012年5月23日。
④ 高荣朝:《关于党史文化的几点思考》,《世纪桥》2000年第4期。

层面上，以精神层面为核心。"① 这一界说明确了党史文化的党史特性、动态生成性、系统融通性、文化先进性，并指出了其三个表现层面及其核心。诸如此类的学术观点，为理解、把握党史文化提供了一定的学术观点和认知基础。

综合学术界的观点，我们认为，所谓党史文化，实际上就是指中国共产党在领导中国革命、建设、改革和党的自身建设实践的不同历史时期创造、积淀并且仍在不断创新、衍扩的一种特殊类型的文化形态。从文化的主体地位和价值作用来看，它是主流价值文化即中国特色社会主义价值文化的核心组成部分，是我党推进马克思主义中国化发展的历史的、现实的、具体的文化呈现，因而其作为一种先进文化在社会意识形态中发挥着主导作用；从文化的基本内容和呈现形式来看，它以中国共产党在领导革命、建设、改革和党的自身建设的伟大实践中创造的全部精神财富为基本内容，通过党在不同时期、不同区域创建的文化如井冈山根据地文化、延安窑洞文化、大别山铜锣文化、重庆红岩文化、东北抗联文化、长征文化等诸多文化现象映现出来，借助于以党的历史为题材的文化艺术作品，包括党史题材的小说、戏剧、电影、电视剧、曲艺、诗歌、舞蹈、美术、摄影等得以鲜明呈现；从文化发展的标志性事件和理论成果来看，它以毛泽东《在延安文艺座谈会上的讲话》为里程碑，承前启后，并且通过毛泽东思想、邓小平理论、江泽民"三个代表"思想以及科学发展观等思想、理论、观念的引领，映射出中国共产党集体智慧的光芒；从文化创造的理想信仰、指导思想、价值取向、内在动因来看，它是以共产主义为理想信仰，以马克思主义为指导，以实现中华民族的解放、振兴和繁荣昌盛，建设中国特色社会主义为价值追求，以为人民谋幸福，实现人的解放与全面发展为内在动因，逐步积聚，不断发展，从而形成、转换和实现其多种价值的；从文化系统的基本构架来看，它一般表现为物质、制度和精神三个层面，以精神层面为核心，由中国共产党相关的规范制度、理想信念、方

---

① 参见中国共产党历史网：http://www.zgdsw.org.cn/GB/218989/17747801.html，2012年4月25日16:37。

针政策、价值观念、行为模式、经验教训、传统作风、物质承载、艺术作品等构成，而且这些构成成分在其系统内外都能相契相合，形成功能优化、内外交融、和谐稳态的文化系统，体现出蓬勃的生机与活力；从文化发展的学科集群来看，它以党史为轴心，以中国革命史为学科背景，借助于哲学、伦理学、历史学、文学、美学、社会学等多学科的理论与方法，整合凝聚与自身发展相关的多学科集群，由此形成一定的学科依托；从文化内在的基本特质来看，它具有党史特性、持续生成性、文化融通性、价值主导性、区域衍化性、社会普世性、国际延展性等诸多文化特质。党史特性是指它属于中国共产党历史自身所蕴含的文化。持续生成性是指它不仅以静态的样式聚积我党在不同历史时期创造的文化成果，而且凭借其内在的发展机制，持续、动态地展现为一种能够彰显我党生机和活力的优秀文化。文化融通性是指它属于马克思主义与中国传统文化、区域地方文化、民族特色文化以及国外优质文化等优秀文化因子交合融通从而创造生成的先进文化。价值主导性是指它作为主流价值文化在社会意识形态领域发挥着价值导向、引领作用。区域衍化性是指它能够在中国特定的区域如革命老区、现代社区等，借助于文化生成的区域性优势环境和条件，衍化生长出内容丰富多彩、个性特点鲜明的诸多具象文化。社会普世性是指它作为主流价值文化，具有大众化的话语系统、符号意象、审美情趣、信息传输等，能够适应不同社会群体的文化需求，在最广大的范围内产生深刻的文化影响。国际延展性是指它作为一种富有特色的优秀文化能够在全世界范围内不断延展，并对国际政治文化、对世界和平与发展产生积极而又深刻的影响。

二 开新与困局：一个党史研究的全新视域

从文化的角度对党史的不同层面予以研究，在学术界已蔚然成风，由此初步形成了一个党史研究的全新视域。目前学术界对于党史文化的内涵、性质、特征以及与其他文化的关系等诸多方面都有所涉及，也产生了一些研究成果和学术观点，从而为党史文化的研究提供了诸多致思路向，在某种程度上展现出党史研究与时俱进的探索与开新。不过从总体上来看，由于对党史文化的研究正处于一个学理上的研究初期，因而学术界的相关研讨也就不可避免地存在着某些不足和局限。

第一，对党史文化的系统要素还需要进一步梳理与阐发。一些学者对于党史文化系统要素的认知、理解以及观点表述等还存在着某些不足和局限，如有的仅从文化艺术、红色文化等特定层面界定党史文化，甚至以或然性的概括总结党史文化的相关内容，因而既不能揭示党史文化的内涵，也不能涵盖全部党史文化的外延；有的仅从固态的历史事实方面表述党史文化的内容与性质，却忽视了党史文化的动态生成过程以及在未来的活性衍扩。

第二，对党史文化生成的系统语境还需要进一步分析与反思。如人们对党史文化生成的历史背景与现实语境，还缺少从文化发生学、哲学、社会学等多学科出发的多层反思和透析，对于党史文化与主流文化、党史文化与马克思主义先进文化、党史文化与红色文化、党史文化与中西方传统文化、党史文化与民族文化、党史文化与党内文化等文化间的相互关系还未能全面理清。尤其是对于党史文化在当前中国主流价值文化即中国特色社会主义价值文化中所处的地位，仍缺少一个清晰的表达。

第三，对党史文化繁荣的影响因素与路径选择还需要进一步深入探索。尽管有少量的文章在这个方面有所涉及，如张维民在《积极开发和培育党史文化产业》[①]一文中就对党史文化产业化进行了有益的探索与思考。但对于如此事关党史文化未来发展战略走向的关键问题，目前学界的研究所见甚少。

第四，对党史文化价值的发掘力度还需要进一步加大。目前学术界已注意到了党史文化的大众化、深层化、国际化等向度的价值实现问题，并开始了实质性的探索，但相对于党史文化巨大的潜在价值而言，其研究工作显得滞后，发掘力度明显不够。

第五，对党史文化研究的学术力量还需要进一步整合，学术方向也需

---

① 张维民：《积极开发和培育党史文化产业》，《党史博采》（纪实版）2003年第6期。

要进一步凝练。尽管有些院所和部门已经开始从不同角度对党史文化展开了集中的研究,如一些高校的红色文化研究中心。但目前理论界、文化界、研究院所及政府相关部门在党史文化方面的研究力量还比较分散,尚未真正形成更多以党史文化为主轴的强大的主体研究团队,党史文化的研究方向也仍然显得比较零碎。

诸如此类的不足与局限表明,对于党史文化的研究,不能停留在浅末的程度上,而必须以更高的水准与时俱进地展开。

三 突破与建构：一条党史研究的跨越之路

党史文化研究作为党史研究的一个全新视域,实际上也是党史研究价值增生的重要视域。而加强党史文化研究,最关键的就是要重视突破与建构,开辟一条党史研究的跨越之路。这就客观上要求研究者必须以党史研究为基础,着力进行多层文化的透视与反思,注重正确选择突破的点面和方向,从理论体系、实践方法、发展模式、路径选择等诸多方面积极探讨党史文化的系统建构。

第一,发扬对于党史文化的"反思"精神。从文化发生学的一般原理而言,一种文化的生成与发展,必然有与之相关的历史现实语境、衍生发展动因、思想观念元素、组织结构体系、社会价值地位、话语表达系统、信息传输模式等,因而研究文化,就必须具备一种文化反思精神,善于对这种文化的系统元素进行现象学的探究、透视,从中得出富有价值的研究结论。而从文化角度研究党史,同样要反复打磨、激发这种文化反思精神,不能受各种偏见、陈规所束缚。只有借助这种文化反思精神,充分运用创造性思维,坚持真理,实事求是,从党史的重大事件、历史人物、物质承载等具体资源出发,更多地注重对党史进行多层透视和文化反思,才能不断地突破旧的命题,建立新的命题,产出新的成果,挖掘并实现党史文化的多种价值。

第二,加强交叉学科研究方法的综合运用和学科体系的科学建构。对于一个研究对象而言,不同的研究角度即会有不同的价值发现,而不同学科角度的交叉研究，更有利于研究者从不同角度全面深入地发掘研究对象的价值。而从文化角度研究党史，相对于传统的党史研究来说，所涉学科领域与学术空间将更为宏大，这就必然要求研究者突破单一党史研究方法的局限，综合、交叉运用不同学科尤其是文化哲学等学科的独特研究方法，建构起完善的党史文化研究的学科集群和理论支撑体系，对党史文化予以全方位观照和学术创新，这样才能不断鲜明地展现党史文化的丰富内涵，促成其最大化的价值实现和与时俱进的价值转换。

第三，实现党史文化研究的学术价值与社会价值的统一。研究党史文化，不仅要从学理上探讨党的理论路线、方针政策、实践原则、发展规律等重要问题，重视学科建设，开展学术争鸣，大力发掘其潜在的学术价值，而且要研究如何提升党史文化生产力，不断开展党史文化创新，推进党史文化大众化、艺术化、产业化的战略发展；研究如何适应新时期、新形势的需要，弘扬党史文化精神，使之渗透到校园、社区、企业等社会活动的每一个网点和区域，深入到广大人民的头脑之中，放大党史文化满足人们精神需求的综合效应，从而大力发掘其潜在的社会价值。只有实现党史文化研究的学术价值与社会价值的统一，才能不断提高党史文化研究的成效。

第四，认知和把握党史文化生成衍扩的系统语境。任何一个文化系统都有与其生成衍扩相关的各种复杂关系，有其发展的时代背景。一方面，研究党史文化，必须注意厘清与党史文化系统相关的各种复杂关系。例如，党史文化与马克思主义先进文化的关系。马克思主义先进文化是以马克思主义普遍原理为基础形成的先进文化形态，而党史文化可以说是中国共产党在马克思主义思想指导之下创造生成和发展衍扩的先进文化形态，是马克思主义中国化发展的文化创新形态。再如，党史文化与主流文化的关系。主流文化即中国特色社会主义文化，其文化系统重在体现自身的社会主义特色。党史文化是中国特色社会主义文化的核心内容，是主流文化之中的主流，在主流文化中具有基础支撑和价值主导作用，其文化系统重在体现自身的党史特性。还如，党史文化与红色文化的关系。二者的创造生成和发展衍扩都与我党相关，但党史文化重在突出文化系统的政党特性，红色文化重在突出文化系统的政治特性。红色文化比党史文化外延更广，其不仅包含我党党内创造的文化，也包括我党领导人民群众创造的文化。党史文化包含在红色文化之中，是红色文化系统的主体内容与持续发展的内在主轴。又如，党史文化与中西方传统文化。这里所说的中西方传统文化是指中西方历史上已有的各种传统意义上的文化的总称。党史文化批判地继承了中西方传统文化中的优秀文化因子，是对中西方传统文化的扬弃与创新，中西方传统文化则构成党史文化创造生成和发展衍扩的恢宏、壮阔的文化背景，是党史文化创生的天然母体。另外，还有党史文化与党内文化的关系。两者都是我党创造的文化，不过，党史文化是以动态的方式反映党所创造的文化，它既表现为文化创造的结果，也表现为文化创新的过程。党内文化则是以系统内在的方式反映党所创造的文化，它更侧重于表现理论与实践的文化成果。只有厘清这些复杂关系，才能更为深刻、准确地认知、理解和把握党史文化。

另一方面，研究党史文化，还必须注意透彻地理解党史文化发展的时代背景。当前我国正处于一个社会转型的特殊时期，人们生存方式的深刻变化，使得党史文化的受众对象和生成发展环境日益复杂；现代社会物质文明、精神文明、制度文明、生态文明的和谐发展，使得党史文化的探索与创新成为一种迫切需要；人们价值观念多元并生，要求党史文化发挥出其特有的价值主导作用；中国共产党的执政党地位，要求党史文化对其他文化予以引领，以放大文化发展的示范效应；中国塑造崛起的大国形象，也亟待党史文化走向世界，能够得到普遍的文化认同，在世界范围内产生强大的文化辐射。因此，研究党史文化，必须深刻地体察时代背景，从党史文化的系统语境中寻找到最佳的研究突破口和富有时代价值的研究选题，这样才能充分发掘党史文化的潜在价值，充分发挥党史文化的系统功能。

第五，探索党史文化发展繁荣的影响因素和路径选择。任何一种文化的发展繁荣都有其自身的影响因素与发展路径。正向的影响因素、正确的路径选择，会促成其走向繁荣昌盛，而负向的影响因素、错误的路径选择，会导致其走向颓废衰落。因此，研究党史文化必须要重视研究党史文化发展繁荣的影响因素和路径选择。

一方面，党史文化的发展繁荣有着诸多主客观影响因素。正向的影响因素如，党史文化系统外其他多种文化对党史文化的激发、推动、渗透、融通以至冲突、碰撞等；党史文化作为马克思主义先进文化在中国的延续与创新，合乎内在逻辑地接受到马克思主义思想理论的系统指导、马克思主义文化根基的先天培固；不同时代社会发展主题对于党史文化的酝酿、催化和孕育；不同区域优势的文化生态环境条件对于党史文化的诱发与促成；伴随着经济社会高速发展的文化生产能力的不断提升，党史文化学术研究与资源研发团队的不断壮大，现代化科技手段、信息网络对于党史文化的广播与传输等。负向的影响因素如，各种反动势力及其社会不良文化思潮对于党史文化发展的抵制、挤对；各种犯罪行为、腐朽生活方式、无德恶习等对于党史文化发展的不断侵扰；重物质利益轻精神财富等错误观念对于党史文化理念的冲击、消淡等等。研究党史文化，必须要研究如何消减、排除其各种负向影响因素的阻碍，充分发挥其正向影响因素的作用，这样才能不断地促进党史文化的发展繁荣。

另一方面，探索党史文化发展繁荣的正确路径，也是研究党史文化非常有价值意义的课题。为此，必须注重对党史文化发展繁荣的诸多致思路向予以全面梳理。这些致思路向需要立足于整个党史文化系统来探究。例如，如何突出党史文化的优势和特色，体现其在中国特色社会主义核心价值体系中的地位，强化其可持续发展能力；如何再现党史文化风貌，发掘其历史的和现实的资源价值，弘扬其强大的文化精神，展示其文化特质，促进其体系建设；如何夯实党史文化的实践活动基地，更好地满足其学科专业发展和人才培养的需要；如何集结党史文化的科研力量，凝练其研究方向，促进其产学研结合，尤其是提升其文化生产能力，为经济社会发展服务；如何发挥其在领导干部培训中的革命传统教育作用，发挥其巨大的思想政治教育价值；如何为党史文化的系统建构、资源共享和对外交流提供良好的信息与资源平台，等等。另外，也要注重对党史文化建设的基本原则、发展模式予以综合考量，实现党史文化的短期建设与长效发展相结合、实际内容与完美形式相结合、传统模式与现代科技相结合、一般展示与亮点呈现相结合、中心主线与历史具象相结合、形态凝聚与动态衍扩相结合、物化成果与活化资源相结合、常规教育与实践体验相结合、资源保护与价值挖掘相结合、思想内涵与印象符号相结合，等等。可以说，只要实现正确的路径选择，加强建设发展的力度，党史文化就必定会有一片光辉灿烂的文化前景。

科技文化与当代中国主流文化建设*

杨怀中**

（武汉理工大学政治与行政学院）

【摘　要】随着科学技术的发展，科技文化理念悄然兴起。把科技文化理念融入当代中国的主流文化，不仅必要，而且可能。今天，我们要建设社会主义主流文化，推进社会主义文化大发展大繁荣，实现建设社会主义文化强国的宏伟目标，就必须进一步加强科技文化建设，在全社会广泛弘扬科技文化。

【关键词】　科技文化　主流文化　当代中国

推进社会主义文化大发展大繁荣，建设社会主义文化强国，是党中央立足于中国特色社会主义事业发展全局、科学分析当前形势、深刻总结文化建设的历史经验所做出的重大战略决策。党的十八大对扎实推进社会主义文化强国建设做出了全面部署，明确提出了建设社会主义文化强国的大政方针和目标要求，为社会主义文化强国建设指明了方向。要实现建设社会主义文化强国的宏伟目标，就必须加强主流文化建设，提升国家文化软实力。面对当前主流文化在对大众思想意识的引导或强化方面力不从心的

---

* 本文系国家社会科学基金项目"基于文化强国战略的科技文化软实力研究"（项目编号：12BZX028）的阶段性成果。
** 杨怀中（1954～），河北邯郸人，武汉理工大学政治与行政学院教授、博士生导师，主要研究方向为科学技术哲学、科技文化与人文文化、科学技术伦理学。

诸多问题，我们当然要在指导思想上坚持马克思主义，坚持社会主义核心价值体系，坚持中国特色社会主义共同理想。但是，建设科技文化，弘扬科技文化，让科技文化的理念融入我们的主流文化之中，也是当前和今后一个时期实施文化强国战略不可忽视的一个重要方面。

一 科技文化理念的兴起

文化是一个非常广泛的概念，要给它下一个严格、精确的定义是非常困难的。一般地说，文化是人类在发展进化过程中逐步形成的能改善人类生活的知识体系、价值观念、思维方式以及行为习惯等的总称。文化是一个人化、化人的演进过程，关注文化、建设文化是人类不断觉醒走向成熟的重要标志，文化的进步表征着社会的进步。

文化是一个大系统，科学技术也是一种文化，而且是一种极具穿透力和震撼力的文化。这种文化，称之为科学技术文化，或曰科技文化。"作为一种文化，科技文化所表征的是一种在科学技术实践活动中积淀而成的独具特色的文化形式。"① "其实质是人类将自身自然对象化，即人把自身投射到自然对象上，在自然对象上实现人的价值，这既是一个人化对象世界的过程，也是一个对象世界又作用于人而化人的过程，也就是说，科技文化的形成是人把自然世界塑造成人的世界，同时人按照自然环境塑造自身世界的结果。简言之，科技文化是人化自然、自然化人的产物。"②

科技文化是人类文化大家族的一支新军，随着近现代科学技术的发展而生成。从人们对科学技术的认识和理解的发展过程来看，科技文化理念的兴起大致经历了三个阶段：首先，把科学技术作为一种独立的社会现象与文化相提并论。认为文化是一种社会现象，科学技术也是一种社会现象，科学技术"真正的、方法的目标是把新的发现和新的力量惠赠给人类生活"。③ 其次，把科学技术作为一种独特的文化现象。认为科学技术

---

① 杨怀中：《科技文化软实力及其实现路径》，《自然辩证法研究》2011年第7期。
② 高建明：《论科技文化发展机制》，《武汉理工大学学报》（社会科学版）2011年第6期。
③ 〔英〕培根：《新工具》，商务印书馆，1984，第58页。

具有文化的属性,作为一种独特的文化现象,科学技术是一把双刃剑,具有积极和消极两方面的效应,在造福人类的同时,也会给人类带来困难或灾难。最后,把科技文化作为一个与人文文化相对应的概念。认为科学技术本身就是一种文化,是社会文化大系统中的一个亚文化系统,具有自己独特的社会功能和运作机制,并深深地渗透到社会生活的各个方面。

需要指出的是,这里所说的"科技文化",不是人们通常所说的作为复合名词意义上的"科技文化",也不是指科学技术赖以生存和发展的文化前提,而是特指内禀于科技知识、科技活动和科技体制之中的价值观念的培育过程,是科技自足演化过程中向外自主的"心理"述说。如果我们把科学技术理解为科学技术活动及其成果实践应用的话,那么,科技文化则表现为理论形态的科技文化和实践形态的科技文化。理论形态的科技文化是人类观念地把握外部世界的思想成果,是存在于人们头脑中的外部世界及其本质和规律,即人们对于外部世界本质和规律的正确反映;实践形态的科技文化则是人类用区别于动物的方式改变外部世界、不断建立属人世界的存在方式中最具有人类学意义的部分,即科学技术实践应用的技能与艺术。

科技文化是缘于科学技术及其实践活动而生成的文化,它不仅有自己的表现形态,也有自己静态和动态两方面的特质。从静态方面说,科技文化是一个历史的概念,一定时期的科技文化具有相对的稳定性,如果把科技文化看作一定时期的产物,科技文化在这个时期则呈现出相应的静态特质,如普世性、基础性和整体性等。就动态方面而言,科技文化又是一个发展的概念,随着科学技术的发展而发展,与之相应的科技文化则呈现出自己的动态特质,如发展性、创新性和开放性等。

总之,随着科学技术的发展和人类社会的进步,人们越来越意识到科学技术是一种文化,科学技术活动过程就是创造科技文化的过程。可以说,科技文化理念的兴起,意味着一场新的文化革命正在生成。我们高兴地看到,近年来科技文化的研究如火如荼,各种理论著述不断问世,各种学术会议相继召开。在这种大背景下,中国自然辩证法研究会成立了科技文化专业委员会。2004年以来,科技文化专业委员会连续召开了十届全国科技文化与社会现代化学术研讨会,推出了一大批学术成果。如今,科学技术哲学的研究范式正在向科学技术的文化学研究拓展,其智力融汇必将凝聚出一种新的科学技术文化理念,并为可能建立起来的科技文化学提供一个切实可行的分析框架。

二 时代的呼唤:让科技文化成为当代中国的主流文化

建设社会主义文化强国要求我们着力建构具有强大凝聚力、广泛吸引力和深刻感召力的主流文化,在科学技术飞速发展的今天,这种具有强大凝聚力、广泛吸引力和深刻感召力的主流文化一定是融科技文化与人文文化于一体的中国特色的社会主义先进文化。

1. 科技文化成为当代中国主流文化为何必要

主流文化这个概念,是法国阐释学家德里达首先提出来的,指的是一个民族、时代或地域顺应历史发展和社会心理而形成的文化精神主流。概言之,主流文化就是一个社会、一个时代所倡导的、表达社会主体意志的、具有主要影响的文化。当代中国的主流文化,就是中国特色的社会主义先进文化。"它既是我国社会主义经济、政治在观念形态上的反映,又是对当代中国经济和政治的发展具有巨大促进作用的文化形态。"[①]

文化作为一定社会经济、政治在观念上的反映,标志着社会的发展和进步。今天,"我们正进入一个文化比任何时候更重要的时期",[②] 文化已经成为国家现实政策和发展战略中的核心概念,提高国家文化软实力已经成为时代的新课题。从一定意义上说,文化能够决定一个民族或一个国家的前途和命运。这种能够决定一个民族或一个国家前途和命运的文化,也一定是代表这个民族或国家文化力量的主流文化。

---

① 邹广文:《当代中国的主流文化、精英文化与大众文化》,《杭州师范学院学报》(社会科学版)2006年第2期。
② 〔美〕阿尔温·托夫勒:《预测与前提——托夫勒未来对话录》,国际文化出版公司,1984,第160页。

不可否认，"当代中国，经济改革和社会转型带来的利益格局变化，使大多数社会矛盾都具有利益冲突的诱因，但时空压缩下的文化价值冲突，正在成为未来社会矛盾的深层影响因素，社会主义主流文化建设面临前所未有的冲击和挑战"。① 今天，文化生态乱象丛生，主流文化弱化，主流文化在引导社会大众方面越来越显得乏力。② 之所以出现这种状况，原因当然是多方面的，但是，主流文化中科技文化匮乏、国民科技文化素质偏低，不能说不是一个主要原因。毋庸讳言，在当代中国，虽然科技文化已经渗透到人们日常生活的方方面面，为人们所"熟知"，但不一定为人们所"真知"，科技文化在经济社会发展中的作用并没有充分发挥出来。

把科技文化融入主流文化，弘扬科技文化以增强主流文化，是人类文化自身发展的客观要求。卡西尔在分析科学技术与文化形态的关系时认为：人类的文化发展大致经历了三个阶段，即神话的信仰阶段、哲学反思的形而上学阶段和经验科学的实证阶段。在第一阶段，以神学为主，哲学属于神学，文化表现为一种神话形式；在第二阶段，以哲学为主，科学属于哲学，文化以一种哲学形式出现；在第三阶段，以科学技术为主，科学技术成为文化的主导形式，其他文化都以科学技术为范型。③ 在这个阶段，既然科学技术成为文化的主导形式，那么，把科技文化融入主流文化也就理所当然。

总之，当今时代，科学技术飞速发展，文化的科技含量越来越高，科技文化逐渐成为社会文化的主导形式。在这种大背景下，我们要适应社会主义文化大发展大繁荣、建设社会主义文化强国的需要，加强主流文化建设，增进主流文化的凝聚力、吸引力和感召力，就必须加强科技文化建设，在全社会弘扬科技文化，让科技文化的理念深深植根于中国特色的社会主义主流文化之中。

---

① 陆岩：《当代社会主义主流文化的内涵特征及发展对策》，《思想政治教育研究》2009年第5期。
② 邓玉琼：《从当前的文化生态反思主流文化建设》，《实事求是》2011年第5期。
③ 〔德〕卡西尔：《符号·神话·文化》，李小兵译，东方出版社，1988，第170页。

2. 科技文化成为当代中国主流文化何以可能

建设科技文化，弘扬科技文化，让科技文化成为当代中国的主流文化，不仅必要，而且可能。因为，科技文化是一种先进文化、创新文化、现代化文化，代表着人类文化发展的趋势，影响着人类社会发展的未来。

（1）科技文化是一种先进文化。

作为人类文化的一种高级形式，科技文化标志着人类社会进步和发展的水平，是国家文化力构成中的核心要素，是先进文化建设的基石和先导。尤其是科学技术实践中所形成的科学知识、科学思想、科学方法、科学精神等本身就是先进文化的重要内容。从这种意义上说，科技文化本身就是一种先进文化，先进文化内在地包含着科技文化的因子。

科技文化不仅是先进文化的主要组成部分，而且以其真理性、开拓性、开放性和人文性的特性成为先进文化体系中的基础和先导。今天，"随着经济全球化步伐的加快和科学技术的飞速发展，先进文化建设也面临着前所未有的大好机遇，新的发明、新的创造，大大丰富了先进文化的内涵，拓展了先进文化的发展空间，使得先进文化在科学技术领域所表现的特征更加明显、更加突出。因为，只有客观地真实地反映人类对自然界和人类社会的真理性认识的文化，才是真正的先进文化"。①

科技文化具有极大的渗透力，随着科学技术的发展和进步，科技文化的作用越来越重要。如今，"作为先进文化重要组成部分的科学文化已经渗入到我们生活的方方面面，每时每刻都在影响着我们每个人，它有力地促进了人类社会生产的发展和社会的进步。因此，可以说，代表着先进文化前进方向的科学文化，将成为推动人类社会发展的强大动力"。② 在科学技术飞速发展的今天，我们党要建设先进文化，发展先进文化，始终代表先进文化的发展方向，就必须高度重视科学技术进步，切实加强科技文化建设，努力抢占科技文化的制高点，让科技文化鼓起先进文化的风帆。

---

① 杨怀中：《科技文化的历史地位及当代价值》，《自然辩证法研究》2007 年第 2 期。
② 汤洪高：《让科学文化鼓起先进文化的风帆》，《求是》2002 年第 18 期。

（2）科技文化是一种创新文化。

从本质上说，科技文化也是一种创新文化，从科技文化走向创新文化是一种历史的必然。所谓创新文化，说到底就是能够最大限度地激励或激发人们去创新的文化，是能够集中体现时代精神的文化。国家自主创新战略的提出肇始于科学技术创新，创新文化的发展有赖于具有创新特质的科技文化。

文化是一种非常复杂的社会现象，理解和把握一种文化的关键是要理解和把握这种文化之魂。创新文化之魂是什么呢？有学者指出："创新文化之魂是科学之魂和人文之魂的融合，即科学精神与人文精神的融合。在创新文化的各个层面（精神理念和价值层面、制度层面、外部环境层面）都应当充分体现二者的融合。"① 创新文化要体现的科学之魂，就是科学精神。而科学精神是科技文化的精髓，是科技文化中最深刻、最本质的东西。从这种意义上说，科技文化就是一种创新文化。

我们今天要建设主流文化，必须以与时俱进、不断创新的时代精神和理论品质，紧跟时代步伐，不断吐故纳新，不断发挥出中华文化强大的生命力和无限的创造力。作为主流文化建设重要元素的创新文化，是推动社会主义主流文化发展的重要抓手。而要创新，就必须在文化建设中积极吸纳现代先进的科学技术和新科技革命的成果，特别是知识经济、网络经济、信息经济、生态经济范围内的具有先进水平的科学技术。创新是文化的生命，创新是文化发展的动力。"随着科学技术的迅猛发展，要求我们要把带有广泛色彩的人文文化提炼升华，从科学文化的层次来培育、指导着我们向着科学、文明、健康的方向发展。"②

（3）科技文化是一种现代化文化。

现代化是当今时代最重要的社会历史范畴，作为社会历史范畴的现代化建设内在地包含着文化的现代化。当代中国主流文化建设正是在这种现代化大背景下进行的。也就是说，没有现代化文化的融入，也就无所谓主

---

① 孟建伟：《论创新文化之魂》，《新视野》2005年第4期。
② 孙国际：《创新文化》，《科学学与科学技术管理》2002年第6期。

流文化建设。

何谓文化现代化？"文化现代化主要是指在充分吸收以往优秀文化成果的基础上，建立适合现代社会所需要的新文化的过程。"① 这种被称为"新文化"的文化，也就是我们所说的融科技文化与人文文化于一体的现代化文化。科技文化是随着近现代科学技术的兴起和发展而生成的一种文化形态，也是伴随着工业化、现代化进程而发展和进步的一种文化形态。它将随着中国现代化建设的发展而发展，并逐步成为中国特色社会主义社会的一个重要组成部分。

可以这样说，近现代科学技术的兴起和发展改变了人类延续几千年的民族文化进程，科技文化的兴起开创了人类文化发展的新纪元，并以其不可阻挡之势覆盖了人类文明发展的全部领域。正如有学者所说："人类创造了科技文化，科技文化成为现代化社会的文化基频以后，又在塑造现代人的世界观、价值观方面发挥着独特功能。"② 我们所说的当代中国主流文化建设，是在中国社会主义现代化建设大背景下进行的，因而也是在中国特色社会主义现代化文化大发展的形势下进行的，不难形象，科技文化建设和弘扬是何等重要！

三 基于当代中国主流文化建设的科技文化发展对策

文化以历史为基础，以现实为立足点，以未来为指向，生生不息，与时俱进。文化的走向，本身就是一个动态的、开放的、不断演进乃至变革的过程。科技文化作为人类文化发展的一个新阶段，凝集了人类的普遍要求，积淀了人类的共同精神。今天，我们要建设社会主义主流文化，推进社会主义文化大发展大繁荣，建设社会主义文化强国，没有科技文化的广泛弘扬是不可想象的。

---

① 杨怀中：《科技文化：中国社会现代化的必然选择》，《武汉理工大学学报》（社会科学版）2007年第3期。

② 何亚平：《科技文化——现代化社会的文化基频》，《科学学研究》1997年第4期。

1. 加快建构中国特色的科技文化体系

从严格意义上讲，科技文化是伴随着西方近现代科学技术的产生和发展而逐步形成和发展起来的。在中国近现代，科学技术落后是一个不争的事实，科技文化匮乏当然也不可否认。今天，我们要建设科技文化，固然要向西方发达国家学习，但是，我们的科技文化必须以中国文化传统为基础，必须具有中国特色。

随着当代中国文化强国战略的实施，我们越来越感到在我们的传统文化中科技文化的是多么匮乏，越来越感到用科技文化"改造"我们的传统文化是多么重要。今天，我们要建设社会主流文化，实施文化强国战略，就必须加强科技文化建设，努力建构与市场经济相适应、体现时代精神的中国特色的社会主义科技文化体系。有学者指出："在社会主义先进文化体系中，最缺乏的恰恰是科技文化。其他文化又不能替代科学技术文化。当前我们特别需要的是下大力气发展科学技术文化，真正补救我国社会文化结构中科学技术文化不足的缺陷。这才是真正从我国国情出发，强基固本，从基础上下功夫去建设有中国特色的社会主义文化的切实的道路。"[①]

总之，中国特色科技文化是具有中国文化传统、适合中国国情、满足时代要求、有利于中华民族进步的一种文化样式。它不仅是当代中国主流文化的中坚力量，而且也是其他一切文化的基础和前导，推动着整个社会主义文化的大发展大繁荣。因此，在发扬光大中国优秀传统文化的基础上，加快建构中国特色的科技文化体系，理应成为当代中国主流文化建设的当务之急。

2. 积极推进科技文化与人文文化的当代融合

在当代中国主流文化建设中，科技文化与人文文化的融合问题，既是趋势，也是共识，更是理想。应该说，科技文化与人文文化的冲突和分裂是20世纪世界范围内文化领域的一大景观，促进科技文化与人文文化的

---

① 龚时中、吴怀林：《科技文化的中国特色》，《武汉理工大学学报》（社会科学版）2006年第1期。

融合和统一理应成为 21 世纪人类的使命之一。顺应时代潮流，建设当代中国主流文化，必须把科技文化与人文文化的当代融合作为一项重要的战略举措。

科技文化与人文文化的当代融合，不仅必要，而且可能。这是因为："科技文化与人文文化同源、共生、互通、互补，两者及其延伸不可分割地构成了人类文化。正是这种同源、共生、互通、互补，使得科技文化与人文文化的融合成为当今时代社会文化发展的必然趋势，而且在理论和实践中也都是可能的。"① 科技文化与人文文化是人类社会发展的"车之两轮，鸟之双翼"，科技文化是基础，人文文化是保证，实现科技文化与人文文化的当代融合，以科技文化与人文文化的融合促进社会主流文化建设，就一定能够充分发挥主流文化在人类社会发展中的巨大威力。

从当代中国的国情出发，推进科技文化与人文文化的当代融合，需要我们做的工作很多，其中最重要的是：一要把以人为本作为推进科技文化与人文文化融合的最佳契合点；二要把科学教育与人文教育的沟通作为科技文化与人文文化融合的有效方式；三要把解决社会现实问题作为科技文化与人文文化融合的落脚点。

3. 着力提高国民的科技文化素质

文化之要在于"化"，化入人心，广为渗透，成为人的素质和习惯。我们强调建设科技文化、在全社会弘扬科技文化，其目的就是要让科技文化的理念深深植根于我们的社会主流文化之中，融化到全体社会成员的素质之中。这既是当代中国主流文化建设的重要课题，更是提高国家文化软实力、建设社会主义文化强国的历史性任务。

科技文化是社会主流文化的重要构成，提高国民的科技文化素质是当代中国主流文化建设的一项基础性工程。所谓科技文化素质，"是指公民具备基本的科学知识，掌握一定的科学方法，能够正确认识科学技术和社

---

① 杨怀中等：《科技文化与当代中国和谐社会建构》，中国社会科学出版社，2008，第 136 页。

会的关系，并且能够用科学思想来思考和分析生活和工作中的问题，自觉用科学精神来塑造个人世界观和价值观的能力"。① 近年来，随着科技文化的传播和普及，我国公民的科技文化素质不断提高，但总的来说与发达国家相比还有一定的差距。国务院发布的《全民科学素质行动计划纲要》中明确指出："公民科学素质的城乡差距十分明显，劳动适龄人口科学素质不高；大多数公民对于基本科学知识了解程度较低，在科学精神、科学思想和科学方法等方面更为欠缺，一些不科学的观念和行为普遍存在，愚昧迷信在某些地区较为盛行。公民科学素质水平低下，已成为制约我国经济发展和社会进步的瓶颈之一。"② 提高国民科技文化素质是一项长期而艰巨的工作，需要全社会共同努力、整合一切力量和途径才能实现。政府的全力支持和有效投入，全方位的科技文化教育、传播和普及，全体社会成员的积极参与，等等，这些都不可或缺。

总之，加强主流文化建设呼唤科技文化的广泛弘扬，科技文化广泛弘扬的基本标志则是国民科技文化素质的普遍提高。只有国民科技文化素质普遍提高了，科技文化的广泛弘扬才可以说真正落到了实处、收到了实效。

---

① 杨怀中等：《公民科技文化素质的调查分析及对策》，《科学技术与辩证法》2007 年第 4 期。
② 参见国务院发布《全民科学素质行动计划纲要》（2006 – 2010 – 2020 年），人民出版社，2006，第 2 页。

当代中国主流文化视域下的
人权文化建设初探

陈焱光*

（湖北大学政法与公共管理学院）

【摘　要】 当代中国主流文化的建设有诸多向度，本文认为，人权文化建设较集中地体现了当代中国主流文化建设的核心价值追求和目标导向，坚持以马克思主义理论为指导，对古今中外人权思想进行合理的兼收并蓄，以中国宪法为制度建构根基，以满足广大人民群众不断增长的文化权利需求，以充分实现人权文化建设，并不断完善文化权利的法治保障，必将极大地增强当代中国主流文化对中国社会建设和公民生活的引领和主导作用。

【关键词】 中国　主流文化　人权文化　建设

人类的发展史表明，任何一个时代、任何一个社会共同体的存续都必须要有主流文化作为该社会的核心理念、制度和人们生活方式的基础、指导和评价标准。文化是制度之母。文化催生与之相适应的制度，同时制度也反过来滋养和充实文化的内容。主流文化既与共同体的存亡息息相关，更与普通百姓的生活唇齿相依。从人类社会的发展史特别是文化对公民个体自由、自主和自我实现的角度看，主流文化经历了近代以前对个人

---

* 陈焱光（1967～）男，湖北大学政法与公共管理学院教授，主要研究方向为法学。

（主要是大多数人）自由和权利的压制及限制和近代以后主流文化逐步转向对个人自由和权利的尊重和弘扬。一言以蔽之，人权文化构成了近代以来世界绝大多数国家主流文化发展的主脉。人权概念尽管源于西方，但追求人权、高扬人权的思想在中国自古就有。自20世纪初以来的中国革命的主线就是不断争取广大中国人民的人权。当时中国共产党提出的口号诸如"外争国权，内争人权""从前是牛马，现在要做人"等都反映了20世纪的中国革命史就是一部人权史。尽管20世纪中叶随着中西方冷战的展开，"人权"一度被视为专属于西方而遭到冷遇，但到20世纪80年代，人权的中国特色和话语体系不断建构，特别是自20世纪90年代中国签署和批准了一系列重要的国际人权公约以来，人权文化逐步成为中国主流文化中的重要组成部分，广大人民群众不断觉醒的权利意识和维权行动反映了人权文化的不断勃兴。2004年人权条款的入宪，不仅充分证明了人权文化在中国的普及和民意基础，而且也标志着制度层面的人权文化建设全面进入法治的轨道。与"公民"相对的"国家"以根本法规范的形式做出了"国家尊重和保障人权"的庄重承诺，使人权文化不仅构成了国家层面的文化战略，也构成了全社会每个公民基于"人之为人所应享有的权利"的文化权利观。换句话说，所谓当代中国的主流文化，其面向可以多种多样，但其价值指向最终落脚点必在人权，即享有人权和实现人权。按马克思主义理论的表述也可以说是人的全面发展。本文试图从当代中国主流文化建设的视域探寻人权文化建设的三个基础性问题。

一 当代中国主流文化和人权文化建设必须坚持马克思主义理论的指导

主流文化是一个社会一定时期多元文化形态中的主流，它主导着该社会人们的生活方式和价值体系，是在该社会的主要领域中起决定作用的观念意识和理想与追求。从总体上看，当代中国的主流文化就是有中国特色的社会主义文化。它既是我国社会主义经济、政治在观念形态上的反映，又是对当代中国经济和政治的发展具有巨大促进作用的文化形态。它的形成和特色及未来的发展形态依然是马克思主义的普遍真理与中国当代实践相结合的产物,是合理、充分吸收了中国传统文化和世界各民族文化中的优秀成果的中国表现,具有先进性、时代性、传承性、主导型、开放性、包容性等多重特质。

早在新民主主义革命时期,毛泽东就指出:"一定的文化(当代观念形态的文化)是一定社会的政治和经济的反映,又给予伟大影响和作用于一定的社会政治和经济;而经济是基础,政治则是经济的集中表现。这是我们对于文化和政治、经济的关系及政治和经济的关系的基本观点。"[①]大力发展文化建设事业一直是中国共产党的基本方针和政策之一。经过改革开放30多年的发展,经济建设取得了举世瞩目的伟大成就,政治体制的改革也逐步推开,但文化体制的改革和文化发展及其影响力与经济方面的成就不能匹配。文化发展的滞后不仅影响了经济和社会的进一步发展,而且国际社会也对我们发展的不均衡性提出了质疑,甚至断言中国能出口电视机,却不能出口电视剧,说明我们中国文化的国际影响力十分薄弱。即使有外国人推崇中国文化,其范围也仅指中国古代文化。为此,2011年10月18日,中国共产党第十七届中央委员会第六次全体会议通过并发布了《中共中央关于深化文化体制改革 推动社会主义文化大发展大繁荣若干重大问题的决定》,决定明确指出:"我国文化领域正在发生广泛而深刻的变革,推动文化大发展大繁荣既具备许多有利条件,也面临一系列新情况新问题。"尽管我国文化经过五千年发展,形成了蔚为壮观的文化景象,它既对中华民族自身的形成、繁衍、统一和稳定产生了巨大影响,又以其深厚的文化内容和底蕴影响着世界其他民族和整个人类的精神面貌,并且,在新中国成立以后,我国社会的主流文化经历了一次历史性的转型,确立了以马克思主义为指导的主流文化建设方向。但是,改革开放以来,特别是21世纪以来,主流文化建设受到了传统经验主义文化和现代理性主义文化、民族文化和世界文化的激烈冲突的影响。如何坚持我们的主流文化,并不断扩大其影响力和域外的认同感,是一个重大的现实

---

① 《毛泽东选集》第2卷,人民出版社,1991,第663~664页。

课题。我们认为，无论是从历史逻辑还是从理论逻辑上讲，坚持马克思主义理论的指导都是中国主流文化包括人权文化发展的必然选择。

对文化优劣的评价很难有统一和绝对的标准。一般认为，文化能适应和促进社会发展，体现人本、人性、人道和人权的文化实质的保留、坚持和弘扬。世界上没有一种文化会自认为是非先进的或落后的文化。在当今世界，站在不同的立场，对文化的先进与非先进的评价可以迥然不同。西方政治家和思想家认为他们那种以个人主义为核心、以维护资本主义制度为目标的自由、民主、人权观念是最先进的文化，而且是普世的、永恒的、终极的文化。我们认为，资本主义自由、民主、人权观念在反封建斗争中曾经是优秀、先进的文化，引领过社会的发展，但随着世界进入社会主义革命时期，资本主义的自由、民主和人权观念不断暴露出局限性和虚伪性。

在中国，始终坚持马克思主义为指导的社会主义文化即是中国革命和建设的正确选择，也是顺应世界文明发展的正确选择。马克思主义作为一种建立在无产阶级实践基础上，并且对资本主义文化进行扬弃的科学的理论，不专属于中国，而是指导世界无产阶级革命和人类解放的科学理论，是对人类优秀文化的传承而不是另起炉灶的故意标新立异。它用历史唯物主义和辩证唯物主义的思想和方法分析人类社会的历史，展望人类的未来，既是客观的，又是辩证的。它肯定西方启蒙思想家自由、民主、人权观念的进步性，也不否认与封建制度相比资本主义制度的历史进步价值，但也不讳言其局限性和虚伪性。中国特色的社会主义文化中的自由、民主和人权观念反映社会主义制度的特性，是具体的，而抽掉不同社会制度的特性和指导思想，抽象地把自由、民主、人权、和谐、平等等不加区别和审视地视为普世性的价值观念和评价标准，其结果只能是使其成为少数发达国家借以干涉别国内政的工具。我国社会主义民主是人民的民主，社会主义人权既保障国家的主权，也保障国家和公民的发展权、广大人民的生存权以及宪法和法律规定的各项权利；我们需要的平等不是抽象的平等，而是结合中国实际、符合平等精神和价值的可逐步实现的平等。如我国经过几十年的发展，在公民的政治权利特别是选举权方面，我国农村与城市每一名全国人大代表所代表的人口数的比例从8∶1变为现在的1∶1，这符合中国社会发展的实际，是一种符合马克思主义理论的政治实践。在经济领域，我国公民平等地享有社会保障权，经济活动方面机会平等，等等，这些都经过了一个合理的时期。因此，在社会主义人权文化建设上，只有坚持马克思主义，才能合理借鉴中国传统文化或西方人权文化，真正做到古为今用，洋为中用。

马克思主义讲求的是合规律性与合目的性的统一。马克思主义揭示了世界的本质和规律，揭示了人类社会发展的本质和规律，特别是揭示了资本主义与社会主义的发展规律，是科学的世界观和方法论，是我们认识世界和改造世界的强大思想武器。作为一种新的世界观，马克思主义是伴随着工人运动登上历史舞台的，是工人阶级争取人权和自我解放的重要理论体系。历史的发展告诉我们，马克思主义人权理论是无产阶级人权实践和人权文化的根本指导思想。中国革命和建设的成就特别是人权方面的巨大成就是最好的证明。中国人权文化的发展必须坚持马克思主义的指导，这不是偶然和个别人的决定，也不是一个党的主观意志决定的，而是历史的选择、人民的选择。近代以来，特别是鸦片战争以后，我国沦为半殖民地半封建社会，出现了无数寻找救国救民真理的志士仁人，提出或提倡了各种理论，如改良主义、社会达尔文主义、无政府主义、实用主义等，但都失败了，只有马克思主义在我国深深扎根，并最终引领中华民族走上了独立、复兴和发展之路。尽管20世纪60年代我们经历过挫折，但不是坚持马克思主义造成的，恰恰相反，是我们背离了马克思主义理论的指导造成的。这从反面进一步证明坚持马克思主义理论指导的重要性。党的十一届三中全会重新确立了马克思主义理论的指导地位。改革开放30多年来，在人权和社会其他方面的巨大成就，再次证明马克思主义理论的当代意义。所以，我国革命、建设、改革的历史充分证明，没有马克思主义，就没有新中国；没有马克思主义及其在中国的新发展，就没有中国特色的社会主义，中国当代的主流文化就会迷失方向。

放眼人类社会的历史，不难发现，统治阶级的思想在每一时代都是占统治地位的思想，每一个社会都有自己占统治地位的意识形态。正如马克思指出的:"统治阶级的思想在每一时代都是占统治地位的思想。这就是说,一个阶级是社会上占统治地位的物质力量,同时也是社会上占统治地位的精神力量。"① 任何国家,不管社会性质如何,都要竭力维护和发展其占统治地位的意识形态,形成、维护和发展其主流文化。

以马克思主义人权理论为指导,培育社会主义的人权文化,是当代中国主流文化的核心内容之一。因为一切文化归根结底是为了使人过上更好的生活的文化,是不断追寻善和实现善的文化,而人权文化是最大的善的文化,因为它立足于"每个人"平等地实现自由和自我实现。但正如马克思指出的:"权利决不能超出社会的经济结构以及由经济结构制约的社会的文化发展。"② 而人权发展绝不会是孤立的,而是相互联系的,"每个人的自由发展是一切人的自由发展的条件"。③ 西方人权理论强调的抽象、纯粹个人的人权观,不仅事实上不存在,而且还有害于国内人权和谐和国际人权事业的发展,更不用说形成良好的人权文化了。所以,只有坚持马克思主义人权理论的指导,中国的人权文化才能符合中国现实,推动人权制度的落实和完善,才能有利于世界范围内的人权交流、对话和合作。

二 中国人权文化建设应注重对古今中外人权思想进行合理的兼收并蓄

在当代,人权一般被描述为人之作为人应当享有的权利,但迄今尚未有一个被普遍认同和接受的人权概念。这主要由于"人权"的内涵和外延具有高度的复杂性和不确定性,以及人权有三种形态,即应有的人权(道德权利)、法定的人权(法律权利)和现实的人权(实有权利)。当然,更为令人担忧的是,人权往往被西方少数国家做政治上的不当使用,

---

① 中共中央马克思恩格斯列宁斯大林著作编译局:《马克思恩格斯选集》第 1 卷,人民出版社,1995,第 98 页。
② 中共中央马克思恩格斯列宁斯大林著作编译局:《马克思恩格斯选集》第 3 卷,人民出版社,1995,第 305 页。
③ 中共中央马克思恩格斯列宁斯大林著作编译局:《马克思恩格斯选集》第 1 卷,人民出版社,1995,第 294 页。

将人权与主权纠合在一起，成为攻击他国政治意识形态和采取军事干预和经济制裁的借口。因此，要正确界定"人权"，还是要从词源和内容变迁的角度进行检视。

"人权"一词，作为"人"的权利一般形式的概念，最早出现于欧洲文艺复兴时期，是针对欧洲中世纪的"神权、王权和贵族特权"而提出来的，它要求尊重人、平等待人。但人权思想的基因或萌芽，无论中外，都早已有之。因此，作为概念的人权和作为社会生活内容的人权既有联系，更有区别。基于此，探究我国当代人权文化的建构，首先将目光投向五千年的中国是合理和必然的。以儒家学说为主体的中华文化传统，都普遍含有尊重"人""爱人"的积极因素。因此，尊重、积极发掘、汲取和发扬世界各国的优秀传统文化，丰富和发展人权理念的内涵，对形成具有中国特色和先进性的人权文化，意义重大。

从人权文化的视角观察，儒家学说的核心内容是"仁"，所谓"仁者爱人"，讲求人与人之间的友爱，符合人权主体间互相尊重权利的意蕴，对于人权的实现是一种保障。孔子说："泛爱众而亲仁"，"己欲立而立人，己欲达而达人"，"己所不欲，勿施于人"，至今已被誉为处理人际关系的世界性"黄金规则"。儒家提出的"四海之内皆兄弟""视天下为一家""有教无类"等，显示了一种朴素的平等观念。儒家所提出的"三军可夺帅也，匹夫不可夺其志也"，涉及对人格尊严的重视。孔子认为："天地之性人为贵。"孟子提出"良贵"的观念，认为人人都具有天赋的内在价值，"君子和而不同"，强调人格的尊严；认为"所欲有甚于生者"，"所恶有甚于死者"，人格的尊严比生命还重要。孔子企求建立一个人人互敬互爱、人人各得其所的和谐的"天下为公"的"大同世界"。这些思想尽管存在局限性，不能等同于我们今天的人权的内容，但与人权的精神实质有相通之处，作为人权文化的资源加以合理利用，应该值得肯定。

儒家学说与人权思想在内容和要求上的结合点，就是其"天生万物唯人为贵"的"民本"思想，虽然"民本""民权"与"民主"不能等同，但三者之间又有相通之处，都离不开"人"，讲的都是人与人、人与社会、人与统治者的关系，都强调"人本应平等"，要尊重人、"爱人"。也强调"民"对国家和君主的优位性。正如孟子所说："民为邦本，本固邦存"，"民为贵，社稷次之，君为轻"，"君以民存，亦以民亡"等。这些思想已十分接近于"博爱""民主"和"人权"等现代话语的含义。《尚书》中就有"民主"之意，认为"商汤"取"夏桀"而代之，就是选为民做主之人；而选一人是为百姓，不是有百姓只为一人。对人民不满的暴君，应该撤换。这种"民本"思想与两千年之后美国独立宣言所主张的：任何形式的政府一旦对生存权、自由权和追求幸福等权利保障的实现起破坏作用时，人民便有权予以更换或废除。二者都是人权思想的表达。

当然，与近代以来的人权强调权利本位不同，儒家传统文化倾向于义务本位，或者说享有权利必先尽义务，在个人权利与国家和社会整体利益冲突时，无条件地让个人权利退居其次。要求个人人权"修己""利他""克己让人"，要求对社会、国家、民族尽责任、尽义务，这是其优势也是其局限。因而在集体人权与个人人权何者优先的问题上，儒家文化强调牺牲小我，成全大我，通过"我为人人"先尽义务，换来"人人为我"权利回报。儒家提倡"以民为本，天人合一"，追求"天下为公"的思想，从整体上有利于人权全面、长久的实现。儒家的义利观，强调利益获得的正当性，正义对物质财富的优位性，实际上暗合了人权有益于自己、无害于他人的精神实质。不取不义之财，那些仅对自己有利、破坏社会公义和他人利益的利益是不能取的。

当然，儒家学说及其思想体系是服务于君主专制统治的，与近代民主制度的人权观念也存在距离。但作为一种思想，同样含有人权的基因或萌芽，两者相容，互不排斥。西方近代早期出现的人权观念并未以推翻君主专制为首要目标。典型的如洛克虽然提出了系统的天赋人权观，但他依然主张君主立宪制。儒家文化中阐释的人与人、人与社会、人与国家、人与自然之间仁爱、和谐关系的思想，在当代依然显示出可实践的价值，对当今人权文化的建构和培育有重要的启示和借鉴意义，且符合中国人的心理、生活习惯和生活方式。挖掘、弘扬儒家学说中人权思想的萌芽或合理的内涵，对建设包括人权理论在内的有中国特色的社会主义主流文化，有着其他文化资源不可替代的作用。

人权文化是中西方共同发展的文明成果。西方人权思想和概念是从近现代转换时期开始传入中国的。对此具有重大影响的应是1919年的新文化运动，它使民主、科学、自由、人权等思想传遍神州大地。1921年成立的中国共产党，一开始就高举人权的旗帜，坚持马克思主义的人权观，吸收西方人权观念的合理要素，继承中华传统文化中人权观念的合理内涵，形成了自己新的人权观念，并找到了一条解决中国人权问题的正确道路。共产党在其所领导的革命根据地和解放区，解决农民的土地问题，改善人民生活，保障人民的政治权、生存权、经济权、健康权和文化教育权等。新中国成立50多年来，特别是改革开放20多年来，我们党一方面继续坚持"批判继承"的原则，总结并发扬过去的经验特别是中华文化的优良传统，同时，又大胆吸收全人类的文明成果，根据当代中国的国情，努力做到"古为今用"和"洋为中用"，使社会主义人权的理论与实践得到新的发展。现在，中国不仅政治、经济、文化、社会状况发生了历史性的巨大变化，而且人民的精神面貌焕然一新。人民享受的公民、政治、经济、社会和文化等各项基本权利的司法保障显著改善，人权事业取得的成就举世瞩目。根据国情和人民的意愿，中国目前正在向建设民主、文明的现代化法治国家的目标迈进，同时通过积极参与国际人权领域的交流合作，为促进国际人权事业的健康发展做出贡献。

中国的人权文化建设同样也离不开对西方人权文化的合理吸收和借鉴。西方文化发轫于古希腊和古罗马；基督教精神主宰了中世纪文化。到15、16世纪拉丁语世界的文艺复兴是近代文化的开端，是早期资产阶级的思想解放运动，也是人权运动。文艺复兴的重大历史意义在于人的发现和全面觉醒，个性自由成为资产阶级展开活动的首要条件，政治平等和政治自由针对贵族和专制统治，而文艺复兴的一些基本理念如民权、自由、法律面前人人平等、司法公正以及民主等，第一次被付诸实践。如今这些原则和观念已经成为现代西方文化的基石，也是当代人权文化最具共通性的内容。18世纪欧洲的资产阶级启蒙运动是现代文明的开始，它高举理性的大旗，以洛克、伏尔泰、孟德斯鸠、卢梭等为代表，系统提出了人民民主、人民主权的思想，并通过理性的批判，从根本上撼摇了一切专制论、人治论。自然法学派提出的"天赋人权""社会契约"等理论集中地表达了近代西方人权文化的神髓，并在英国《权利法案》、美国《独立宣言》、法国《人权宣言》等一系列革命文献中以宪法的形式被转化成可执行的制度，而自由、人权、民主、宪政、法治等核心价值理念以潜移默化的方式渗透到公民日常生活中。人类追求自由和幸福的理想不会专属于某一群体，而是所有称之为人的共同本质，因此比东方早产生的西方的人权基本价值理念不专属于资本主义，如果这些价值理念被西方给予了最完整的表达，我们是可以也应当借鉴的。今天的西方文化在世界范围内依然起着引领作用，它的许多具有共性的价值观念和制度体系已经成为全人类共同的文化财富。

当代西方思想文化主张个体自由，形成了权利本位观念，派生出西方的人权观念、民主观念等，这些观念在历史上对人类文明的发展做出过重要贡献。我们结合中国实际加以合理借鉴和改造，是有利于中国人权文化发展的。当然，对于资本主义的腐朽思想文化，如拜金主义、享乐主义、极端个人主义等。恩格斯曾经一针见血地指出，在极端个人主义价值观的支配下，"每个人都必定力图碰上最有利的时机进行买卖，每个人都必定会成为投机家，就是说，都企图不劳而获，损人利己，算计别人的倒霉，或利用偶然事件发财。"① 这些观念造成个人与他人、与社会的对立，破坏和谐的人际关系，是与人权保障背道而驰的，是一种扭曲的人权文化观，必须予以彻底批判和抛弃。

总之，中国当代人权文化作为开放的体系，既依靠中华文化博大丰厚的底蕴，又汲取、融合西方人权文化中的优秀成分。中国当代的人权文化初步外化为有自己特色的人权观念和主张，如认为人权的普遍性原则必须同各国国情相结合；人权不仅包括公民政治权利，而且包括经济、社会和

---

① 中共中央马克思恩格斯列宁斯大林著作编译局：《马克思恩格斯全集》第3卷，人民出版社，2002，第461页。

文化权利；不仅包括个人人权，还包括国权等集体人权；强调生存与发展权是首要人权；人权应是权利与义务的统一；注重个人与社会的统一，主张个人利益与集体利益的统一协调；推崇"己所不欲，勿施于人"的仁爱之道与人际关系；主张"人与自然的和谐"，等等。这些观点和主张是中国当代人权文化的重要表现。要推动人权文化的进一步发展，就必须把西方文化重视个人的自由和权利、突出功利主义，与东方文化强调的"理性、和谐，君子爱人以德"结合起来，既重视个人经济利益和自我奋斗、自我实现的重要性，又不要"唯利是图"，而是应坚守"君子爱财，取之有道"的美德，能够考虑他人利益、与他人共享利益；既要在国内发扬民主，也要在国际上发扬民主，坚持以和平方式解决国际争端，抛弃采用双重标准的不公正做法，使人类社会能够更为和谐；使所有国家和民族不分大小、强弱、贫富，都能独立、自主、平等，在国家交往的相互联系中，求同存异，坚持文化价值观和人权理念"共性与个性"的统一，达到共同繁荣，合力推进世界人权事业，形成人人都有平等的尊严和自由的人权文化。

三　中国人权文化建设需要不断完善的法治保障作为支撑

恩格斯说过："文化上的每一个进步，都是迈向自由的一步。"[①] 但文化不会自己进步，它既要人类实践活动的积累，更需要制度的支撑，特别是法律制度的支撑。在当代，人权文化的建设尤需以法治精神为保障，而"构成法治精神的要素至少有四种：善法、恶法价值标准的确立，法律至上地位的认同，法的统治观念的养成，权利文化人文基础的建立"。[②] 法治的真谛是人权，没有法治对人权的保障，人权文化就缺乏坚实的制度和现实基础，成为海市蜃楼，难以内化为公民普遍信仰的内心信念和生活

---

① 中共中央马克思恩格斯列宁斯大林著作编译局：《马克思恩格斯选集》第3卷，人民出版社，1995，第456页。
② 徐显明：《论"法治"构成要件》，《法学研究》1996年第3期。

方式。

　　纵观我国人权事业的发展历程，法治，一直是人权的坚实保障和根本动力。为了使人权获得根本法层面的切实保障，向世界表明国家对人权保障义务的庄重承诺，2004年宪法修正案将"国家尊重和保障人权"正式载入宪法，这为人权的法治保障和人权文化的勃兴奠定了坚实的基础。而2011年《中华人民共和国刑事诉讼法》的修改多达110处，最突出的亮点就是将"尊重和保障人权"写入其中，并贯穿该法规范体系的始终，如不得强迫任何人自证有罪，规定非法证据排除制度，杜绝刑讯逼供；进一步强化对犯罪嫌疑人辩护权的保护；保护公民不受到非法逮捕，保障公民人身自由等。这可以说是中国人权事业又一巨大飞跃。因为，刑事诉讼法被称为"小宪法"，其体现的理念、价值和规范内容是衡量国家保障人权程度的最重要标杆，其对国家权力的规范和制约及对公民权利特别是最重要的人身权利的保障具有决定性的意义；它让人们直接感受到和看到国家权力直接对公民人身自由的限制或剥夺的强制性权力，而这种强制力是民事诉讼法和行政诉讼法所不具备的。

　　2012年6月，国务院新闻办公室发布了中国第二个以人权为主题的国家计划——《国家人权行动计划（2012～2015年）》（以下简称人权行动计划），计划确定了其后四年中国人权发展的目标、任务和具体措施，提出既要尊重人权的普遍性原则，又要坚持从中国的基本国情和实际出发，依法、全面、务实地推进中国的人权事业。此前，中国通过制定和修改诸多法律，进一步夯实了保障人权的法律基础，这些细微进步在刑事诉讼法、物权法、刑法、劳动法等法律的制定或修改中都得到了体现。人权行动计划的主旨是推动我国保障人权的法律法规的建立及不断完善。保障人权的法治要求不仅体现在立法层面，同时也体现在从执法、司法各个环节贯彻保障人权的精神，这些都在行动计划中有所反映。就这一点而言，贯彻人权保障精神也是我国法治建设的一大进步。人权行动计划着重在以下领域加强人权的国家保障措施：1）强化最高人民检察院对死刑复核案件的法律监督。人权行动计划指出，中国将进一步严格死刑审判和复核程序；完善死刑案件审理的程序，实行死刑二审案件全部开庭审理。此外，行动计划指出,中国将进一步完善证人、鉴定人出庭和证人保护制度;完善非法证据排除制度;对采用刑讯逼供等非法方法收集的犯罪嫌疑人、被告人供述和采用暴力、威胁等非法方法收集的证人证言、被害人陈述,应当予以排除,不能作为定案的根据;对死刑案件的证据审查判断采用更严格的标准。2)严禁刑讯逼供和以其他非法方法搜集证据,强化对刑讯逼供的预防和救济措施。3)进一步保障被羁押人的合法权利。首先要防止不必要的羁押;对被羁押者要保障其权利和获得人道待遇;完善看守所管理的法律规定。

从国家层面看,2012年我国在人权的法治保障方面主要取得了以下成就:一是生命权和生存权保障。生命权是公民最基本的人权,保障公民的生命权是政府最基本的义务。无论是加强矿难事故的预防还是对在国外遭劫持的中国公民的救助,都体现了这一主旨。工作权是生存权的基础和最重要保障。没有工作权就难以生存,即使勉强生存,质量也不高,难以保持人起码的尊严。因此,2012年7部委联合制定《促进就业规划(2011~2015年)》,完善劳动者权益保障机制。住房也是衡量公民生存状态的重要指标。安居乐业是中国人民千百年来的理想生活图景。近年来,住房权成为制约公民生存质量的关键因素。保障公民的住房权过去是、现在是、将来还是中国人权保障的一个重要主题。二是平等权和受教育权保障。2012年7月29日,《国家中长期教育改革和发展规划纲要(2010~2020年)》颁布。纲要把促进公平作为国家基本教育政策,提出形成惠及全民的公平教育,建成覆盖城乡的基本公共教育服务体系,逐步实现基本公共教育服务均等化。三是健康权保障。当前影响健康权的主要涉及药品和食品。在药品方面,2012年,中国第一个关于药品安全的独立规划《国家药品安全"十二五"规划》公布,药品监管体系进一步完善,药品安全保障能力整体接近国际先进水平;在食品安全方面,国务院印发了《食品安全监管体系"十二五"规划》,大力推进完善食品安全监管体系,全面增强食品安全监管能力,维护人民群众身体健康和生命安全。四是特殊人权主体的权益保障。主要是残疾人权益保障。2012年《农村残疾人扶贫开发纲要(2011~2020年)》公布,同年5月,全国人大常委会启动残疾人保障法执法检查。7月，国务院公布《无障碍环境建设条例》，依法保障残疾人等社会成员平等参与社会生活的权利。另外，为了弘扬社会正气，维护社会正义，加强了见义勇为人员的权益保护。2012年7月26日，国务院下发了《关于加强见义勇为人员权益保护的意见》，首次在国家层面以规范性文件的形式保护见义勇为人员的权益，对见义勇为人员的基本生活、医疗、入学、就业、住房等方面做了具体规定，明确了见义勇为死亡人员抚恤补助政策。五是执法领域的人权保护。2012年4月1日起，《拘留所条例》开始施行，条例规定拘留所应当依法保障被拘留人的人身安全和合法权益，不得侮辱、体罚、虐待被拘留人或者指使、纵容他人侮辱、体罚、虐待被拘留人。12月14日，《拘留所条例实施办法》发布施行，办法规定拘留所应当安装并使用监控录像等技术防范设备对被拘留人进行实时全方位的安全监控，监控录像资料至少保存15天，被拘留人在拘留期间死亡、身体受到伤害可能提起国家赔偿要求的，拘留所应当将相关监控录像资料予以刻录留存。12月13日，公安部发布新修订的《公安机关办理刑事案件程序规定》，将"尊重和保障人权"作为公安刑事执法的基本任务之一，"不得强迫任何人证实自己有罪"和"严禁刑讯逼供"被写入总则。六是社会保障制度和公共服务体系建设。2012年5月2日，国务院通过了《社会保障"十二五"规划纲要》，提出推进社会保障制度建设，加快城乡社会保障统筹，扩大社会保障覆盖范围。加强社会救助体系建设，大力发展社会福利和慈善事业，加强社会保障管理与监督。强调社会保障要增强公平性，适应流动性，保证可持续性，让公民共享经济社会发展的成果。同年5月，国务院通过了《国家基本公共服务体系"十二五"规划》，强调促进城乡、区域基本公共服务均等化，增强公共财政保障能力。七是人权领域的国际对话与交流。2012年，中国先后与英国、澳大利亚、美国、德国等多个国家在平等和相互尊重的基础上开展人权领域的对话与交流。

通过以上这些概括性的梳理，不难发现，人权的法治保障在近十年取得了突飞猛进的发展，所有与人权密切相关的法律法规不断完善，人权的执法和司法更加有效。由此产生的文化成果是，在公民意识和日常活动中，人权意识不断增强，对人权的认识越来越全面和准确，主张人权成为公民生活的常态。为了维护权利，"民"可以告"官"，而且愈来愈普遍，公民的维权意识不断增强，特别是通过学习宪法、宣传宪法、依靠宪法维护权利和尊严的行动，在全社会培育起了人权文化的良好氛围。①

宪法以人权保障为依归，遵守宪法就是尊重和保障人权的重要表现，也是培育人权文化的重要途径。正如习近平主席2012年12月4日《在首都各界纪念现行宪法公布施行30周年大会上的讲话》中指出的：我们要依法保障全体公民享有广泛的权利，保障公民的人身权、财产权、基本政治权利等各项权利不受侵犯，保证公民的经济、文化、社会等各方面权利得到落实，努力维护最广大人民根本利益，保障人民群众对美好生活的向往和追求。我们要依法公正对待人民群众的诉求，努力让人民群众在每一个司法案件中都能感受到公平正义，决不能让不公正的审判伤害人民群众感情、损害人民群众权益。我们要在全社会加强宪法宣传教育，提高全体人民特别是各级领导干部和国家机关工作人员的宪法意识和法制观念，弘扬社会主义法治精神，努力培育社会主义法治文化，让宪法家喻户晓，在全社会形成学法遵法守法用法的良好氛围。我们要通过不懈努力，在全社会牢固树立宪法和法律的权威，让广大人民群众充分相信法律、自觉运用法律，使广大人民群众认识到宪法不仅是全体公民必须遵循的行为规范，而且是保障公民权利的法律武器。我们要把宪法教育作为党员干部教育的重要内容，使各级领导干部和国家机关工作人员掌握宪法的基本知识，树立忠于宪法、遵守宪法、维护宪法的自觉意识。这段讲话既表现了党和国家对人权法治保障的高度重视，也是当代中国人权文化勃兴的重要途径。

---

① 全国政协副主席、中国人权发展基金会理事长黄孟复2012年12月29日在北京指出，在以人为本的科学发展观指导下，中国政治稳定、经济发展、文化繁荣、社会和谐、生态文明，社会主义法制建设不断取得新的进展，公民的人权意识普遍增强，这些都给中国人权事业的进一步发展创造了前所未有的有利时机。参见 http://www.chinanews.com/gn/2012/12-29/4448210.shtml。

论生态学马克思主义对中国的外在性[*]

陈翠芳[**]

（湖北大学马克思主义学院）

【摘　要】生态学马克思主义深入探讨了生态危机的根源及解决途径，对中国具有重要的理论价值和现实意义。但是，由于文化传统、社会经济发展程度、科技水平等方面的差异，生态学马克思主义对中国具有不可忽视的外在性，这在它所涉及的几个核心问题上都有明显体现。忽视这种外在性，既有碍于我们理解和借鉴生态学马克思主义的价值，也不利于探寻我国生态文明建设的有效途径。实现生态学马克思主义外在性的内在转化势在必行。

【关键词】生态学马克思主义　外在性　原因　危害

生态学马克思主义是西方马克思主义的重要流派，在生态危机日益广泛和严峻的现实面前，它的地位和影响日益突出，甚至被视为西方马克思主义发展的新阶段、新方向，具有重要理论价值和现实意义，对中国也不例外。我国学术界对这一流派给予了高度关注和较深入的研究，学者们分析其学术宗旨、理论主题，着力挖掘它对我国生态文明建设的重要意义，

---

[*] 本文系教育部规划基金项目"生态文明视野下科技生态化研究"（项目编号：13YJA710002）阶段性成果。
[**] 陈翠芳（1962～），湖北大学马克思主义学院教授，博士生导师。

取得了较大成就。然而，国内现有研究在生态学马克思主义对中国的意义和价值等问题上认识片面，也不够深入，研究者主要侧重于生态学马克思主义对当代中国的一致性和适用性，忽视了因经济实力、社会发展程度、科技水平、民众紧迫需求等方面的差异所导致的外在性，忽视了它的思想和策略对当代中国的意义大多是间接的，甚至存在较大距离。如果我们忽视这种外在性，一味地照抄照搬，必然会造成多重不良后果。

客观而论，生态学马克思主义对当代中国具有一致性，也具有外在性，只有同时注重这两方面，才能更有效地吸取生态学马克思主义的价值，切实促进我国生态文明建设。鉴于学术界对一致性和适合性的研究较多，我们在这里着重探讨生态学马克思主义对中国外在性的表现和原因，以及忽视这种外在性的危害。

一 生态学马克思主义对中国外在性的表现及其原因

西方的生态学马克思主义以探索西方生态危机的根源和寻找解决生态危机的措施为使命。生态学马克思主义者从资本主义制度和生产方式、技术理性、消费异化、控制自然的观念等角度，揭露和批判了西方社会生态危机的根源，并相应地提出了具体对策。以下从这几个主题具体分析生态学马克思主义对中国的外在性及其原因。

1. 在批判资本主义制度及生产方式上的外在性及原因

生态学马克思主义深刻批判了资本主义制度和生产方式，认为这是西方生态危机的主要根源，也是生态危机其他根源的根源。福斯特指出：资本主义是一种永不安分的制度，贪婪地追求资本的不断扩张和无限增值，谋求利润最大化，为此不惜一切代价，耗费资源、破坏环境的代价根本不会计入其成本。在资本主义制度下，利润至上，企业和资本家所关心的只是如何最大限度地去控制和利用自然资源，占有更大市场。因此，资本主义生产方式趋向于不断扩张和日益集中，每个企业都尽力扩大规模，扩张"领地"，为此，革新技术，降低成本，加快资金流通和循环，打击竞争者，甚至欺诈消费者，真可谓为达目的不择手段；但是，竞争的结果必然是极少数的强者获胜，于是，整个社会经济生产日益集中。"不断扩张"必然包含着资源的浪费和破坏，而"日益集中"也不会使资本家停下脚步来珍惜资源、爱护环境，因为，资本主义本性决定了所有企业的行为模式，即按高兹所说的"经济理性"决断和行事，遵循着"可计算性和效率原则"，何况还有更残酷的竞争等在前面。这种生产方式被福斯特称为"踏轮磨房的生产方式"，与生态系统的正常循环是相背离的，"为了创造利润，这种生产方式严重依赖能源密集型和资本密集型技术，从而节省了劳动力的投入。但是，增加能源投入以及用更多的能源和机械替代人力意味着快速消耗更多的优质能源和其他自然资源，并且向环境倾倒更多的废料"。①

然而，自然资源是有限的，自然环境自我进化极为缓慢，自我修复及自我修复的程度是有前提的，必然难以满足资本主义无止境追逐利润的欲望，难以承受资本主义掠夺式的野蛮利用。资本主义制度及其生产方式在本质上是反生态的，必然导致生态危机。而生态危机不仅是经济危机、政治危机等传统危机的导火线，而且极大地强化了传统危机，也使传统危机变得错综复杂，更难以解决。

正因为资本主义制度及生产方式的反生态性，生态学马克思主义提出，只有以社会主义取代资本主义，才能从根本上解决生态危机。福斯特强调这种取代的必然性。奥康纳认为，替代资本主义的社会主义名为"生态社会主义"，它具有区别于传统社会主义的特殊性，即它会特别关心某些特定工人群体的健康问题，关心某些社区的污染问题和环境状况。戴维·佩珀则系统论述了生态社会主义的特征，指出："生态社会主义是人类中心论的和人本主义的"②，它的生产是建立在以人为本的基础上；同时，生态社会主义的经济增长是理性的，能遵循生态原则，并重新理解和规定人的需要及其满足方式。

生态学马克思主义从资本主义制度及生产方式上揭露生态危机的总根

---

① 〔美〕约翰·贝拉米·福斯特：《生态危机与资本主义》，耿建新、宋兴无译，上海译文出版社，2006，第38页。
② 〔英〕戴维·佩珀：《生态社会主义》，山东大学出版社，2005，第354页。

源,并以此为思考问题的基础,极为深刻,相对于其他生态主义者,更显得可贵。但是,今天的中国是社会主义国家,其社会制度与资本主义制度有实质性区别,如果立足于社会制度来分析我们的生态危机,就不恰当。虽然我国置身于资本主义制度处于强势的国际环境,我国经济改革也在不同层次上、不同领域中学习和借鉴发达资本主义经验,借用资本主义的力量。不过,这些只能算是我国生态建设问题的外在条件,或者是我们不成熟的表现,不能成为我国生态危机的主要根源。社会主义制度以公有制为主导,生产目的是满足人民生活水平不断提高的需要,在全社会范围内消除贫穷,使全体社会成员生活得富裕、有尊严和幸福。这规定了社会主义制度下的企业和个人的谋利方式,即必须有长远目光,保护环境,节约资源,追求可持续发展,为民众创造包括优美环境在内的全面的高质量生活。尽管我国现实中破坏环境的行为时有发生,生态状况不容乐观,但这些现象不是源于社会主义制度,而是与社会主义生产目的、社会主义性质和宗旨相冲突的,是社会主义理念实现的障碍,我们也一直在努力克服这些障碍。至于生态学马克思主义所期望和设计的生态社会主义,对于已经实现了社会主义制度的中国,有纠偏修正的价值,属于完善现有社会主义制度的范畴,并不具有转变我国社会制度的脱胎换骨式的撼动效能。

2. 在批判技术理性上的外在性及原因

技术理性,是生态学马克思主义批判生态危机的另一根源。技术本是理性的成果,人类发明和应用它的宗旨在于改善人的生存条件,为人谋求福利。但是在资本主义条件下,伴随着控制自然的价值观,技术的宗旨不仅无法实现,还常常导致人类的灾难。奥康纳尖锐指出,"因为资本主义生产关系所采用的技术类型及其使用方式使自然以及其他一些生产条件发生退化,所以资本主义生产关系具有一种自我毁灭的趋势。"[①] 在资本主义社会,对技术的选择和应用所依据的标准是技术的经济效益而不是环境效益,是资本家自身的利益而不是社会利益,以生态原则为基础进行生产

---

① 〔美〕詹姆斯·奥康纳:《自然的理由》,唐正东、臧佩洪译,南京大学出版社,2003,第331页。

除非有利可图，否则绝不可能成为资本家的自觉选择。这种状态从资本主义产生时就已开始，并随着资本主义的发展而日趋突出，技术越先进，其破坏生态的能力就越强，如核技术比一般技术的生态危害大得多。在资本主义社会，技术被赋予了特定的经济功能、政治功能和社会职能，唯独环境职能被忽视或被否定。具有讽刺意义的是，由于生产的自然条件被破坏，资本具有自毁根基的趋向，技术被忽视的环境职能报复式地毁灭着技术精心创造的经济成就和社会政治功绩：杀虫剂的大量使用破坏了土壤的品质，也降低了利润；汽车污染了城市空气，导致疾病和医疗费增加，削弱了社会的盈利能力；技术革新曾导致更多人更大的贫穷，引起社会动荡，等等。

为了更好地发展和应用科技，生态学马克思主义做出了各种设想，奥康纳执着于将生态效果上的"坏的技术"与"好的技术"有机结合，扩大人们对技术运用后果的"知情权"，同时，大力发展替代技术，如太阳能等绿色技术。高兹在批判"科技中性论"的基础上，倡导以社会主义的"软技术"替代资本主义的"硬技术"，推行不破坏生态环境的小规模、分散化的、人性化的技术。总之，生态学马克思主义者批判技术理性，强调技术应合理地发展和应用，消除技术与生态的背离。

生态学马克思主义继承了法兰克福学派对技术理性批判的思想，并将技术理性的批判由政治社会领域延伸到生态领域，着重分析了技术理性的生态危害。这值得我国借鉴，但我们不能无批判地吸取。一方面，我国的社会主义制度在其理念和目标上规定了科技应用的合目的性，这一点也符合生态学马克思主义的思想逻辑。更为重要的是，当今，技术破坏环境的能力与技术水平成正相向关系。生态学马克思主义思想家主要以发达国家为中心批判生态危机和提出解决措施。这些国家的科技水平总体上处于世界先进水平，由科技发展和应用引发的环境问题，具有明显的现代性特征，相应地，思想家提出的对策也具有一定的超前性和理想性，如"中间技术""小规模技术"等。但是，对于科技水平和应用效率仍较低的当代中国，这些解决生态危机的对策难以得到认同和接受。现实的中国正急需大力发展科技，提高科技创新能力和科技水平，并在社会各领域、各层次全面应用科技成果,以科技带动社会经济发展,以科技提升经济结构和完善经济模式。

3. 在批判消费异化上的外在性及原因

生态学马克思主义将消费异化归为资本主义生态危机的重要原因。消费异化是西方20世纪60年代开始出现的现象,其产生原因包括社会、生产和经济等多方面。生态学马克思主义从三个方面分析了消费异化的产生和盛行。一方面,消费异化的产生和盛行与资本主义的生产目的密切相关,资本主义生产追求的是利润最大化,随着科技的广泛应用,生产率极大提高,过度生产和过度消费成了相互强化的两个端点,消费在整个经济增长中的地位极度提升,社会尽其所能鼓励人们消费。另一方面,消费异化是资本主义统治合法化的需要。由于当代资本主义国家干预经济生活,引起了新的多重危机,为了转移危机和缓解矛盾,资本主义国家向民众许诺:人们的物质需求会不断满足,生活会越来越美好,通过这种许诺让人们从情感上依附于异化消费。最后,消费异化是民众逃离异化劳动的途径,是"人们为补偿自己那种单调乏味的、非创造性的且常常是报酬不足的劳动而致力于获得商品的一种现象"。①

消费异化导致人的异化,也带来严重的生态后果。生态学马克思主义指出,消费异化强化了过度生产和过度消费的内在循环,必然进一步推动过度生产,如同高兹所批判的,在资本主义制度下,"生产即破坏",大量的资源被耗费,相应地制造大量废物和污染,扩张性的生产必然与有限的自然环境发生矛盾。同时,异化消费建立在虚假需求基础上,所满足的是人们被不断勾起的无尽欲望,自然环境最终成为满足无限欲望的工具和牺牲品,免不了遭到掠夺和破坏。

正因为如此,奥康纳认为,生态学马克思主义的任务是双重的,它既要打破过度生产,也要克服过度消费,构建新型社会主义。在他们的设计中,打破过度生产,意味着分散工业生产和降低工业生产规模;打破过度

---

① 〔加〕本·阿格尔:《西方马克思主义概论》,慎之等译,中国人民大学出版社,1991,第494页。

消费，意味着克服"劳动—闲暇二元论"，提供有创造性的、非异化的劳动，促使人们摆脱异化消费的负担。

随着经济发展，同时也由于财富价值的多重性，消费异化在我国开始萌生，消费异化的社会危害和生态危害也呈现出来。生态学马克思主义的相关思想对我国具有一定的指导性，但是，并不能因此而抹去中国消费问题和生态问题的特殊性，社会经济发展程度上的巨大差距决定了这一点。生态学马克思主义产生于20世纪70年代，其理论背景和理论坐标主要基于西方发达资本主义国家，这些国家经济发展水平高，经济实力强，物质财富丰富，社会文明程度高。相比之下，中国现阶段的经济实力仍较薄弱，经济结构主要是资源和劳动力密集型的，城市化建设正在全面进行之中，社会福利远远落后于现实需要，人民物质生活水平还较低，与国家和个人的富裕目标还有相当大的差距，大部分人刚解决了温饱问题，还有一小部分人仍为贫穷所困扰。消费异化虽然存在，而且在年轻人中还表现得较突出，但总体上其影响范围不大，影响程度也较低；消费异化的根源，主要在于人们对富裕生活的渴望和追求，其动机合理，只是方式不当，目标片面。这里，不存在生态学马克思主义所批判的国家维护合法统治的欺骗性许诺，充分满足民众的物质生活需求是社会主义国家的基本任务和重要职责；也不存在以异化消费来补偿异化劳动的问题，因为社会主义制度下，人与人是平等的，劳动是人的权利，是人的价值实现途径。对于生态学马克思主义者设想的克服消费异化的方案，在中国现阶段也不适用。他们主张以小规模、分散化的工业生产来抑制过度生产，进而控制过度消费和克服消费异化，这与中国现实发展程度不相宜。中国的工业化正式起步不过30多年，程度也较低，效率不高，以集中化、规模化来提高效率是现阶段工业化的基本途径，而分散化的、小规模的传统农业经济模式则是我国现阶段要超越的。而生态学马克思主义者所期望的"劳动—闲暇"一体化，甚至把劳动当作娱乐和享受，如果说对发达资本主义国家来说这是下一步的目标，那对今天的中国来说则是过于高远的目标。可以预料，在我国，不仅是现阶段，而且在未来较长的时间内，劳动主要还是谋生的手段，而将劳动与娱乐和享受相等同，主要是取决于人的良好心态和高尚人生观,这只是特殊情况,不具有普遍性和现实性。

凡此种种表明,由于现阶段的中国社会经济发展程度相对较低,主要矛盾和基本任务与西方发达国家不同,在消费异化的根源、程度等方面存在较大差异,生态学马克思主义针对西方发达国家消费异化的批判和改造方案,对当代中国缺乏现实性,有些方面差距很大甚至完全相背离。

4. 在批判控制自然观念上的外在性及原因

在生态学马克思主义理论中,控制自然的观念是生态危机的思想根源,威廉·莱斯是其中的典型代表。他认为,自然的观念最初在逻辑上源于基督教,即人和自然都是上帝的创造物,但人又受命替上帝管理自然。这为人类在上帝主宰的世界中找到了一个施展才能和扮演主人的机会,这一观念在文艺复兴运动中进一步加强,最终由培根巩固和确定。控制自然实质上是指人征服和主宰自然,它"意味着从自然环境中提取资源,使之变成满足人类需求的商品,不需要为此设定界限,也不需要考虑这些需求和提取的方式是否适应,只以'真正人'的生存为标准。简而言之,我们只需通过将地球变为我们所需的供应者——一个丰富,无限的,永不枯竭的物品供应者"。①

借助于科技的力量,控制自然的观念不断强化,其功能和地位不断提高,以至于成了社会的意识形态,"它的作用是作为一项非凡的社会事业的指导象征,它在巨大的范围内支撑着集体的希望和感情,同时又被这种集体的希望和感情所支持"。② 控制自然的观念通过掩蔽内在的矛盾,为人们虚构了个人自由、社会正义、经济繁荣、民众幸福的美好未来。然而,控制自然观念的目标本身是不合理的,它错误地将人与自然相对立,错误地将人理解为自然的主宰者、征服者,将自然视为满足人无止境的欲望的材料,并认为这必将带来人类的进步和自由。控制自然的观念,将全部自然贬为满足人的需要、由人支配和随意改造的生产原料,不仅是强制性的、违背人性的,使人丧失了自由,也会将人引向自我毁灭。因此,控

---

① 〔加〕威廉·莱斯:《自然的控制》,岳长岭、李建华译,重庆出版社,1993,第13页。
② 〔加〕威廉·莱斯:《自然的控制》,岳长岭、李建华译,重庆出版社,1993,第5页。

制自然的观念，这一曾经象征着人的力量和人的伟大的观念，日益成为破坏环境和损害人的自由的力量。

鉴于控制自然的观念的毁灭性后果，生态学马克思主义者提出了应对之策。莱斯主张实现"自然的解放"，即消除浪费性的生产及其对环境的破坏。莱斯认为，要解放自然，首先，从社会结构和社会制度的改变来消除科技的破坏性功能，保证科技成为为大多数人谋福利的武器，而不是沦为控制自然的工具；其次，从道德伦理上重新理解"控制自然"，即将其理解为对人的欲望中非理性和破坏性因素的控制，而不是诉诸科学和技术的进步，从而正确对待自然，使人和自然都获得解放，也使人能真正享受控制自然的成果，如此，在控制自然中取得的成就也是解放自然的成就，自然的解放与人类的解放成了人类活动的同一过程和共同目标。

控制自然的观念在西方有着悠长的历史渊源和厚实的文化根基，而在日益强大的科技推动下，控制自然的观念也造成了严重的生态危害。生态学马克思主义相关的分析和批判极为深刻，也切中要害。但是，对于中国而言，此类现象无历史文化根基，也缺乏后天科技力量的助推，不具有内在性，即使有一定的表现，也属于外生性问题，并非是根深蒂固、难以消除的。

中国与西方有不同的文化传统，自然观体现了中西文化传统的差异。生态学马克思主义活跃于欧美发达国家，其代表人物，无论是加拿大的阿格尔和莱斯、美国的福斯特和奥康纳，还是英国的佩珀、法国的高兹、德国的格伦德曼等，都生活在西方社会，秉承着西方文化传统，其话语体系、思维方式和思想观念都烙上了西方传统文化的印记，也深刻体现着西方文化传统。他们对控制自然观念的分析和批判也扎根于西方文化土壤。相比之下，中国人的自然观中控制自然、主宰自然的观念并不浓厚。中国历史上长期以农业文明为主，人与自然没有经历西方近代以来几百年所发生的显著对峙和分离，农业生产以经验为基础，生产成效在很大程度上是"靠天而收"，较原始、落后，而人与自然的关系也保持着原始的样态，较为融洽和谐，即使有对立，也主要表现为自然对人的强势：在人们的心目中，自然是强大的、威严的，无论是降下洪涝干旱之灾还是赐予风调雨顺之福，都显示着自然的威力，人只能无奈承受或欣然享受。中国传统文化中儒家道家所推崇的是"天人合一",这种理念常被赋予神秘而神圣的色彩,几千年间沉积在中华民族的文化中,沉积在中国人的灵魂里。人与自然对立和分离,人凌驾于自然之上,人是自然的征服者、主宰者等,这类观念在中国没有历史文化基础。20世纪下半期中国"人定胜天""改天换地"的想法和活动,主要源于从长期压制和剥削下获得独立解放的中国人民的豪情壮志,源于摆脱贫穷落后的决心和斗志,无历史文化根基,影响时间较短,并被后来频发的自然灾害所否定、所惊醒。

中国"天人合一"的理念表明了中国人的自然观,规定了人在自然面前的地位和行为方式,同时也决定了中国自然科学的特点和世界地位。这种理念孕育了中国古代伟大的自然科学技术,使中国自然科学技术领先于世界,成为古代世界自然科学技术上最强大的国家,创造了璀璨的中华文明。另一方面,"天人合一"的理念,也阻碍着近代以来中国自然科学技术的发展,导致中国从近代开始自然科学技术的落后,因为肇始于西方的近代自然科学技术是以人与自然相分离为前提的,"天人合一"的自然观与近代西方自然观相对立,控制自然的观念与自然科学技术的相互强化在中国也并不存在。

对于"天人合一"自然观对中国自然科学技术的功与过,这里暂且不加评说。当然,我们不能回到古代,也不能否认"天人合一"自然观的模糊而神秘的缺陷,但在当代社会面临日益严峻生态危机的情形下,古老的"天人合一"自然观能给当代人以智慧和启迪,它有助于校正西方控制自然的观念,能促使人类重新选择支配自然科学技术的自然观、价值观,合理地预测自然科学技术的长远生态影响,明智而谨慎地对待自然科学的环境后果。

针对严峻而普遍的生态危机,生态学马克思主义从制度到观念等不同层面进行了深刻的分析和尖锐的批判,并提出了消除生态危机的相应对策,对当今中国富有启发和警戒意义。然而,由于历史文化传统的差异及自然观的区别,生态学马克思主义从控制自然的观念上批判生态危机,具有相当程度的外在性,对中国的针对性不强。

二 忽视生态学马克思主义对中国外在性的危害

共同的时代背景,共同的现实问题,相同的马克思主义立场,决定了生态学马克思主义对当代中国的内在性和重要价值。但是,由于文化传统、社会发展程度等方面的差异,生态学马克思主义对中国又具有不容忽视的外在性。如果无视或否认这种外在性,必将导致一些错位和失误。

对于资本主义制度及资本主义生产方式,生态学马克思主义的批判尖锐而深刻,但对于社会主义的中国,生态学马克思主义却存在明显的外在性。如果忽视这种外在性,很容易导致两个极端,一个极端是将生态危机归因于社会主义制度,如同归因于资本主义制度,否认社会主义制度固有的优越性,看不见在社会制度性质不同的国家生态危机的区别;另一个极端是误认为只有资本主义社会才存在生态危机,资本主义是生态危机的唯一根源,对于我国的生态危机只寻找外因,完全归罪于资本主义的生态殖民,如污染性行业的转移、露骨的或变相的资源掠夺、直接的垃圾输出等,而无视或否认我国生态危机的内在原因,将我国生态危机问题简单化,导致个人和企业逃避环境责任和社会责任,最终难以有效解决我国的生态危机问题。

对于消费异化的生态危害,生态学马克思主义的分析十分精辟,不过,我们同样应重视消费异化在中西方的差异。我国的经济发展水平还较低,人民生活还不十分富裕,相应地,消费异化现象具有偶然性、个别性,不是普遍的社会问题,也不是生态危机的主要原因。如果我们忽视这一点,照抄照搬生态学马克思主义的思想,那就夸大了消费异化及其生态危害,可能冲淡和背离我国现阶段社会经济的根本主题,也难以引起还不富裕甚至贫穷的民众的理解与共鸣,更不可能以此来唤起民众的环境意识和环保行为。更为严重的是,国家和社会相关机构可能不会有针对性地校正人们不当的消费行为,不会切合实际地引导人们树立健康的消费观和生活方式,从而增强我国生态文明建设的群众基础。

对于技术理性的社会后果和生态后果,生态学马克思主义也做了深刻批判。而技术理性在我国的情况也不同于西方。理性是西方文化的灵魂，从古希腊时期就确立了地位，它包括价值性和工具性两重属性和功能。技术理性是理性的极端化和片面化，也是理性精神的体现，只不过是扭曲的体现，它丢失了理性的价值性，片面强调和发展了理性的工具性。在中国传统文化中，理性精神也具备，但经验的地位更高，经验是人们判断分析问题和选择行为的主要依据；就中国的理性精神而言，更突出的是理性的价值性，理性的工具性没有受到重视，发展也极不充分。可以说，中国的理性精神同样是片面的，只不过所偏重的内容与西方不同。西方理性的片面性和极端化，导致理性脱离了人，成为人的主宰，失去了人性，失去了价值归依，否定了理性是人的本质和力量。中国理性的境遇和片面性，一方面，降低了理性的地位，理性常让位于经验；另一方面，离开工具性的理性，理性的价值性失去依托和现实支撑，空洞乏力，同样贬低了理性的价值。只有清楚地认识到理性在中国和西方的不同情况，才能有的放矢，有效地解决我们的问题。

值得注意的是，生态学马克思主义对技术理性的批判，代表西方社会在理性的工具性充分发展后的反思，它的重点在于发现问题并进行批判，而略去了理性工具性或技术理性的重大价值和贡献。对此，我们应有清醒的头脑。我们应认识到技术理性是西方社会现代化的重要支柱，它奠定了现代文明的思想基础和行为准则，为西方社会的物质文明、科技进步、政治文明等立下了汗马功劳，并培养了西方人的文明素质。这些是我国现代化建设当前和未来需要努力实现的目标。当我们在欣赏和信服生态学马克思主义对技术理性生态危害的批判时，必须正视我们与西方发达国家的差异，并理性地对待这种差异。

在生态学马克思主义的视野中，控制自然的观念对生态危机难辞其咎，战胜这种观念，也是解决生态危机的重要途径。这一点在我国也具有外在性。如果否认这种外在性，要么，我们的批判会失去历史厚度和现实目标；要么，我们会以为，生态学马克思主义所追求的生态价值观在我国"古已有之"，而且源远流长，从而沾沾自喜，狂妄自大，进而小视生态学马克思主义的价值。如果这样，我们就会故步自封，落后于时代，无异于自欺欺人，难以解决我国现实中存在的环境问题。

生态学马克思主义面对现实问题，吸取现代生态学理论和方法，开辟了马克思主义理论的新领域，赋予马克思主义时代特征和现实价值，为分析和解决生态危机提出了宝贵的思想，值得我国学习和借鉴。与此同时，我们必须高度重视生态学马克思主义对我国的外在性，积极实现生态学马克思主义的内在转化即中国化。否则，我们既难以正确把握和吸取生态学马克思主义的价值，也会对我国生态问题的认识产生错位和偏差，以至于无法寻找到克服我国生态危机、建设生态文明、创造美丽家园的有效途径。

生态价值观教育是当前主流文化建设的重要任务

赵 涛[*]

（湖北大学马克思主义学院、湖北青少年思想道德教育研究中心）

【摘　要】建设生态文明社会是未来中国社会发展的目标之一，是近年来党和政府确立的重要理念，也是当前主流文化建设的重要任务。因而，把生态价值观教育引入青少年思想政治教育，具有重要的意义。生态价值观教育是与社会主义核心价值观一致的价值观教育。我们必须站在人的生态发展问题的理论高度审视生态文明，把生态价值观教育拓展为人的生态发展问题教育。培育具有生态素养的公民是生态价值观教育的重要任务。

【关键词】　生态价值观教育　生态素养　主流文化

建设生态文明社会是未来中国社会发展的目标之一，是近年来党和政府确立的重要理念，也是当前我国主流文化建设的重要任务。党的十六届五中全会提出了建设资源节约型、环境友好型社会，并首次把它确定为国民经济与社会发展中长期规划的一项战略任务。党的十七大首次把生态文明的概念写入了政治报告，党的十八大把建设生态文明社会作为我国现代化建设总体布局的"五位一体"目标之一。而要建设生态文明社会，全

---

[*] 赵涛（1978~），男，河南三门峡人，哲学博士，湖北大学马克思主义学院讲师，主要研究方向为中国哲学与传统德育。

社会公民生态文明理念的逐渐确立是重要的一环。这些生态政治理念的确立，表明我们在主流文化建设中必须深化对生态价值观教育这一核心内容的研究，培育公民的生态素养。因此，怎样从理论层面厘清生态价值观教育问题就值得我们认真探讨。青少年作为未来社会建设的重要群体，对他们进行养成生态价值理念的教育也非常重要，而这也是我们目前学校思想政治教育的软肋。

一 生态价值观教育的意义

生态问题是当前中国经济社会可持续发展的核心问题之一，也是社会科学发展的应有之义。党的十八大报告进一步明确了科学发展观的历史定位，实现了党的指导思想的又一次与时俱进。科学发展观的核心是以人为本、以最广大人民群众的利益为本。而以人为本的理念与生态文明建设是一致的，生态文明只有落实到以人为本、以人民群众的利益为本，才能真正实现，这样的生态文明才是大众的，才是我们应有的目标。科学发展观强调其基本要求是全面协调可持续发展，而可持续发展就是要促进人与自然的和谐，实现经济发展与人口、资源、环境相协调，坚持走生产发展、生活富裕、生态良好的文明发展道路。十八大把建设生态文明社会作为我国现代化建设总体布局的"五位一体"目标之一，因此，把生态价值观教育引入主流文化建设和青少年思想政治教育，具有重要的意义：

一是进行生态价值观教育，可以更好地进行社会主义核心价值观教育，使主流文化深入人心。党的十八大报告用24个字提出覆盖全国各方面意见、反映现阶段我国人民意愿的社会主义核心价值观的表述，分别从国家、社会、个人三个层面进行：从国家层面看，是富强、民主、文明、和谐；从社会层面看，是自由、平等、公正、法治；从公民个人层面看，是爱国、敬业、诚信、友善。这三个层面的社会主义核心价值观的表述强调要正确处理国家、集体、个人三者的利益关系，也有利于培育社会主义核心价值观。

生态价值观教育从个人层面来帮助青少年处理好自身的身心健康和

谐、个人与社会与国家的关系以及生态发展问题，可以帮助青少年对社会主义核心价值观的内容有更好的理解，从国家、社会和个人层面都能够合理地定位自己，规划未来，做良好的现代社会公民。

二是进行生态价值观教育，培育生态素养，符合未来社会人的生态发展与生态文明建设的方向，这是主流文化建设的重要目标。党的十八大把建设生态文明社会作为我国现代化建设总体布局的"五位一体"目标之一，这是中国社会可持续发展的方向，也是人类社会可持续前进的方向。随着工业文明的大发展所带来的自然生态紧张与市场经济发展所带来的社会生态紧张，未来社会必然更重视自然和解与社会秩序良好的生态文明建设，公民能够树立生态价值观，具备生态素养，是符合人类文明的根本发展方向的。可以说，这不仅是"中国梦"，也是"世界梦"。

三是进行生态价值观教育，可以为青少年的个人发展奠定基本的现代文明理念，与主流文化的要求和社会发展的要求相一致。在教育中充分渗透生态价值观，积极干预与影响青少年的思想形成，培育他们的生态素养，使他们的"个人梦"与生态的"中国梦"一致，为建设经济、政治、社会、文化、生态的社会总体布局建设目标服务，是思想政治教育的重要任务。

二　生态价值观教育是与社会主义核心价值观一致的价值观教育

生态价值观教育是从生态文明发展方面来转变价值观的教育。一方面，重视生态价值观教育是时代和社会发展的需要，也是完善青少年思想政治教育的重要方面。在理论上，进行生态价值观教育是思想政治教育理论领域的重要拓展，它把传统所重视的人与人、人与社会的良性关系拓展到人与自然的生态关系来研究，进而站在生态文明角度重新理解传统人与人、人与社会良性关系的教育问题；在实践上，通过生态价值观教育对青少年的生态理念进行塑造，可以促进其生态道德素养的提升，促进其全面发展，使其成为合格的现代社会公民，这在实际上也促进了学校思想政治教育的全面发展。

另一方面，生态价值观教育应以马克思主义生态思想为理论基础，同时挖掘中国传统文化的生态思想，并结合党的十八大提出的社会主义核心价值观内容，把生态价值观教育与社会主义核心价值观培育结合起来，使主流文化深入人心。

第一，生态价值观的内涵。生态价值观首先强调的是人与自然的和谐发展，这与党的十八大从国家层面提出的"富强、民主、文明、和谐"的社会主义核心价值观中的"和谐"是一致的。和谐的内涵应该是人与自然的共生、和解。人们认识自然不仅仅是认识自然的可利用性，还应认识到人与自然的一体性；人们改造自然是为了更好地满足人的需要，但不能进行毁灭性的开发，而需要合理利用、培育自然，促进其良性发展。其次，生态价值观的内涵不局限于人与自然的良性关系，还表现为社会领域的生态问题，具体表现为社会体制方面的建设。人与自然的关系最终还是人自身的问题，在全社会形成生态理念、从体制上建设生态社会是文明发展的重要标志。生态价值观的社会问题是全社会在自然与社会两个方面的良好秩序与文明发展，这就需要在现代的道德和法律的框架内推动生态文明社会的发展。

第二，生态价值观教育不仅仅是生态教育，更是与社会主义核心价值观相一致的价值观教育，也是符合社会主义生态文明建设的主流文化教育，是未来社会科学发展的基本教育。党的十八大从社会层面提出"自由、平等、公正、法治"、从个人层面提出"爱国、敬业、诚信、友善"的社会主义核心价值观概述，生态价值观教育也是与此要求相一致的。没有人与自然的和谐发展就无法实现人的自由，人与人之间的平等、公正也体现为人享有良好自然生态的平等与公正。个人的"爱国、敬业、诚信、友善"恰好是社会生态良性发展的体现。

第三，针对青少年的生态价值观教育，要作为思想政治教育的一项重要任务，要以人与自然的生态和谐发展理念教育为基础，并拓展到人与人、人与社会关系的生态发展问题教育，把生态价值观教育与社会主义核心价值观培育结合起来，使青少年与主流文化保持一致，树立全面正确的生态价值观，具备生态素养，成为合格的社会主义生态文明践行者。

三 生态价值观教育应拓展到人的生态发展问题教育

我们必须站在人的生态发展问题的理论高度审视生态文明,重新理解传统的人与人、人与社会关系的教育问题,以人与自然的生态和谐发展理念教育为基础,拓展到人与人、人与社会关系的生态发展问题教育。人的生态发展问题教育是从生态的角度理解人在现实中的发展问题,也即从生态问题理解当前主流文化建设的目标——人的发展问题,这可以从以下几个方面来理解:

一是生态价值观教育应该着眼于整体地、系统地处理人与自然、人与人的关系,其目的是从整体上把握作为整个世界系统一部分的人的世界,更好地认识自然与社会发展的规律性、普遍性问题,改变人类中心的思维,从人类的长远利益与未来发展来看待人的需求问题。

二是生态价值观教育应该从人与其所处环境的动态的关系中来把握,包括从自然环境与社会环境的相对稳定性与变动性中来理解人是怎样合理处理这种关系的。具体的自然环境与社会环境都有一定的稳定性与变动性,当我们改造自然环境与社会环境的时候,必须从前后相续的动态关系中做出衡量。

三是生态价值观教育应该着眼于人的未完成性来理解生态的相对性问题。生态价值观教育的对象还是人本身,而人是处在一定社会关系中的不断发展的一种未完成的存在,从这个意义上说,生态问题实质上是人自身在改造世界的过程中怎样更好地理解和处理他所面对的自然与社会的问题。并且,生态价值观教育与生态素养问题是个人逐渐理解他所面对的世界应该具有的精神维度与自觉行为。自然生态与社会生态都最终依靠人自身来解决。因而,自然生态有它相对于人的存在与发展所需要的现实相对性,它有个逐渐走向良性生态的过程;社会生态也随着现代文明的发展而逐渐成为现代社会的基本理念。

四是生态价值观教育应该从人的需求的生态化来理解价值观教育问题。这包括人的需求相对自然的限度、合理性问题,即人不能过度向自然索求；也包括人的需求得到满足的生态化问题，即人从自然得到更好的满足。

从系统的、动态的、人的未完成性以及人的需求的生态化来理解人的生态发展问题，核心还是要转变教育的理念，进行生态价值观教育，培育生态素养，从而理解个人与人类社会的合理、和谐发展。对青少年进行生态价值观教育也需要拓展视野，从多角度理解人的生态发展问题。进行生态价值观教育、培育生态素养的主流文化建设，无疑是随着人的发展而具有未完成性的，需要我们不断从理论上反思，在实践中推进。

四 培育生态素养是当前主流文化建设的重要任务

生态价值观教育的目标是转变个体的价值观评判标准，培育个人的生态素养。生态素养不同于环境素养，而我国学术界还没有认真区分这两个概念。"生态素养"概念是美国奥尔（David W. Orr）在1992年出版的《生态素养：教育与向后现代社会的过渡》一书中提出的，强调每个个体应该发挥基本的生态素养，具备生态意识、生态行为，对人类可持续发展发挥重要作用。[1] 生态素养是对环境素养的超越，可以说，生态素养是每个社会成员在其社会实践活动中逐渐形成的生态意识与生态行为能力，是现代社会公民的一种基本的高尚道德行为与涵养。它是在批判"唯技术论"与超越"唯生态论"基础上的一种综合素养。但是，学术界把生态素养作为集中的研究对象才刚刚开始，而作为生态素养核心的生态价值观教育更是需要进行认真思考。

有学者把西方工业革命以来的生态思想发展分为三个历史时期，即生态文学时期、生态伦理学时期和生态政治学时期。[2] 西方生态文学时期的代表人物是英国的吉尔伯特·怀特（Gilbert White）与美国的亨利·梭罗（Henry Thoreau），他们主要用文学表达了对环境问题的忧思，代表西方

---

[1] David W. Orr. *Ecological Literacy: education and the transition to a postmodern world.* Albany: State University of New York Press, 1992.

[2] 于文杰、毛杰：《论西方生态思想演进的历史形态》，《史学月刊》2010年第11期。

生态意识逐渐形成；生态伦理学时期的主要代表人物是美国的奥尔多·利奥波德与霍尔姆斯·罗尔斯顿，他们开始从宗教与哲学的层面并从理论上考察和论述人与自然的关系，试图从人、动植物与整个生态系统之间构建环境与生态伦理，开始了环境伦理学的构建；生态政治学时期开始对工具理性与技术的普遍反思，西方生态思想家、生态运动、生态组织相继出现，倡导绿色政治文明。现代生态文明的推动者美国雷切尔·卡森在1962年《寂静的春天》中唤醒了大众的生态思想，1968年罗马俱乐部的成立都推动了生态运动的发展。德国、比利时、美国等国家相继成立绿党，生态运动逐渐以政治的方式影响社会发展。20世纪中叶以来，随着西方国家的工业化发展，生态环境问题急剧突出，西方对生态环境保护问题越来越重视。1992年联合国环保大会，形成了"人类可持续发展"的全球共识，并且把环境教育问题与人类实现可持续发展联系起来。现在，西方发达国家逐渐改变了原来的人类中心主义的生态观，越来越重视生态环境教育：一些国家如美国颁布相应的法律法规，保障环境教育的实施；一些国家重视户外环境教育，如德国的学校建立环境教育基地。这些都取得了应有的成效。但是，这些国家所进行的是"环境素养"教育，而没有上升到"生态素养"问题。

另外，我们看待西方反思工业文明的生态文明思想的发展史，不能忽略马克思主义的生态文明思想。事实上，西方较早从理论上阐述生态思想的应是马克思主义生态思想。马克思主义从哲学与科学社会主义的高度论述了人与自然、人类社会与自然界的统一问题，阐述了自然的先在性以及人作为自然的一部分，在自然的制约中认识自然、改造自然的观点，创立了科学的唯物史观，从社会制度的层面解决了人与自然的和解问题，为人类社会的发展指明了前进的方向。因此，学术界有人称马克思主义的生态价值观为生态整体主义的价值观，这也是我们现在生态价值观教育较早的理论依据。

总体来看，生态价值观教育是培育具有生态素养的人，这是当前主流文化建设的重要任务，也是未来生态文明社会发展的需要。而从目前来看，学术界对生态价值观和生态素养的研究还有所欠缺，表现在：

第一，生态素养与环境素养的区别还没有引起重视；对生态价值观教育的研究在学术界还没有真正展开，生态价值观内涵、生态价值观教育的目的、内容以及加强青少年生态价值观教育的路径等方面的研究都需要推进。

第二，生态价值观教育与思想政治教育的关系、生态价值观教育在思想政治教育中的地位等方面的问题，也需要认真研究与探讨。

第三，党的十八大提出建设生态文明社会，这必须从理论上厘清生态价值观教育问题，为生态文明教育实践提供对策。青少年的生态素养与生态价值观教育是当前迫切需要研究的问题。

以上三点是我们需要解决的理论问题，也具有一定的现实针对性。所以，我们要在区别生态素养与环境素养、界定生态价值观及其教育内涵的基础上，结合党的十八大提出的社会主义核心价值观内容，以马克思主义生态思想为理论基础，挖掘中国传统文化的生态思想，确定生态价值观教育的理论基础，把进行生态价值观教育与培育生态素养作为当前主流文化建设的重要目标之一；在理论上奠定生态价值观教育的坚实基础的同时，我们还要把握生态价值观与思想政治教育的关系，进而站在生态文明的角度重新理解传统人与人、人与社会关系的教育问题，为我国生态价值观教育工作与公民生态素养提升提供理论依据与现实对策。

生态文化建设中"天人和谐"观的再出场与现代诠释

蔡紫薇[*]

（武汉大学哲学学院）

【摘　要】 自古以来，"天人关系"始终都是中国传统文化中一个十分重要的哲学命题，人与自然的关系随着历史的更迭，由最初的原始"和谐"到基本平衡，再到如今的紧张对立。经济发展背后是以牺牲环境为代价，生态环境破坏愈演愈烈，这一切最终都要归咎于人类狂妄的自信心。在这种情况下，"天人和谐"的观念呼之欲出，在建设社会主义生态文化的进程中，"天人和谐"观念的再出场十分必要，并且应赋予其新的时代诠释与内涵。

【关键词】 天人和谐　人与自然　生态文化建设　再出场　现代诠释

星空因其辽阔而深邃，让我们仰望，心生敬畏；道德因其庄严而神圣，值得我们不断地去修养，用一生去坚守。然而，对星空的敬畏和对道德律的遵守，对于现代人来讲，似乎永远是一个可望而不可即的和谐梦。"生态危机""道德滑坡"等种种残酷的社会现实一次次将我们从睡梦中击醒，把这个美梦变得支离破碎。是停下脚步反思的时候了：人类到底生活在怎样一种境遇里？

---

[*] 蔡紫薇（1989～），女，天津人，武汉大学哲学学院2012级硕士生。

人与自然的关系问题，是我们不得不面对的基础性的问题。作为自然界的重要成员，人类以何种方式与自然相处，在一定程度上决定着人类自身的命运。自古以来，"天人关系"在中国文化中一直都是一个非常重要的哲学命题，大多数思想家都用"天"来指称自然，用"人"来指称整个人类。在这里，我们探讨的"天人关系"也主要指自然和人的关系。"天人和谐"论是我国传统文化的重要组成部分，大多数哲学家都将"天人合一"论看作传统文化中处理人与自然关系思想的哲学概括。然而，随着经济的发展、社会的进步，资源、环境等生态问题也逐渐凸显出来。人与自然不再呈现出一派和谐之景，充斥于现实之中的，是人们高举征服之剑肆意挥霍，欣喜着自己的无所不能，人们占有自然、征服自然。血淋淋的恶果源自人类自己种下的恶因，狂喜的结局便是这样。如今人类正在为自己的狂妄自大买单，经济发展的背后是自然环境恶化的惨重代价。因此，"天人关系"这一古老命题，不得不再次引起人们的反思。在建设中国特色社会主义社会的进程中，我们明智地提出了建设社会主义和谐生态文化。一种理论是否奏效，是否有利于时代的发展、社会的进步，不仅取决于该理论是否付诸实践，而且取决于该理论本身是否具有合理性与独到性。种种不容乐观的社会现状无疑都呼唤着"天人和谐"意识的再出场。何为"和谐"？如何做到"天人和谐"？在现代化的今天，对于这些问题都应该有新的诠释。

一　"天人关系"的历史演变：由"和谐"到"对立"

　　在漫长的采猎文明时期，人只是大自然中渺小的一员，可以说没有什么力量。这时候的人们丝毫没有意识到自己的主体地位，人类的生存状态和其他生物没有什么区别。由于生产力水平低下，人们认识水平十分有限，能做的只有依靠自然界的现成生产生活资料维持生存。相应地，低下的物质生活导致的是人们以原始图腾和自然崇拜为内容的精神生活。正如马克思所说的："自然界起初是一种完全异己的，有无限威力和不可制服的力量与人们对立的，人们同它的关系完全像动物同它的关系一样，人们就像牲畜一样慑服于自然界。"① 人们把自然当作一种十分神秘的力量加以崇拜、顺从和敬畏。在这段时期里,人类是十分被动的,人类完全依赖自然,人类活动对自然界的影响是微乎其微的,但总体天人关系保持着原始的和谐。

到了农业文明时期,天人关系是一种基本平衡的关系。"人从自然那里学会的是一种更高层次的学习,不是学习如何更好地和自然作斗争,而是学习如何模仿它、引导它。"② 在农业生产中,人类与自然保持着天然的接触,形成了尊重自然规律、与自然和谐共处的思想观念。随着生产力和人们生活水平的提高,虽然也曾经产生了一些环境问题,但总的来说,这一时期人们对自然的改造还处于幼稚阶段,人们对自然的影响是局部的,不具有根本性,人与自然保持基本平衡的关系。

到了工业社会,人类创造的物质财富比以往多得多,人类征服自然、改造自然的力量大大增强,自然界由人们效仿的榜样变成了人类征服和索取的对象。恩格斯曾经说过:"我们不要过分地陶醉于我们对自然界的胜利。对于每一次这样的胜利,自然界都报复了我们。"③ 大规模的征服使得人与自然的关系日渐失衡,天人关系处于一种紧张的对立状态之下,人类陷入生态危机的深层困境中。在这种情况下,"天人和谐"的观念呼之欲出。

二 现代社会"天人和谐"意识缺失的根源

现代主流世界观大体上可以定位为科学自然主义的世界观。该理论认为万事万物都是物理实在,自然的就是经验的,在一切存在中,最具有主体性的是人,人最精微的部分是大脑。因此,科学主义的认识论对人的理性的进步保持相当乐观的态度,认为万事万物的根本规律均可以为理性认

---

① 中共中央马克思恩格斯列宁斯大林著作编译局:《马克思恩格斯选集》第1卷,人民出版社,1991,第81页。
② 中共中央马克思恩格斯列宁斯大林著作编译局:《马克思恩格斯全集》第47卷,人民出版社,1965,第3页。
③ 中共中央马克思恩格斯列宁斯大林著作编译局:《马克思恩格斯选集》第1卷,人民出版社,1991,第519页。

识，万事万物变化的形式也均能为人类把握。科学所描绘的宇宙包括一切存在者，只有科学尚未认知的存在者，没有科学不可认知的存在者。唯有科学才属真知，那些过于思辨的东西，比如玄想、浪漫的表达等，都不属于知识。不可否认，自然科学的发展使得人类的认识水平大大提高，各种新技术的突破均是人类理性进步的明证，极大地改善了人类的生存环境。然而，科学的发展似乎并不像科学主义认识论所认为的那么乐观，比如：科学尚未提供人类治疗癌症的药方。因此，"相对于自然之未知领域，我们现在之所知只是沧海一粟"。①

在科学主义认识论基础上的价值观——物质主义价值观——认为，人生的价值在于通过我们的创造去改善我们的物质生活条件，获得无穷无尽的财富。高楼越来越多；我们的物质生活越来越舒适、便捷，经济收入的大幅度增加，进行高档次的消费才是人类劳动的最终目的和人生的终极价值。正因为如此，享乐主义的信念才会逐渐成为当今社会的毒瘤。一些国家或地方只顾眼前利益，赚取高额利润，不惜以牺牲环境为代价过度开发资源环境，导致生态环境的破坏，"只污染不治理"的做法，究其根源，仍是享乐主义的思想在作祟，自然面前，金钱为要。但是，任何一个民族，若不能消除享乐主义的毒害，就不可能真正痛下决心去保护自己的环境。

享乐主义产生的根源和近代西方的"自由"观念紧密相连，但是在生态文化建设中，"自由"并不意味着掠夺自然资源以满足人类自身的享乐。客观地说，现代社会是一个强调自由的社会，经济自由大大推动了社会的发展。然而，人类绝对不会拥有无限制的自由，近年来不断发生的各种自然灾难已经警示了人们要敬畏自然、告诫了人们在认识自然规律的过程中还有很长的路要走，真正的自由应当节制享乐，用理性客观的态度去处理人与自然的关系。只有这样才有可能达到古人所说的"天人合一"的理想境界。

---

① 卢风：《放下征服之剑——关于自然与人类之关系的哲学反思》，《武当学刊》（社会科学版）1994年第3期。

三 现代生态文明对"天人和谐"意识的呼唤

在中国古代文化看来,天、地、人并不是相互独立的系统,而是彼此有着不可分割的内在联系的有机整体。中国是一个农业大国,农业的发展自然离不开自然条件,因此只有了解时令和季节的变化,才能做好农业生产。这一特征使得历代思想家都十分重视天与人的关系。儒家一直主张"仁爱",推己及人、由人到物,将"仁爱"观念穷遍宇宙万事万物。如孔子提出"钓而不纲,弋不射宿",反对用大网捕鱼,反对射猎捕杀夜宿回巢的鸟儿;《中庸》有"万物并育而不相害,道并行而不相悖"的思想。庄子也强调人必须遵循自然规律,只有人与自然和谐相处,才能达到"万物与我为一"的境界。

古代人虽然敬畏天命,爱惜草木,但在当时的社会历史条件下,为了生存需要,也会"主动地"破坏环境。比如:为缓解人口增长压力,满足百姓生活之需,采取毁林开荒、垦荒扩种等严重破坏生态环境之举,造成森林面积大幅度缩减、山地丘陵区水土流失加剧、沙漠化土地面积不断扩大、大量湖泊萎缩消失、动植物种类减少等恶果。

据史料记载,距今 4000~2000 年,我国森林覆盖率曾达 46%~60%,① 后经过度开垦与破坏,至新中国成立之时,森林覆盖率已减至 5% 左右。② 共和国建立初期,水土流失面积已达 150 万平方公里,实际影响地区更达到 240 万平方公里。③ 我国第一大淡水湖洞庭湖在唐宋时期面积达 6000 多平方公里,但至清末,因长江淤泥与人工围垦,萎缩至不足 3000 平方公里。④

新中国成立后,我们的生态环境出现了许多新的问题。边造林边毁

---

① 姜春云:《中国生态演变与治理方略》,中国农业出版社,2004,第 66 页。
② 辛树帜、蒋德麒:《中国水土保持概论》,中国农业出版社,1982,第 7 页。
③ 余谋昌:《生态哲学》,陕西人民教育出版社,2000,第 227 页。
④ 中国科学院《中国自然地理》编辑委员会:《中国自然地理·历史自然地理》,科学出版社,1982,第 86 页。

林、边污染边治理等现象屡见不鲜。森林覆盖率虽有增加，但我国仍是世界上低森林覆盖率国家之一；沙漠化加剧严重，导致沙尘暴增多；天然湖泊、湿地也由于新中国成立后大规模开垦而持续减少。人类自信心的膨胀，导致人为负面活动的增多，加剧了生态环境的破坏。水资源短缺、废水废气废渣排放日益严重，种种灾难给国家和人民都造成了重大的损失和伤害。

时代在进步，思想亦是如此。"天人和谐"观念，随着时代的变迁也必然会增加新的内涵。在建设社会主义生态文化的进程中，"天人和谐"仍是其题中应有之义。

四 天人关系：由"对立"到"和谐"

如今，我国大力提倡的社会主义和谐生态文化有着新的诠释与内涵，它使得人类与自然的关系由对立紧张逐渐过渡到和谐共处。它是这样一种文化：肯定自然的价值，树立生态意识，一切发展都要遵循生态原则；将生态产业作为主导，转变传统生产方式；人们追求的不再是无节制的高消费，而是既满足自身需求又不损害生态的生存方式；在社会政策的制定上协调人与自然的关系，建设社会主义的生态文明。

与以往的天人关系相比，现代社会的"天人和谐"观有着新的内涵与特色。

社会主义生态文化建设中的"天人和谐"观，不是要恢复到采猎文明时期的原始和谐。原始文明"天人和谐"中的人是不具有主观能动性的，他们依赖自然，顺从自然，没有利用和改造自然界的意识，这种和谐是低层次的和谐。如今我们提倡的"天人和谐"思想建立在人们认识自然规律的基础上，人们懂得了要尊重自然、保护自然，领悟到了自然与人的和谐相处是保护人类自身的生存之道，是更高层次的和谐。这种和谐从原始社会对自然的依赖顺从中超拔出来，赋予了人主观能动性，同时也限制了人类的力量。

社会主义生态文化建设中的"天人和谐"观并不否认人类的利益。

人是唯一具有意识的动物，人类保护环境的出发点和归宿点就是保护人类生存和发展这一根本利益。建设和谐生态文化的目的就是人类通过发挥主观能动性，处理好人与自然的关系，从而走出一条人与自然共发展共繁荣的道路。保护生态环境最终的得利者还是整个全人类。

社会主义生态文化建设中的"天人和谐"观并不等同于"生态中心主义"。在人与自然的关系中，人永远具有主体性地位。我们建设的和谐社会，是"以人为本"的社会，这就要求我们辩证地把握人与自然的关系，但无论如何，人类的主体性地位永远不会动摇。我们不应因自然价值的提升而贬低人类的主体性地位。

和谐生态文化提倡的目的，固然是要改善我国的生态环境乃至整个人类的生态环境。但这一目的是否能够实现，最终还是取决于人类是否认识到自己的局限性，树立起对自然的敬畏之心。我们要认识到，大自然是生生不息的，这个大自然是作为终极实在的大自然，是包括天、地、人的大自然。只有唤醒作为人类的"天人和谐"的思想，意识到在人类之上有比我们更高的价值、更高的力量，我们才能仰望星空，体悟大自然的奥妙，我们才能够充满诗意地栖居在地球之上。

城镇化背景下城乡价值文化的冲突与整合

高乐田　高涌瀚[*]

（湖北大学哲学学院、高等人文研究院）

【摘　要】在当今中国的城镇化过程中，存在着"价值文化的城镇化"滞后于"人口的城镇化"，而"人口的城镇化"又滞后于"土地的城镇化"的逻辑倒置。这导致了城乡价值冲突的加剧，也制约了新型城镇化目标的实现，因为一个健全的城镇化必须以一个健全的价值文化体系为内涵。本文着重分析城乡价值冲突的现实表现及其原因，进而以城乡文化一体化建构的长远目标为着眼点，探寻推进新型城镇化应有的价值策略和人文路径。

【关键词】城镇化　城乡价值文化　冲突　整合

城镇化是中国社会发展的一个不可避免的趋势。当今中国的城镇化水平已经达到50%以上，古老的以乡土社会为基本结构的社会格局正在发生巨大变化。在此背景下，围绕城镇化而展开的相关问题的研究就构成了当今学术研究的热点。综合而言，这些研究主要是把城镇化问题作为一个以经济为中心的问题加以展开的，讨论的问题主要关涉三个方面：一是城镇化的内涵；二是城镇化的一般规律；三是城镇化的动力机制。这些方面

---

[*] 高乐田（1964～），男，湖北大学哲学学院教授、博士生导师；高涌瀚（1989～），河南周口人，湖北大学哲学学院2011级硕士研究生，研究方向为伦理学。

的研究已形成了一批重要成果,并达成一些共识。比如,在对城镇化内涵的认识上,普遍认同城镇化的实质不是"物的城镇化""土地的城镇化",而是"人的城镇化";在对于城镇化进程中出现的一些问题也做出了深度揭示,认为当前城镇化过程中存在"过度城镇化""半城镇化""低度城镇化"等诸多误区;在城镇化动力机制方面,则普遍认为利益机制是当前农村城镇化的基础动力。然而,城镇化除了经济上的问题之外,还有更核心的问题亟须解决,这就是价值文化的问题。

这是因为,城镇化不仅意味着经济模式的转化,还在更深层次上改变着人们的生活方式。随着农村人口向城市的转移,人们的交往空间不断扩大,城乡间的空间分界变得模糊起来,这导致一些传统的生活方式无法持续下去。千千万万农村人被城市文化吸引,离开故土,来到城市谋生,这带来了两个相互矛盾的后果:一方面,从经济角度看,农民与市民这两大价值群体在经济上相互依存、相互渗透、密不可分;另一方面,在价值观上,这两大群体又互相隔膜、互相对立、难以融合。我们知道,"文化就其实质而言是价值观在社会实践中的对象化、现实化。文化的精髓是它的价值观念或价值观,其深层结构是它的价值体系,而价值体系是价值观的具体化"。[①] 因此,城镇化问题如果不能从价值文化的角度深入探讨,就不能触及其根本。

一 城镇化进程中城乡文化冲突的现实表现

虽然一般而言,城市是一个开放的区域,是各种文化思想观念聚集的地方,但是事实上,农民离开乡土到城市谋生,首先遭遇的并不是多元、包容、自由的文化氛围,而是冷漠、疏离和歧视,是一个群体整个认同感和归属感的丧失。随着城镇化的推进,两种文化价值的矛盾与冲突不断激化,并在思想观念、价值追求、价值判断标准、行为习惯及心理等各个层面都有所表现。

---

① 江畅等:《我国主流价值文化及其构建研究》,人民出版社,2013,第315页。

1. 价值观念上的差异及冲突

虽然价值观念的形成和变化受制于社会经济发展的水平，但是它也不是全然被动的，事实上，生产方式的进步与社会的变革往往都以价值观念的更新为先导，从而引发价值领域的巨大震荡。中国传统社会是农业社会，小农经济是占统治地位的经济形式；西方现代社会是在工业和后工业社会基础上构建出来的，其占主导地位的经济形式是市场经济。这导致了二者价值观念的巨大差异。小农观念之于市场观念、保守观念之于开放观念、整体观念之于个性观念、宗法观念之于民主观念、德治观念之于法制观念、蒙昧观念之于科学观念，这种巨大差异构成两种文化之间深刻的对抗与不协调。而当前的城镇化过程为二者的冲突提供了一个直接冲撞的现实平台，使得这些固有的矛盾以城市为场域纷纷浮现或凸显出来。

首先，经济社会发展的不平衡导致农民与市民这两大价值群体的对立，在对立过程中，市民价值始终处于支配地位，这导致了市民群体对于农民群体的价值歧视，同时也造成了进城农民自身的价值迷惘甚至价值扭曲。在市民眼里，农民虽然进了城，仍然丢不掉"乡里人"的帽子：不讲卫生、言谈粗俗、乘公交车不排队、"中国式过马路"、没有生活品质和格调，甚至"农民"这两个字本身也已经变成一张意味着"愚昧""落后""陈旧"的价值标签。在城里人口中"像个乡里人"，已成为贬损他人价值时的口头禅。而对进城农民来说，一方面羡慕市民的生活，模仿市民的行为，接受市民的观念，努力地学做一个"城里人"；另一方面，又在顽强固守自己已有的东西，抵制着城市文化的"自私""冷漠""虚伪""浮夸"。正是这种矛盾性使得他们既未获得该有的"城里人"的户籍身份，也动摇了已有的"乡里人"的文化身份。因此在进城农民身上，完成一个由农民向现代市民的价值蜕变，总是与一种撕裂感和屈辱感相伴随的。

其次，农民进城，意味着由一个宗法社会跨入一个市民社会，由一个"熟人社会"进入一个"生人社会"，这给他们在人际关系及其相关观念上带来巨大冲击。中国传统的农村社会是以家为本的，这决定了其基本的人际关系模式是以血缘关系为依据建构起来的，在伦理特征上表现出强烈的等级差序性。关于这一点费孝通先生说得很明确:"其实在我们传统的社会结构里最基本的概念,这个人和人往来所构成的网络中的纲纪,就是一个差序,也就是伦。"① 中国传统文化中将这种有差序的人伦关系概括为五伦,并解释为:"父子有亲、君臣有义、夫妇有别、长幼有序、朋友有信。"这种关系构成了整个农村社会人际关系的基础与核心。然而,现代城市人际关系是与工业文明和市场经济联系在一起的,这导致了其以自由为核心、以幸福为目标的新型价值理念。对此,维新派思想家谭嗣同曾评价说,在传统的"五伦"中,只有"朋友"这一伦合乎自由、平等的现代价值要求,这对于城镇化加速发展的今天,仍有启发意义。

最后,价值判断标准方面也引发强烈的混乱与冲突。农村文化的主体是以儒家思想为核心的传统道德文化,这种文化具体化到各种乡规民约、乡风民俗中,其中是非、善恶、好坏的价值判断标准千百年来一直都是极为清晰和具体的,因此,农民最初进城还是具备相当的价值自信甚至道德优越感的。然而,由于这个群体在生存上处于依赖地位,因此很快沦为城市的边缘阶层。生活状态的从属化与边缘化,给他们带来了道德优越感的丧失及价值判断标准的混乱,使他们不得不在价值文化上也向城里人靠拢。传统的道德标准受到有力的冲击和挑战。一些在农业社会人们固守的"美德",在城市文明的尺度下,竟然获得了一些负面的、颠覆性的评价:"讲义气"变成了"无原则";"讲节俭"变成了"不会享受生活";"恋故土"变成了"不开化";"重群体"变成了"无个性";"重人情"变成了"无公德"。日常生活中这种是非标准的模糊甚至颠倒,让这些进城的农民无所适从。

2. 行为习惯与行为模式的差异及冲突

行为文化是人类在社会生产活动交往中形成的以外化行为方式为存在样式的文化形态。农村人与城里人在生产方式与生活方式的巨大差异,导致了他们的行为习惯及行为模式迥然不同。

首先,公共活动环境的不同导致了城乡个人行为习惯与行为模式的差

---

① 费孝通:《乡土中国,生育制度》,北京大学出版社,1998。

异。在公共活动方面，由于城市人口众多，交通发达，信息通畅，人们社会活动频繁，活动空间大，这就要求在公共场所和公共活动中，每个人都要有时间观念，不能动辄迟到或早退；要有纪律观念，行动要一致，不容许自由散漫；要有公德观念，不能在公共场所抽烟、大声喧哗；要有卫生观念，不能随地吐痰、乱扔垃圾；要有秩序观念，不要随意乱穿马路，人多的场合要排队。反观农村，生产方式单一，是建立在家庭基础之上的家庭联产承包责任制，家庭成员相互合作在土地上进行劳作，再加上大多数地方地广人稀、交通不便，致使农村人公共活动的领域非常有限，基本局限于村落和家庭，没有公共领域与私人领域的严格区分。因而农民在日常公共活动中，并没有养成严格的守时、讲卫生、维护秩序的行为习惯，他们进城后如果不能及时调整或纠正自己的行为方式，不仅自己感到拘束和痛苦，也会影响城市生活秩序，为城市社会稳定带来隐患。

其次，在私人生活方面，由于农村的经济条件普遍落后于城市，在城市生活基本实现"小康"的时候，大多数的农村还处于"温饱"阶段，这直接导致了城乡个人生活方式和生活习惯的差异。比如，在饮食方面，农村人讲究的是量而不是质，是吃得饱而不是吃得好。而在城市里，人们讲究的是既要吃得好、吃得精，又要讲营养、讲档次、讲多样、讲卫生、讲环保。所以在城市里我们常常能看见各式各样的餐馆、琳琅满目的菜肴、络绎不绝的食客。在娱乐方面，差异更加明显，城市里有各种各样的娱乐消费场所，吸引人们在下班后去里面放松身心，比如去健身、美容、购物等。而在农村里，村民干活回来基本上没有什么娱乐休闲的地方，最多就是大家聚在一起聊聊天、看看电视、打打麻将。农民进城后，必然要面对和适应这种差异。

最后，在人际交往方面，农民与市民这两大不同的价值群体，其交往方式也是具有很大差异的。传统农民的交往范围比较窄，一般都是局限于家庭、村落、乡里；交往方式比较单一，大多是面对面的直接交流；交往目的比较单纯，局限于日常的经济交流、情感交流、信息交流。在城市里则不一样，城里人的交往范围要宽得多，除了复杂的工作关系外，还要与方方面面的人打交道；交往方式也非常多样，网络、媒体、聚会等大大拓展了人们的交际手段，不断推出的各种新鲜的交际活动方式让人应接不暇；交往目的也比农村要复杂得多，各种功利性的交往目的占据主导地位。如果农民进城谋生，不能够很好地适应这种交往方式上的改变，就会与城市文化处在隔膜或对抗中。

3. 心理上的差异及冲突

城市价值文化与农村价值文化的这种巨大差异，在人们的心理层面上也明显地表现出来，或者说这种差异本身就带有深刻的社会心理根源。

首先，农民的恋家情结之于市民的开放心态。家庭本位是中国传统农业社会建构的基石，这导致了农民根深蒂固的恋家情结和恋土情结。农村是传统文化的发源地，农村居民安土重迁，许多人舍不得离开自己的土地，即使外出打工也认为只是暂时的，最终还会落叶归根。这种在封闭保守的环境下产生的心理状态显然不适应于现代开放的城市环境和瞬息万变的城市社会。当农民为现代化和城镇化大潮所裹挟，来到城市谋生，必然产生难以割舍的乡愁。中国进城农民的乡愁带有一种强烈的文化意味，它表达的是一种异乡感和异乡性。城市人口的异质性、产业的多元性、分工的专业化决定了城市人的心理特质表现为开放性。尤其是改革开放以后，城市人率先走出家庭，走出国门，经受了西方文化的影响和洗礼，形成一种健康开放的文化心态。

其次，挫折感之于优越感。由于农民进城打工并没有获得一种公平的对待，既没有获得应有的市民资格，也没有享受应有的社会福利，工作生活环境恶劣，工资收入微薄，逐步沦落为城市的贫穷和边缘阶层，再加上"不患寡而患不均"的平均主义，小农经济的"等贵贱""均贫富"等传统思想的影响，便造成了不公平感和挫折感的产生。乡愁其实也是进城农民陌生感、疏离感、自卑感、压抑感的表达。相对而言，市民随着城市的优先发展，率先进入了工业化、市场化、信息化时代，有着较好的社会福利、较高的收入和较为优越的生活环境，自然拥有心理上的优越感，成为了现代时尚生活和先进文化的引领者和代言人。

其三，隐忍的个性之于自主意识。农业文明以自然经济为基础，孕育的是分散的小农经济，村民日落而息、日出而作，重复着同样的生活。虽然他们吃苦耐劳、性格坚韧,但被牢固封锁在宗法制度和群体意识之下,没有形成自主意识和独立的人格。这显然与现代城市文明所提倡的竞争、创新、理性、民主、法治不相适应。现代城市人已经有了较强的个性观念和公民意识。我们知道,个性意识既是现代文明的标志,也是现代化的文化前提。一旦城里人把农民的隐忍个性当作奴性来歧视,或者农民群体把市民的个体意识当作自我中心、损人利己来理解,就会激化群体矛盾甚至引发社会冲突。

二 城乡文化冲突的历史与现实根由

首先,城乡文化冲突是中国现代化过程的历史必然。城乡文化冲突不是仅仅在当前的城镇化过程中才产生的,而是有着更为深刻的社会历史和文化根源。从一个更广阔的历史视角看,它是中西文化长期冲撞的一部分,是中西文化矛盾在城镇化进程中得以激化的结果。历史证明,只要时代处于大变革、社会处于大调整、人口处于大迁移的时期,就必然伴随着社会矛盾与观念的碰撞。当前的这场城镇化运动其变动范围之大、涉及人口之多、调整层次之深、变化速度之快,在中国历史上可以说是前所未有,因而也必将引发巨大的社会矛盾与文化冲突。城乡价值主体的撕裂和城乡价值文化的剧烈冲突就是这场城镇化运动的必然代价。中国社会城乡文化价值矛盾虽然由来已久,但这种矛盾的表现方式一直是相对和缓的,因为中国传统社会的城市文明,并不是独立型的,而是依附型的,它一直以历史更加悠远的乡土文明为根基,在长期的发展过程中,始终与乡土文明保持一种依从与绵延关系。真正典型的城乡矛盾是随着西方现代文化的传入以及西方式的现代城市的崛起才逐渐表现出来的。因此中国社会的城乡矛盾始终与中国传统文化和西方现代文化的矛盾相伴而生,也可以说它就是中国传统文化与西方现代文化矛盾的一个折射,只是在城镇化加速推进的过程中,这个矛盾以激烈的城乡价值冲突的方式表现出来,其总体基调是以城市为依托的现代文化对于以乡村为依托的传统文化的控制与蚕食,以及传统乡土文化向城市文化的主动靠拢和对自己文化尊严的消极保护。

其次，城乡二元经济社会结构格局是城乡文化冲突的现实根源。早在新中国成立之初，一方面，为了实现快速工业化的发展目标，中国选择了先城市后农村、农业支持工业的发展路径，造成了城乡经济发展水平的极度不平衡：城市经济发展迅速，而农村发展相对滞后。这种城乡贫富差距本身就是农民背井离乡来到城市谋生的经济理由。另一方面，为了保障社会秩序、促进社会稳定，我国实行了严格的户籍管理制度，农民向城市的迁移设有极为苛刻的条件，人为地造成了"农民"与"市民"的社会群体撕裂。改革开放以后，虽然人口管理制度有所松动，允许农民到城市工作和谋生，但由于城乡二元结构没有发生根本性的改变，农民进城以后除了要面对经济上的贫穷，还要忍受文化上的歧视。这是因为，城市人不仅具有经济社会发展的先发优势，还控制了几乎一切的文化资源，具有强烈的文化优越感；不仅是文化价值优劣的评判者，也是文化价值标准的制定者。这样，城镇化过程中本应有的双向互动和彼此包容就无法实现，而是形成了城市文化一元独尊的局面。但是传统的力量是强大的，农民进城后的文化沉默，并不是一种真正意义上的文化认同，不过是一种文化强权下的暂时压抑罢了，一旦条件成熟，这种现实的或潜在的文化冲突就会以更激烈的方式爆发出来，如果无视这种冲突就会为社会稳定与社会和谐留下隐患。

最后，中国城镇化过程中缺乏健全合理的路径设计是城乡文化冲突的制度根源。在顶层设计中，存在明显的价值文化的缺位或者说是路径选择的倒置。在当前城镇化过程中存在的最大问题就是"物的城镇化"问题，而把城镇化仅仅当作经济发展的手段和动力，这是"物的城镇化"的最根本的文化逻辑，这一逻辑的悖谬之处在于因果倒置。其社会后果在于造成了城市规模的盲目扩张和城市人口的急剧膨胀；其伦理后果则是对社会公平正义原则的伤害。大批农民作为劳动力资源涌入城市，建起高楼，拓宽马路，而自身却无立锥之地，这是典型的劳动异化。城市作为比乡村更高级的文明生活样态，从古希腊城邦时代起，就作为人类追求幸福和美好生活的象征。农民进城不仅是来打工的，更是为了过幸福美好的生活的，因此，在城市化进程的政策设计和制度安排中，一定不能背离下面这个根本目标：要让城市成为进城农民的文化家园，让农民成为城市文化建设的真正主人。

三 实现城乡文化融合是中国城镇化的第一急务

因此，思考城镇化问题，不能缺少了价值文化的视角，否则就容易出偏差。现在所讲的城乡统筹，主要集中在给予城市和乡村平等待遇，这是不够的。社会是由价值系统来维系的，因此在城镇化过程中，一定要有价值整合的考量。在如何看待城乡价值冲突方面，普遍存在两个相互对立的观点：一种观点认为，城市就应该是先进的、发达的，而农村就应该是贫穷和落后的；另一种观点则贬低城市文化，总把美好的道德品性与乡土社会联系在一起。这两种观点都是片面的。必须确立正确的理念，拿出切实可行的对策，把实现城乡文化融合当作中国城镇化的第一急务来对待。

首先，必须保留乡土与城市之间的绵延关系，才能为进城的农民打造真正的精神家园，也为现代城市找到个性化的文化根基。这里有两个相互关联的文化问题需要解决。其一是如何看待当前城镇化过程中的文化冲突。我们认为，出现文化冲突并不可怕，既然文化冲突是不可避免的，那么我们首先就要承认差异，允许冲突。和谐社会其实是一个差异性社会，社会文化保持适当的张力性结构是一个健全社会的重要标志，因此我们需要消除与防止的不是文化差异本身，而是文化冲突的人为激化与失控。其二是如何对这样两种不同的文化样态进行合理评判。我们认为，既要承认城市文化的先进性和现代生活的引领作用，又要防止城市文化的一元独尊与文化霸权。现代大众传播媒介的市场化，使得媒介成为城市文化的代言人，乡土文化无法发声，进城农民沦落为城市社会的边缘阶层，除了拥有劳动的权力，在文化上基本处于"失语"状态。因此，要构建一个民主的平台，让各个文化都平等地拥有展示自己的权力和机会，使其互相尊重，取长补短，然后互相融合，互相认同，只有这样，文化才能充满活力，进而创造出更多的社会价值。

其次，要认识到，实现城乡文化融合不是一朝一夕就能完成的，而是一个长期的艰难的过程。关于这一点,法国作家洛里哀早在20世纪20年代就曾做出过这样的预言:"东部亚细亚除少数偏僻的区域外,业已无不开放……从此民族间的差别将渐被铲除,文化将继续它的进程,而地方的特色将归消灭。"① 这个预言虽然不乏真知灼见,但他对西方文化统治力的估计显然过于乐观了。从当前的城镇化进程来看,城市在现代文化的名义下,虽然一直处于强势地位,不断吸引和逼迫农民接受和认同自己的价值观,但是在这个过程中也遭到了乡土文明的顽强抵抗,双方在博弈过程中相互冲突、相互对抗,同时又相互妥协、相互退让,形成一个旷日持久的拉锯战。乡土文明作为弱势的一方,不应该也不甘于在这场争夺中走向失败和沉沦。两种文化类型本身存在的差异性和不可通约性,决定了中国社会的城镇化之路充满了波折和激荡,要使文化的这种冲撞和变动状态稳定下来,既有赖于城镇化过程本身的推进与深化,也需要文化自身的长期整合与沉淀。

再次,在城乡文化一体化建设中,政府要发挥主导作用,采取有效措施,既要实现经济社会统筹,又要考虑价值文化统筹。政府在文化事业建设中的作用主要体现在以下几个方面:一是要做好顶层设计,建立合理公正的文化评价与文化发展体制;二是要彻底打破城乡二元结构,给进城农民以平等的市民待遇,消除文化撕裂和文化歧视的政策根源;三是要加大投入力度,把文化事业作为公共财政投入的一项重要内容来重点扶持,不仅要增加投入的总量,还要根据不同价值群体的实际情况,合理分配投入比例;四是要拓展文化传播渠道,尤其是让文化弱势群体有自己的文化舞台,平等表达自己的文化诉求。

最后,消除人为设定的文化壁垒,打造多层次的民间文化交流平台。要为城乡居民的交往和交流创造条件。由于经济条件的限制,农民进入城市往往租住在地段比较偏僻、环境条件差的社区或者地区,所以加强城乡居民交往和交流的当务之急就是要加快完善城市建设、美化城市环境,从各个社区做起,为居民创造一个良好的工作和生活环境。把租住在社区里

---

① 〔法〕洛里哀:《比较文学史》,傅东华译,上海书店,1989,第352页。

的农村居民当作社区正式居民看待，让他们享受到城市居民应该有的对待和政策优惠，同时开展丰富多彩的社区活动，使其融入到城市居民群体和社区这个大家庭当中来。一方面引导进城农民牢牢把握住市场经济大发展的趋势，运用进入城市工作和生活的契机，凭借网络和大众传媒等传播手段，实现自身劳动方式、消费方式和交往方式的转变，促进城乡生活方式的融合。另一方面也让市民了解和继承传统文化，形成正确的世界观、人生观和价值观，消除对于农民的偏见和价值文化歧视。唯有如此，才能理顺当前城镇化的文化逻辑，为城镇化的健康推进做出正确的路径选择。

相关问题探讨

政治、经济与道德：
地球工程的支持与反对[*]

史 军[**]

（南京信息工程大学气候变化与公共政策研究院）

【摘　要】 地球工程不仅仅是一个科学技术问题，也是一个政治、经济与伦理问题，既能从政治、经济与伦理维度找到支持的理由，也能从相同维度找到反对的理由。认为地球工程的实施在政治上相对容易，在经济上成本低廉，在道德上是一种"较小的恶"，这是一种幼稚的想法。由于气候是全人类的共享资源，不属于一个国家、一个地区，也不仅仅属于当代人，而且还属于我们的子孙后代和其他物种，因此，我们不能无视其他国家的权利、子孙后代的利益以及其他生物种类的权益。

【关键词】 地球工程　政治论证　经济论证　道德论证

一　地球工程及其潜在影响

"地球工程"（Geoengineering）又被称为"气候工程"（Climate Engineering），是一种为限制气候变化及其影响而采取的行动或干预行为，其目的是消除温室气体所产生的温室效应（即减少全球变暖）。

---

[*] 本文系国家社会科学基金项目"中国参与国际气候合作的价值立场与政策选择研究"（项目编号：13CZX079）阶段成果。
[**] 史军（1978～），男，湖北郧县人，哲学博士，副教授，南京信息工程大学气候变化与公共政策研究院常务副院长，研究方向为伦理学与气候政策。

地球工程包含的原理有：提高海洋或植物对二氧化碳的吸收率或封存率，折射或反射大气层中的阳光，以及将使用能源产生的二氧化碳封存在水库中。[①] 从广义上看，地球工程可以分为两类。第一类为二氧化碳移除（Carbon Dioxide Reduction，CDR），即通过大规模的技术或者工程减少大气中的温室气体含量，从而有效控制地球增温。二氧化碳移除方法主要包括：直接捕获二氧化碳（直接从空气中提取出二氧化碳或将碳封存在海洋中等）；化学反应捕获二氧化碳（通过二氧化碳与岩石、矿物进行化学反应，减少大气中的二氧化碳等）；改变土地利用（通过增加森林覆盖率以吸收更多的二氧化碳等）；海洋施肥，等等。第二类为太阳辐射管理（Solar-radiation Management，SRM），即通过工程技术减少地球对太阳辐射的吸收，减少到达地球表面的太阳光，从而抵消大气中温室气体导致的气温变暖。太阳辐射管理的主要方法包括：太空"散热"（如在太空2000公里处放置25万平方公里的"太阳伞"，可以减少1%~2%的太阳辐射）；平流层注入气溶胶（如在平流层中喷射气溶胶，增加大气的反射率）；云层反射（如在海洋覆盖白色泡沫，在海洋上空注入海盐气溶胶）；地表反照率变化；卷云变薄，等等。人们寄予太阳辐射管理的希望最多，因为这种方案快捷、廉价，并且可以由一个国家或组织单方实施，但同时由于其本身的缺陷而存在着最多的争议。

地球工程充斥着危险，哪怕是实施希望最大的地球工程也很可能会产生可怕的副作用。"大规模修补地球所带来的未知伤害可能会比所预料的影响要严重得多。"[②] 所以，在采用地球工程之前需要从生态学、经济学、政治学、伦理学等层面对其潜在的影响进行全面的论证。本节主要考察地球工程可能产生的政治与生态影响。

（1）政治影响

地球工程的实施将会对当前的国际、国内气候政治与经济博弈，以及

[①] 世界银行：《2010年世界发展报告：发展与气候变化》，胡光宇等译，清华大学出版社，2010，第284页。

[②] David G. Victor. On the Regulation of Geoengineering. in Dieter Helm and Cameron Hepburn eds. *The Economics and Politics of Climate Change*. New York: Oxford University Press, 2009: 326.

国家安全产生深远的影响。

大国可以单独实施地球工程，不需要全球集体行动就能对气候造成影响，这也是地球工程的一大优势：可以绕过当前陷入困境的全球气候谈判。因此，一些人认为，仅仅谈论地球工程就会让政治家们卸下大幅减排的重担。但是，这也正是其风险所在：地球工程虽然可由一国单独实施，但是其影响却是世界性的，不同的地球工程在降低气候变化的影响、产生新的风险和在国家之间重新分配风险方面的潜力差别很大。比如，直接从空气中去除二氧化碳的技术可能会给全球带来益处，但也可能会对局部地区产生不利影响。反射阳光可能会降低地球的平均温度，但也可能改变全球的循环模式，造成潜在的严重后果。反射阳光对不同国家的影响不一样，由此将引发法律、道德、外交和国家安全方面的问题。

一旦微粒在大气中扩散，就很难使用反地球工程措施来消除。与减少排放的集体行动不同，地球工程一旦开始，技术缺陷的威胁就会一直笼罩着我们，对持续合作的刺激就会强烈得多。一些人估计，一旦地球工程计划启动，其失败将导致地球变暖速度比当今的变暖要快 20 倍。[①] 一旦地球工程启动，那些持反对意见的人也会发现，他们不得不支持持续的行动——就像核武器研发和使用之后，反对者只能被迫加入促使其合理利用的行列。

（2）生态影响

大部分地球工程可能会对生物圈产生潜在的负面影响。地球工程会打破生态系统原有的平衡，从而对生态系统产生负面影响。[②] 例如，大规模种植海藻会打断海洋生态的食物链，海藻腐烂会消耗大量氧气，导致海洋氧气量下降，对需氧的海洋生物会造成影响。另外，海藻吸收的二氧化碳很难永久固化。随着海藻的腐烂，植物体内的有机碳会变成游离碳，重新

[①] H. D. Matthew and K. Caldeira, Transient Climate-carbon Simulations of Planetary Geoengineering. *Proceedings of the National Academy of Sciences*, 2007 (104): 9949-9954.

[②] 有一种观点认为，地球生态系统经过人类的干预已经不是自然的和平衡的了，因此，人类通过地球工程等措施继续干预自然不过是在对"人造地球"进行修正而已。

释放到大气中,这样就等于做了无用功,而且腐烂过程还会引起一系列副作用。就现有技术而言,阻止海藻腐烂不是做不到,而是成本太高。比如把海藻冷冻不仅经济代价高昂,而且还会增加碳排放。

实施地球工程是否会破坏气候系统和生物多样性并削弱各国减排的决心?对该问题一直存在很大争议。在日本举行的联合国《生物多样性公约》第十次缔约方会议上,一些环保人士呼吁冻结地球工程计划。环保人士认为,地球工程可能会对地球许多区域的气候及生态系统造成不可估量的影响。比如,向海面喷洒营养物可能引起藻类大规模生长,从而吸收水中营养物质与氧气,导致鱼类和其他动物缺氧死亡;向大气中散发大量硫酸盐气溶胶可能会对臭氧层造成不可弥补的破坏。世界自然保护联盟的朗索瓦·斯马德表示:"我们欢迎某些地球工程计划,但目前实施这些计划都太危险,因为它们带来的潜在环境问题尚未可知。"还有一些环保人士认为,地球工程已经成为某些政府和公司逃避减排目标的捷径。他们可以一边实施地球工程给地球降温,一边继续大量排放温室气体。联合国《生物多样性公约》缔约方会议通过了延缓实施地球工程的决议。① 决议指出,任何与气候相关的地球工程都不予实施,除非"具备能够对此类活动进行充分论证的科学基础,并且对此类活动对环境及生物多样性所带来的风险,以及对社会、经济和文化所造成的冲击给予合理的考虑"。不过,小规模的地球工程科学研究被排除在冻结的范围之外。

(3) 健康影响

由于人类健康与气候和生态系统密切相关,因此,地球工程还会对人类自身的健康产生多方面的影响。例如,云层分布不均可能导致区域性严寒和炎热;硫酸气溶胶会加剧臭氧消耗,增加酸雨,造成不良的健康影响;"人造火山"还会增加呼系统疾病,促进流行病的发生与传播。在二氧化碳移除过程中,增加森林覆盖率对人体健康不会有多少不利影响,但

---

① 参见《生物多样性公约》缔约方大会第十届会议通过的关于生物多样性和气候变化的第 X/33 号决定,http://www.cbd.int/doc/decisions/COP-10/cop-10-de-33-zh.pdf。

CO_2 作为一种带有窒息特性的酸性物质,其捕获和封存会对人类健康造成一定的风险。这些风险主要与工程系统（如捕获和运输管道系统）或地质封存点的可能泄漏有关。具体来说,碳捕获和碳封存对当地健康的危害来源于三方面：(1) 浅层地下和近表面环境处气态 CO_2 高浓度产生的直接效应；(2) 溶解的 CO_2 对地下水的化学影响；(3) CO_2 注入替代流体所造成的效应。因此可能的潜在风险包括：CO_2 逃逸到大气层对人体健康与安全的潜在危害,CO_2 泄漏和盐水取代对地下水的危害,对陆地和海洋生态系统的危害,诱发地震,引起地面沉降或升高。[1]

二 政治论证

虽然减排是迄今为止应对气候变化的最佳方式,减缓是解决气候问题时最"偏爱"的路径,但是在过去 20 多年里,减排却没有取得任何进展,降低二氧化碳排放的努力普遍不成功,国际气候谈判进程屡屡受挫,国际气候治理希望渺茫,一些积极的气候稳定目标无法仅仅通过减缓措施得以实现。自 1990 年第一次 IPCC 报告明确气候变化的威胁以来,人类对气候变化的整体回应令人十分失望。1990 年至今,无论是全球排放还是全球主要国家的排放量都在稳定上升。例如,1990~2005 年间,全球排放量上升了 30%,美国的排放量上升了 20%。近几年的增速更快。这种情况在不久的将来改变无望。克鲁岑（Paul J. Crutzen）推断,对于未来的减排"没有乐观的理由"。[2]

如果实质性的减排无望,最终就必须面对一种选择：允许灾难性的影响发生,或实施地球工程以阻止最糟糕的结果出现。虽然两种选项都不好,但地球工程的坏处相对较少。因此,如果我们必须选择,就应当选择地球工程。但是,如果我们没有立即开始进行认真的地球工程选项研究,

---

[1] 巢清尘、陈文颖：《碳捕获和存储技术综述及对我国的影响》,《地球科学进展》2006 年第 3 期。

[2] Paul J. Crutzen. Albedo Enhancement by Stratospheric Sulfur Injections: A Contribution to Resolve A Policy Dilemma? *Climate Change*, 2006 (77): 211–219.

那么我们到时就会没得选，以上情景就不会发生。因此，我们现在就需要进行研究。

作为减缓失败的补救措施和防止气候灾难的最后手段，地球工程或许是一种必要的权宜之计，它有可能使政治家们摆脱排放限额的困境，从而解决应对气候变化的"政治惰性"问题。

虽然地球工程在理论上可以由一个国家或企业单独实施，不会遇到全球协议这一政治门槛，但实际上，地球工程在政治上并没有想象的那样轻松。气候具有重要的政治、经济与军事含义，地球工程计划也有可能引起严重的法律、外交和政治问题。例如，谁有权承担地球工程的矛盾，地球工程是否会影响现有的国际条约，或者是否会要求新的国际条约，以及如何分担工程控制和资金负担。可能有些国家不支持地球工程计划，因为从原则上讲，这些国家反对积极的行星层面上的操控，或是因为预料计划的气候影响将损害自身利益（如俄罗斯和加拿大或许希望气候变暖，而不愿承担任何负担）。这些国家有可能与实行地球工程的国家产生矛盾。在极端情况下，其他国家可能认为，地球工程是敌对行为，同冷战计划相似。一国能否影响他国的气候？这与干涉他国内政有何区别？例如人工降雨这样人为影响天气的手段，如果运用得当，则有着积极的经济及社会效果。但是，飞越一个地区的雨云，途中被一个地区人为截留，那么对于该雨云可能飘至降落的急需降雨的地区，是否是一种剥夺？这种技术是否会被延伸，用作军事目的，从而威胁他国安全？一家跨国公司，拿出几十亿美元，可以"企业社会责任"的名义，也可从减排成本的考虑，而采取行动，派遣飞机到平流层播撒气溶胶。但是，这些自利的行动，对于他人可能形成威胁或福利损失，甚至对其他国家或政治实体产生安全含义或威胁，其他国家或政治实体可能为了自身利益而采取反制措施，其地缘政治或国际关系含义，就可能成为国际争端甚至战争的导火索。

可见，地球工程将改变地球气候格局，引发新的国际争端。因而，地球工程仍然需要一个国际协议，否则会引发严重的社会、经济、政治与军事冲突。

三 经济论证

一些经济学家认为，与减缓和适应相比，地球工程是应对气候变化的一种更为可行、经济上合算的选择，能够以"相对低的成本实施"，而不仅仅是一种最后的手段。

据美国国家科学院的一项调查，地球工程方案能够以"相对低的成本"实施。① 诺德豪斯（Nordhaus）考察了应对气候变化的七种不同策略："第一种是……'自由放任'……该策略不对温室气体实施任何控制……第二种是'最佳'策略。该方案对温室气体进行控制，以使动力消耗指标的折现值最大化。第三种方案要求我们等上十年再实施相关策略，因为那时我们的知识才可能更牢靠。第四种和第五种方案是稳定排放策略——一种策略是1990年的排放率，另一种策略则是1990年排放率的80%。第六种方案是实施地球工程。而最后一种方案则是充分地控制排放，以减缓气候变化并最终稳定气候。"②

诺德豪斯所认为的最佳猜测方案是："从纯经济学的立场来看，这七个（策略选项）的等级次序应该是地球工程、经济最佳、十年延期、不控制、稳定排放、削减20%排放量、稳定气候。与其他策略相比，地球工程策略的优势是很大的。"③

经济学的"成本收益"计算看起来会让很多人信服。但是，天下没有免费的午餐，地球工程在解决问题的同时也会产生新的问题。就像杀虫剂创造了超级病菌；核能造成了前所未有的废物处理问题；氯氟烃这种神奇的化学品使现代冰箱成为可能，但也造成了臭氧层空洞问题。我们通常无法提前知道技术干预的代价。

认为地球工程成本低廉观点的基础是对地球工程的简单评估。但实际

---

① 〔美〕迪帕克·拉尔：《复活看不见的手：为古典自由主义辩护》，史军译，译林出版社，2012，第238页。
② D. Nordhaus, *Managing the Global Commons*, Cambridge：MIT Press, 1994. p. 79, p. 96.
③ D. Nordhaus, *Managing the Global Commons*, Cambridge：MIT Press, 1994, p. 79, p. 96.

上可以应用的地球工程并不廉价。随着干预的增加，成本与复杂性也会增加。更复杂的系统会更难以评估，因为它们包括许多不同的相互作用。迄今为止，对地球工程的技术或经济评估还没有考察这种复杂多面的地球工程。

如果认为地球工程的成本低，因而各国政府和企业会积极实施这类技术，那可能就错了。实际上，利用当前的技术实现大幅减排需要大量的投资，而所产生的利益主要在于遥远的未来——这一特征使政治家们似乎无所收益。减排政治尤其困难，因为只有当有着偏好分歧的许多国家集体行动，大幅减排才有可能。最热衷于控制排放的国家——如西欧国家和日本，面对问题犹豫不前，因为它们的经济在扩展中陷入一个相对萧条的境地，且其人口数在下降。相比之下，最担心排放控制的国家，如中国和印度，正变得越来越富裕，人口也在迅速增长。一些相关国家，如寒冷的俄罗斯和其他化石燃料出口国，会认为，如果地球上其他国家真正大幅减排，它们会遭受巨大损失。

并且，经济学只计算了实施地球工程的成本，却没有计算也无法计算地球工程失败的风险和所造成的负面影响。这种成本收益论证忽视了人与社会、人与自然的关系这些重要问题。地球工程的规模是全球性的，不仅会影响经济，还会影响人类生活中非市场性方面：生活方式、贸易方式、移民、国际关系等。因此，除了经济成本之外，还有社会成本、健康成本、生态成本等。

四 道德论证

"两利相权取其重，两害相权取其轻。"在功利主义看来，趋利避害是合乎道德的选择。虽然地球工程也可能产生许多负面的影响与破坏，但是，与放任灾难性的气候变化发生相比，采用地球工程是一种"较小的恶"，因为它有可能终结气候灾难。

换言之，即使地球工程是一种"恶"，但为了治愈全球气候变化这种"大恶"，它只是一种"较小的恶"或"必要的恶"：实施地球工程总比允许灾难性的气候变化发生要好得多。在人类社会和地球生物的生存繁衍受到威胁的情况下,例如另一天体可能撞击地球而引发毁灭性灾难,人类如果有能力、有把握进行自救式干预——虽然干预手段可能产生很多负面的影响,但为了地球、为了地球生物、为了子孙万代的福祉,这种干预在伦理上是可以接受的。同样,在传染病防控中,为了保护人类整体的健康、延续人类种族而限制病毒感染者的自由权利,也能够得到功利主义的道德支持。① 这类似于一种"救生艇理论":与其让人类共同毁灭,不如只让一小部分人毁灭。

另外,还可以认为,造成"较小的恶"的地球工程所遵循的是一种伦理上的"最小伤害原则":首先考虑无伤害的选项,当无伤害的选项不能充分实现目标时,再考虑伤害性稍大的选择,依此类推。这种"最小伤害"是一种"必要的恶"。生活中最艰难的选择往往不是在好与坏之间做选择,而是在坏与更坏之间做选择。无论我们做何选择,总会牺牲某些重要的东西。无论我们选择什么,总会有人受到伤害。最糟糕的是,我们必须做出选择。我们无法等待更多的信息或建议再做出选择,我们必须现在就做出选择。②

如果地球工程确实是拯救地球免于气候灾难的"最后手段",我们似乎别无选择,但是,地球工程真的是"最后手段"吗?实际上,在应对气候危机上,人类还远远没有走到需要使用"最后手段"的时候,诉诸地球工程只不过是因为人类不愿意放弃高排放所带来的巨大利益,不愿放弃不可持续的生活方式。

地球工程不仅存在科学、生态、经济与政治上的风险,在伦理上更是

---

① 拍摄于 1995 的美国影片《恐怖地带》(*Outbreak*,又名《极度恐慌》《危机总动员》《蔓延》等)反映了这种选择的困境:加利福尼亚彬木镇的居民被一种罕见的病毒感染,患者很快身亡,病毒在小镇内疯狂蔓延,政府决定出兵封锁小镇,并试图动用武力将小镇夷为平地。如果用核武器毁灭小镇上的所有生命是切断传染源、保护人类的唯一最后选项,那么这么做就是"必要的恶行"。

② 这就像存在主义的选择焦虑:选择是人类存在的核心,即使选择不选择也是一种选择,选择没有好与坏之分,只有更好或更坏之分,完全自由的选择导致痛苦或死亡,死亡是终极选择。

一种应当避免的"恶",因为它会引发"道德风险"。

支持者将地球工程视为一种"未来技术",认为它可以在未来把人类从最糟糕的气候危机中拯救出来。其逻辑结论是:面对气候变化,我们现在什么都不需要做,因为我们终将找到所有问题的技术解决方案,地球工程将终止地球系统的任何变化,使气温恢复到前工业化时期的稳定状态。

由于地球工程被视为解决气候变化的可靠方案,那么,通过温室气体减排应对气候变化就不应是首选项。因此,地球工程的研发与推广可能会激发公众对地球工程的过分关注,并将地球工程视作减排的替代选项,客观上反而会阻碍人们减缓气候变化的努力。如贾米尔森(Jamieson)曾指出,那些对研发地球工程特别感兴趣的人不愿意相信气候正在变化,并认为地球系统对人类的行为不敏感,因此我们不应对地球工程有过多的担忧。[1]

可见,即使地球工程是成功的,它仍会在环境道德意识上产生消极影响:强化人类的狂妄与自大,鼓励人对自然的进一步干预、控制、支配与征服,从而引发更大的灾难。因此,从长远来看,地球工程比它要解决的气候变化问题更具毁灭性,既毁灭人类也毁灭自然。

地球工程是一种"技术工程",而改变人类自身及其设计的制度是一种"社会工程"。现代西方文明的一大问题就是认为"技术工程"优先于"社会工程",人们希望不断改造自然,却不愿改变自己。16世纪的科学进化论思想家弗兰西斯·培根就认为,知识的目标不是深思,而是拥有对自然的权力,这一点从培根所用的词汇就可以看出:"统治"(dominating)、"操纵"(manipulating)甚至"折磨"(torturing)自然以迫使自然交出它的秘密。在培根的乌托邦社会中,科学可以代替宗教。

美国拒绝签署《京都议定书》而是积极进行地球工程的研究,这似乎可以表明,崇尚创新与冒险的美国人是这种"技术工程"优先论或技术乐观主义的最忠实拥护者。美国曾在第四次IPCC评估报告初稿

---

[1] D. Jamieson, Ethics and intentional climate change, *Climatic Change*, 1996 (33): 323 – 336.

中写道:"如果减排失败的话,改变太阳辐射就可能是一种重要的策略。"① 技术乐观主义者认为科技进步终将解决任何问题,气候问题也不例外。"技术创新必须成为一切成功的气候变化战略的核心内容。"② 经济学家朱利安·西蒙(Julian L. Simon)也指出,科技进步不但不会破坏环境,反而会改善环境。③ 即使科技进步在解决其他一些问题的同时也产生了副作用,但是在西蒙看来,它随后又会解决它所产生的问题,人类的未来一片光明。

如果地球工程足以解决所有的气候问题,那么我们就没有必要付出巨大的成本进行减排和适应,只需等待地球工程在最后时刻拯救我们。然而,地球工程是否真的可以担此重任?工程技术是否完全值得信赖?工程技术是否可以让消失的冰川重现、使干涸的河床重新流淌清澈的河水、把沙漠变成绿洲?如果地球工程改变了降雨模式,水力发电技术能否在没有水的河坝上发电?如果地球工程改变了季风,风力发电机能否随季风的路径改变、一起"迁徙"?

实际上,气候危机的根源是人类操纵自然以满足自己欲望的企图。虽然人类不可能一直让自然"自由地"存在,但随着人类变得越来越自大,越来越具有侵略性,对自然的干预也越来越过分。人类曾以多种方式"改善"了自然,例如,把水引至我们想要生活的地方,消灭那些捕食家禽的动物,挖掘港口和填埋湿地以发展城市。随着人类欲望的不断膨胀,人类企图管理和控制自然的所有要素。但是,有限的自然资源与无限的人类欲望之间的紧张仅靠技术是无力改变的,我们必须同时改变我们的欲望,并在自然面前表现得更为谦逊。人类可以通过学习与改变快速适应新的环境,人类行为比自然系统更具弹性,行为改变是应对包括气候问题在内的许多环境问题的最佳回应策略。因此,要从根源上解

---

① James Garvey, *The Ethics of Climate Change: Right and Wrong in a Worming World*, London, New York: Continuum International Publishing Group, 2008, p.102.
② 〔英〕安东尼·吉登斯:《气候变化的政治》,曹荣湘译,社会科学文献出版社,2009,第148页。
③ Julian L. Simon, *The Ultimate Resource*, Princeton: Princeton University Press, 1981, pp.137 – 138.

决气候危机，就应当提防地球工程所引发的忽视和漠视气候问题的"道德风险"。

可见，地球工程反映了人类的"狂妄自大"和"道德败坏"。仅仅依靠地球工程不仅不会使情况变得更好，反而会使情况继续恶化。"两错相加仍是错"，是"错上加错"，地球工程不会校正错误，而是增加性质更为恶劣的第二个错误。因为第一个错误是无意识地改变气候，第二个错误却是有意地改变气候。有意造成的伤害和无意造成的伤害性质完全不同，类似于法律中故意伤害和过失伤害的区别。

五 结语

地球工程不仅仅是一个科学技术问题，也是一个政治、经济与伦理问题。认为地球工程的实施在政治上相对容易，在经济上成本低廉，在道德上伤害较小，这是一种幼稚的想法。难道某个国家或企业擅自改变气候不会触动他国和他人的利益，其他国家真会袖手旁观？难道地球工程失败的风险及其对社会、健康、生态所造成的负面影响就不应计入经济成本？实际上，由于气候是全人类的共享资源，不属于一个国家、一个地区，也不仅仅属于当代人，我们的子孙后代和其他物种的生存繁衍都依赖地球，我们不能无视其他国家的权利、子孙后代的利益以及其他生物种类的权益。可见，我们既能从政治、经济与伦理维度找到支持地球工程的理由，也能从相同维度找到反对地球工程的理由。

从"活力黄黄"论文化品牌建设的核心要素

王 炜[*]

（湖北省交通运输厅黄黄高速公路管理处）

【摘　要】 文化品牌是一个单位"文化软实力"的重要因素。文化品牌建设应当体现"实证性"，即所有理念的提出必须建立在全面的调研基础上；文化品牌建设应当体现"历史性"，即必须继承和发展已有优秀文化理念；文化品牌建设应当体现"时代性"，即在继承历史上提出符合时代需求的理念；文化品牌建设应当体现"前瞻性"，即要使文化品牌成为引领全体员工共同奋斗的目标和指南。

【关键词】 文化品牌　实证性　历史性　时代性　前瞻性

文化品牌建设是现在企事业单位提高"文化软实力"的重要方面。本文从湖北省交通运输厅黄黄高速公路管理处"活力黄黄"品牌建设的视角来阐释文化品牌建设应当注重的四个要素。

一　文化品牌建设应当体现"实证性"

所谓"实证性"是指文化品牌建设必须以对（所有）员工的调查研

---

[*] 王炜，湖北省交通运输厅黄黄高速公路管理处处长，高级经济师。

究为基础，而不是像建空中楼阁，坐在办公室里拍拍脑袋想出来的。

在这次"活力黄黄"文化品牌建设的过程中，我们首先做的第一步就是对所有员工都进行了问卷调查，对大部分员工进行了座谈，对个别员工进行了访谈，从而搜集了第一手资料，全面了解了管理处的工作现状和员工的思想现状，为文化品牌建设打下了良好的基础。

实证性需要大量客观数据作为分析依据，如员工基本状况的数据。通过调查我们了解到：52%的员工"工作了3~5年及以上"，63%的员工为"本科学历"，其中"10%的员工是管理人员（M序列），12%的员工是技术人员（T系列），78%的员工是生产人员（W系列）"。我们看到，有48%的员工工作时间不足三年，这说明黄黄管理处是一个新员工较多的单位，有很大的潜力可挖。但是，63%的员工具有本科学历，3%的员工具有硕士及以上学历，也就是说有34%的员工的学历在本科以下。通过进一步的访谈调查得知，很多员工是通过高教自考的方式取得文科证书的，直接从本科院校毕业就进入管理处工作的员工不多。这说明员工存在提高素质的迫切需求。

文化品牌建设需要以员工对文化品牌建设重要性的认识为基础，比如在调查访谈中我们了解到，员工对文化品牌建设是普遍赞同的，如对于"活力黄黄"品牌建设是否必要的问题，78%的员工认为"很有必要，能够提高单位的文化品位和美誉度"。对于管理处是否重视文化品牌建设的问题，75%的员工选择"非常重视"，并有65%的员工"非常热衷于参加文化活动"。对于制度和文化之间的关系，55%的员工选择"先文化后制度"，而在后续的调研访谈中，基层员工说得最多的就是"以人为本"，在制度的执行和制定上要更加"人性化"。但是，员工并不认为文化建设就是多搞一些文体活动，如针对"类似郊游、文化竞赛之类的文体活动是否应当经常举行？"这一问题，39%的员工选择的是"经常举行，对团队和谐很有帮助"，23%的员工选择"不要举行，影响工作"。在后续的调研访谈中，一部分年轻员工比较赞同多搞文体活动以增进理解、活跃气氛，但是也有很多员工认为工作太忙，人手不够，过多地搞文体活动，或者抽调员工去参加演出，严重影响了工作。

对于管理处目前的处境，如"您认为目前制约单位发展的主要因素有？"55%的员工选择"缺乏系统、先进的单位文化"，11%的员工选择"人才短缺"，12%的员工选择"员工士气不足"，11%的员工选择"员工工作积极性不高"，4%的员工选择"管理制度不健全"，7%的员工选择"缺乏团队意识和学习气氛"。在后续的访谈中，这些因素确实被一再提及，这也是员工认为"普遍缺乏活力"的原因。最后，对于单位发展前景的认识，47%的员工"很有信心"，40%的员工"比较有信心"。而在后续访谈中，一些老员工对管理处以及自己的工作前景相当忧虑。

文化品牌的落脚点是提高员工的工作积极性、增强单位的凝聚力和向心力，因此了解员工当前的状态是非常必要的。如在员工的工作态度上，针对"在工作中觉得实现了自我价值？"这一问题，42%的员工"基本赞同"，45%的员工"非常赞同"。针对"在工作中遇到复杂的问题，主动与领导或同事协商解决？"这一问题，35%的员工"基本赞同"，40%的员工"非常赞同"。针对"自己爱岗敬业？"这一问题，60%的员工"非常赞同"。对于归宿感问题，67%的员工"很有归宿感"。又如"您认为自己的工作状态是？"这一问题，60%的员工选择了"爱岗敬业，积极性很高"，21%的员工选择的是"创新动力存在不足"。

正是在全面掌握实证资料的基础上，我们对黄黄高速公路管理处的文化品牌建设的条件进行了深入分析。对于文化品牌建设的优势分析，除了黄黄管理处所处的平台优势、富有创新精神和事业追求的领导团队优势、整体素质较高的员工队伍优势以及文化自觉性优势之外，还应当重点考虑一些制约因素。一是文化品牌的定位问题。通过调研我们认为，文化品牌建设至少应当有如下定位：对外，展现管理处整体风貌，具有强烈的品牌效应；对内，充分调动员工的积极性，让员工在现有制度下提高思想认识和政治素质，具有强烈的主人翁意识和责任感；推动并指导制度创新和完善，以最大限度地激发员工活力。二是增强文化品牌的内部凝聚力问题。凝聚力问题主要包括两个层面：一方面是管理处内部各部门之间凝聚力不强；另一方面是路段之间员工没有很好地交流，即使在同一个路段里面，有的处所单位比较多，员工只对自己班组的熟悉，对其他单位的员工不熟悉，交流不够。另外，文化价值观念与管理处实际结合不够紧密，管理处整体凝聚力、向心力有待提高，员工普遍反映"集而不团、整而不合"，没有充分发挥管理处的整体优势。三是核心竞争力的塑造问题。黄黄管理处的核心竞争力应该是不可以复制的软实力，是区别于其他管理处的优势，是能够充分发挥管理处整体优势的能力、资源整合能力以及品牌形象的能力。目前客观来说，黄黄管理处没有特别明显地区别于甚至优越于其他管理处的核心竞争力优势。如何通过文化品牌建设以及其推动和指导的制度创新和完善，形成特色鲜明、优势明显的核心竞争力，这是工作的重中之重。

正是基于实证性的分析，我们最终提出了建设"活力黄黄"的文化品牌。

二　文化品牌建设应当体现"历史性"

文化品牌的建设作为继往开来的系统性工程，历史的传承是非常重要的因素。在这次"活力黄黄"文化品牌建设过程中我们就充分体现了历史性原则。

历史性原则主要包括对黄黄高速公路管理处在创建和发展中形成的内在精神气质和文化理念的继承。文化是一个潜移默化的影响过程，所以作为一个将产生持续影响力的文化品牌建设来说，必须继承以往的优秀传统，使文化能够得以一以贯之、与时俱进，从而达到可凝聚人心、不断开拓的目的。

历史性原则在高速公路行业具有鲜明的地域特征。湖北省交通运输厅黄黄高速公路管理处管辖的522公里高速公路连通鄂、皖、赣、豫四省，连接合肥、开封、九江、南昌、武汉等中心城市，以"丰"字型路网铺陈于鄂东大地，汲取了这片土地上以历史名人李时珍、闻一多、200多位共和国将军以及举世闻名的《本草纲目》、流传悠久的黄梅戏、蜚声海外的禅宗祖庭等为代表的红色文化、名人文化、医药文化、戏剧文化、佛教文化等元素的丰富营养，取得了与生俱来的文化气质，从而为孕育丰富的高路文化提供了土壤。对于地域特征来说，我们重点选取并继承了黄黄管理处在建设之初形成的"红色文化"。因为以黄黄高速公路（黄石到黄梅）为主干线的高速公路主要铺陈于大别山区，这里孕育了众多的共和国将军，诞生了"万众一心，为党为民，朴诚勇毅，不胜不休"的红安精神，形成了丰富生动的红色文化，赋予了一代又一代黄黄人推动事业发展的坚定信心和不竭动力。在红色文化的感召下，黄黄高速自开工建设以来，建设者们舍小家、顾大家，抢前争先，用革命者的魄力和智慧，用敢于突破、敢于创新的勇气，披荆斩棘，开拓前进，创造了多个湖北乃至全国的第一，建设了第一条穿越鄂东老区的现代化高速公路，孕育了"自信自强、科学严谨、坚韧不拔、无私奉献"的黄黄精神，成为黄黄管理者们的精神力量和动力源泉。

"黄黄精神"作为管理处创建以来形成的文化核心，也必须为文化品牌建设所继承，由此我们对于"黄黄精神"做了进一步的阐发，以简明扼要的方式将其呈现出来，即"自信自强"是不惧困难、勇攀高峰的坚定信心；"科学严谨"是严守规范、求真务实的工作准则；"坚韧不拔"是百折不挠、不胜不休的精神状态；"无私奉献"是以路为家、路兴我荣的思想境界。

历史性原则还包括对当前单位管理模式、特征和取得成就的继承。黄黄管理处历届管理者秉承黄黄精神，探索形成了具有黄黄特色的管理模式和黄黄文化。随着黄黄高速公路管理处的成立、鄂东区域一体化管理的实施，以黄黄精神为主导的黄黄文化在鄂东高路网上辐射延伸，又成为鄂东高路发展的核心动力。在鄂东区域一体管理模式下，鄂东高路网充分发挥"四路连通四省"的区位优势和交通优势，全面提升整体服务能力，突出鄂东高路网展示形象、促进流通、拉动发展的基础性作用，带动鄂东高路沿线经济的蓬勃发展和中东部经济的交融互动，为经济发展注入了强大动力。黄黄管理处班子是一个平均年龄45岁的焕发着激情和活力的班子，黄黄管理处职工队伍是一支平均年龄28岁的充满活力的队伍。黄黄管理处这个年轻并富有朝气和活力的团队坚持以科学发展观统领各项工作，注重把握高速公路行业的发展趋势和规律，把创新作为黄黄事业永续长存的根本手段,不断超越自身,变革创新,与时俱进,为黄黄事业注入持久旺盛的生命力。管理处成立以来,始终把文化建设作为提升区域高路一体化管理水平,推动鄂东区域高路科学发展的根本手段,既管好高速路服务中部崛起,也体现行业特色实施品牌战略。

总的来说,历史性原则指在文化品牌创造的过程中,对于企事业单位已经形成的文化理念必须继承和进一步发展,从而保持文化的传承性,不至于造成因为文化理念的截然不同而导致员工思想的混乱,也才能够增强文化品牌的凝聚力。

三 文化品牌建设应当体现"时代性"

在历史性的基础上,文化品牌需要体现"时代性",即在继承优秀的文化传统的同时,根据时代的变迁对已有的文化品牌进行优化和发展,以及增加新的文化要素。

对于"活力黄黄"文化品牌建设来说,在已有的"黄黄精神"的基础上,我们根据时代的需要着力提出了建设"六路"的目标:

一是畅通中部的发展路。网络鄂东:顺应中部崛起战略的实施,发挥鄂东高路网在中部"四路连四省"的独一无二的区位优势和交通优势,致力于鄂东路网的无缝衔接,联网成片,推动区域管理高效集中、有机统一。区域一体:在鄂东高路事业体制管理和投资利益不变,以管理方和投资方双赢为基础,建立"区域一体、统一管理、利益共存"的科学管理格局。规范高效:在鄂东高路网迅速形成规范统一的费收、路政、养护、经营开发管理体系,全面畅通中部经济社会发展主通道,为中部崛起发挥基础性作用。

二是靓丽温馨的形象路。延伸服务:以提升服务,亮化形象为重点,定期在节假日开展"优质服务伴司乘""优质服务月"等刚毅志愿活动;自发捐款设立"雷锋基金""爱心基金",专门帮扶过往困难司乘,在处网站完善"沿线天气预报""路况播报"等服务栏目,不断拓展服务功能,提高整体服务水平。微笑服务:推行微笑同行歌、健康形体操、《黄黄管理处收费窗口文明服务规范》，继续细化规范"扬手问候、转体接卡、挥手送别"共21个细节的收费服务程序，深入开展微笑服务，淡妆上岗，以最美丽的形象和最温馨的笑容服务过往司乘。创新服务：深化服务区标准化建设工作，在服务区推广星级服务标准，全面创新服务区经营管理模式，引进地方特色文化产品，打造景区式服务区、休闲式服务区等特色服务区，高标准建设二里湖五星级服务区，从根本上全面提升服务区服务水平。

三是优美如画的景观路。路平如镜：始终把提升司乘行车舒适度和安全性作为养护工作的根本，全面推行国检标准，确保道路MQI值达到90以上，各分项指标（PQI、SCI、BCI、TCI）均保持在85以上，通行质量好中有升。路美如画：始终把塑造优美的路容路貌作为养护工作的不懈追求，因地制宜地处理边坡、隧道等绿化布景设计，做到路畅、景美，实现高路与沿线自然景观的和谐交融，自然共存，让司乘体验到"车在路上行，如在画中游"的行车感受。路畅如水：以人为本、因地制宜地完善标识标牌、隧道灯光、温馨提示等通行设施，让司乘在鄂东高路网轻松、快速、流畅的通行，随时随地感受体贴、周到、温馨的通行服务。

四是安全通畅的平安路。路警共建：大力推进路政标准化建设，继续推广警路共建经验，以警路"六个联合"整合路警管理职能，建立警路联合执法服务大厅，实行警路"一台车巡逻、一个窗口办公、一卡式办案"，共同应对突发事件。路地共建：联合地方职能部门，开展应急保畅、高路通行秩序整顿等工作，确保交通突发事件快速反应率100%，成功处置率100%，无重大安全责任事故发生。省际共建：加大与邻省高速公路在经营管理、应急保畅、窗口服务等方面的沟通交流，重点建立应急保畅省际联动机制，确保鄂东省际主干道的快速通畅。

五是凝心聚力的文化路。文化聚神：将以黄黄精神为主导的黄黄文化由"人"字型黄黄路向"丰"字型鄂东路网辐射延伸，赋予黄黄人传承黄黄精神、推动黄黄事业的精神力量和动力源泉。文化管人：把文化建设作为提升管理水平，塑造品牌形象的重要手段，发挥"自信自强、科学严谨、坚韧不拔、无私奉献"黄黄精神的主导作用，继承和弘扬黄黄精神,全面加强文化载体建设、丰富文化活动、拓展文化内涵,创新青年读书活动等文化品牌。文化兴路:按照黄黄深化推进、武英承前启后、麻武提档升级的总体思路,打造麻武"红色高速路"、黄黄"文化效益路"、武英"旅游休闲路"等各具特色的路文化,充分发挥路网效益。

六是驱动发展的效益路。连通四省:充分发挥鄂东区域高速公路"四路连四省"的区位优势,根据所辖省际出口站全省最多(5个)的实际,提高道路通行能力,畅通中西部经济大通道,实现中部四省高速通道的无缝衔接。保障运输:提高配套服务、应急服务、通行服务水平,以鄂东路网高标准、高质量的服务充分保障国家重要时段物资运输和重大活动通行保障。带动发展:发挥鄂东高路网三条国道主干线、一条省道主干线的辐射带动作用,保障沿线社会经济要素流通需要,促进鄂东高路沿线经济的蓬勃发展和中东部经济的交融互动。

每一条"路"的建设都是贴近时代需求的建设,每一条路都是体现"活力"的重要载体。

四 文化品牌建设应当体现"前瞻性"

文化品牌不仅仅是当前企事业单位精神的概括、凝结和提升,更是指引全体员工不懈奋斗的远大目标。所以文化品牌必须具有"前瞻性",即指引单位向着一个美好的愿景而踏实奋进。

由此我们构造了合理的奋斗目标,即打造具有典型示范效应的区域高路管理模式,发挥黄黄文化的辐射力、精细管理的推动力、窗口服务的影响力,推动鄂东高路管理特色和经验引领行业、走向全国。我们力争将文化品牌内化为全体员工的统一思想,为把鄂东高速公路建成全国乃至世界一流的高速公路管理典范而奋斗。在这个愿景的目标指引下,我们制定了奋斗使命,即立足红色鄂东,服务中部崛起,实现跨越发展:路为纽带,传承革命前辈为老区人民创造幸福生活的恒久梦想;路为国脉,促进鄂东老区和中东部地区经济社会资源要素交融互通;路为标杆,通过拉动经济社会发展实现高路跨越发展的自身价值。

从前瞻性来说，我们要通过文化建设提效，为管理处发展提供不竭的原动力。发展是一个不断适应周边环境、不断调整自身以更适应发展环境的过程。文化建设是我们有效调整发展思路，保持发展弹性和张力的重要手段。黄黄管理处文化手册虽已成型，但是文化建设是一项长期而艰巨的系统工程，它需要在实践中不断潜移默化，需要在实践中不断更新完善。黄黄管理处干部职工，要敢于、乐于、善于在鄂东高速公路管理实践中执行好文化手册，让文化手册接受经营管理实践的检验，并在实践中不断总结、不断探索、不断挖掘、不断提炼，真正让黄黄管理处文化手册始终符合鄂东高路发展的要求，反映广大司乘人员的要求和心声，促进鄂东高速公路更快更好地发展。同时，我们要加强对活力黄黄品牌的宣传，通过网络、报刊、杂志等各种媒介，通过职工集体文化活动等各种载体，通过收费站、养护站、路政大队、服务区等面向社会的各种窗口，全方位宣传活力黄黄文化品牌，使活力黄黄得到社会认同、职工认可，成为全体黄黄人共同的思想和行为依托，成为黄黄源源不断的发展动力。

文化建设是检验一个高速公路发展水平的重要标准，是一个高速公路管理单位管理服务理念的直接反映。活力黄黄文化品牌犹如一个大写的"人"，是由硬件上的标准化建设以及软件上的用心服务共同支撑起来的大写的"人"，共同赋予黄黄丰富的人文底蕴，是活力黄黄品牌实现的文化基础和必经途径。活力汇聚鄂东，激情穿越黄黄。我们将始终坚持文化管人、文化立路的思路，切实做好文化手册的落地工作，全面发挥文化手册的管理效能，切实提升鄂东高速公路运营管理水平，让文化手册成为全体干部职工的思想和行动指引，众志成城，共创辉煌。

一流的管理靠文化，一流的形象是品牌。文化品牌的建设包括文化理念、行为规范和品牌形象三部分。文化理念包括核心理念和管理理念，是黄黄管理处的精神指引和奋斗方向；行为规范是全体员工应当达到的职业素养；品牌形象是管理处对外展示的统一载体。在文化品牌手册制定过程中，我们始终坚持实践性和可行性原则，既符合经营管理的实际需要，又充分彰显高速公路的行业特性，既要得到职工的广泛认可，入脑入心，在各自岗位上自觉践行，又要能够在传播中特色鲜明，为社会认可。无论是文化理念、行为规范还是品牌形象，都力求易懂、易记、易传播、易执行，使之内化于心、外化于行，成为职工的基本行为手册。

综上所述，文化品牌的建设是一个单位过去运营管理实践经验以及优秀文化传统的继承，是一个单位适应现代、面向未来不断发展的指引，可以说，一个单位追求卓越的过程就是打造品牌的过程，就是以文化品牌引领所有员工不断奋斗，共创辉煌的过程。

"汉味文学"与武汉城市文化

李 婷[*]

（武汉商学院人文教研室）

【摘　要】 武汉城市文化的定位与"汉味文学"有着不可分割的紧密联系。汉味文学作品体现的武汉地域文化，综合而言还是以楚文化为传统，以武汉现当代世情为依托的武汉文化。文化的积淀是一种重要的资本，武汉既是水城、桥城，又是古城、诗城，独特的江湖资源、丰厚的文化积淀，已经形成了鲜明的汉派文化特色。武汉的文学作为一种特殊的文化构建活动，也体现着、书写着、表达着武汉的城市文化精神。

【关键词】 汉味文学　武汉　城市文化

一　武汉城市文化定位的意义

21世纪成功的城市都是文化城市。城市的发展依赖城市文化的经营，城市文化形象变得比以往任何时候都具有更加重要和更加实际的意义。文化形象是城市形象的灵魂。强烈而内涵丰富的城市文化，在一定程度上规

---

[*] 李婷（1980～），女，湖北石首人，武汉商学院人文教研室副教授。主要研究方向为现当代文学、城市文化。

范着人们的文化行为、道德行为和文化心理构成。城市的文化内涵和文化底蕴，既体现出城市的文明层次，也为经济建设及城市发展提供机遇。目前我国有些城市的城市文化发展滞后，已对城市总体发展尤其是城市质量的提高造成越来越明显的制约。所以，塑造现代城市形象，既要有完善的硬件设施，还要营造出浓厚的且独具个性的城市文化。

武汉是著名的历史文化名城，文化积淀深厚。近年来武汉经济发展迅速，但城市文化研究与经济发展速度并不相称。文化创造力、文化地位、文化感召力等，都缺乏有说服力的成果或成就。与国内外同类城市相比，武汉并没有成为国内外文化活动的首选之地，自身独特的地域文化魅力远远与其经济地位不相匹配。最近市政府清晰地认识到建设文化强市的紧迫性，为此提出了一系列的政策。根据规划，到2020年，武汉将建成国家文化中心城市。这对武汉城市文化的塑造提出了更为紧迫的要求。

城市文化是人们对城市的综合识别体系，是地域文化的集中体现。城市文化的构建可分为物质、行为和观念文化三个层面。其中观念文化层面是城市文化的一种升华，是城市文化形象的最高境界，最能体现城市文化的特征。观念文化涵盖城市精神、城市人的价值观念、城市法律法规等。作为城市的血液，观念文化是城市文化的灵魂。因此，规划和创造出充满地方特色、性格魅力和生命活力的现代城市，才能把握城市文化脉络的走向。作为观念文化实体之一的武汉城市文学，尤其是汉味文学，决然是武汉城市文化形象构建中不可抹去的重笔。

二 武汉城市文化学说概述

世界上的许多知名城市都有属于自己的文化名片：或以历史闻名，如雅典；或以城市特有的自然风情著称，如水城威尼斯；或以艺术扬名，如音乐之城维也纳；或以特色产品独揽群芳，如服装之城巴黎等。最近几年，伦敦将文化作为支柱产业，也实现了由古典向现代的华丽转身，成为鲜活、动感的创意之都。目前中国许多城市都已经有了自己独特的文化。大连以服装文化为载体，迅速跻身于国际知名城市之列。西安、南京、天津、广州等城市先后有学者关注城市的文化塑造和定位问题,并已成功定位了自己的城市文化。北京借助奥运会成功塑造了人文北京的城市文化形象;以"城市让生活更美好"为主题的世博会使上海成为各种文化的集中地,也成功强化了其海纳百川的海派城市文化;杭州以其独特的休闲氛围、精致山水树立了"东方休闲之都、品质生活之城"的文化品质。湖北省的黄冈也综合其历史文化底蕴和自然风景,准备打造为"中国名人之城",孝感早已以其"孝"为其城市的文化代言。

  武汉作为现代的大都市,却难以确定和凝聚自己的城市文化。作为国家竞争力的实体,城市的发展从长远来讲比的无疑是文化。武汉要在国际国内产生应有的影响,城市文化必须鲜明。近年来武汉学界热衷于研究武汉的地域文化,成就斐然。目前武汉有很多城市文化的说法,较为典型的有,以传统文化为底蕴的楚文化说;结合景观特色和历史传说的知音文化说与黄鹤楼文化说;体现武汉城市地域特色和人文品质的水文化说和码头文化说;描述城市发展历程的辛亥革命文化说等,林林总总,但是能代表武汉城市整体的文化学说却一直没有定论,城市文化的研究也是呈现纷繁复杂而零散的特点。武汉在21世纪的现代化进程中,急需发挥城市文化的功效,培养市民对城市趋向一致的认同感、归属感、自豪感和责任感。因此,武汉的城市文化必须尽快有一个准确的定位与描述。

三 "汉味文学"所体现的武汉城市文化

  文学是城市文化的书写,城市文化是文学的基础。城市培育了文学作品,而文学作品也塑造了城市的文化品格。城市作为一种空间的存在,与小说有着天然的联系。以城市为载体和描写对象的小说作品与城市文化形象有着千丝万缕的联系。知名武汉作家彭建新曾对武汉的"汉味文学"做了精当的诠释:汉味文学的民俗特征、都市精神、文化内涵,涉及饮食、道路、码头、汉腔汉调,是以楚文化为底蕴、商业文化为主体、水文化为特色、市民文化为基调的武汉民俗文化。由此可见,楚汉风韵、楚文化、汉文化在武汉城市文化的各个方面都有很深的印记。武汉的作家也在作品中深情而诚挚地表达着武汉这座城市的魅力与风情。汉味本身也是一种文化，是一种极具特色的地域风土人情的体现。武汉有着几千年的历史文化积淀，是巴楚文化最后的堡垒，是荆楚文明的集散地，在长江汉水交汇处、九省通衢后融会形成的码头，孕育着这种不朽的文化。"汉味小说"中充满了强烈的武汉文化气息。自古就有"九分商贾一分民"之称的汉口，一直都是汉派作家描写和表达的对象。《风流巨贾》《孕城》《养命的儿子》《水在时间之下》等小说，生动形象地诠释了经商之道与武汉品格。

武汉城市文化与汉味文学是互为表达的，汉味文学中展现的独特地域文化和风情，使其具有独特的审美价值和世俗化的文化内核，必将成为武汉城市文化定位的一个支点。文学作品本身带有宣传功能，如池莉的《生活秀》让武汉的小吃鸭脖子誉满全国；刘富道的《天下第一街：武汉汉正街》更是让沉寂已久的汉正街重焕异彩。因此文学的传播功能将成为促进武汉城市文化繁荣和城市文化形象定位与宣传的动力因素。

汉味文学作品体现的武汉地域文化，综合而言还是以楚文化为传统、以武汉现当代世情为依托的武汉文化。理由有四：

（一）汉味文学作品的作者都是资深的学者文人，他们接触的武汉民众生活层面虽然各异，但是他们自身的学养均来自比较传统的本土文化教育和武汉文化教养。因此武汉历史的渊源和积淀形成的历史文化痕迹在他们的作品中不自觉地流露和出现。这是武汉城市的文化传统和精神性格刻在文学作品上的烙印。如刘富道描写的汉正街民众生活，艰难残酷的生存境况中体现出楚文化的创新精神与包容秉性，甚至至死不屈的精神沿袭。

（二）汉味文学作品中对武汉标志性建筑的描写是对武汉城市文化的阐释。建筑是凝固的历史，也是凝固的文化。方方、池莉笔下的花楼街，彭建新笔下的海关大楼和民众乐园，虽然建筑风格各异，但在见证武汉这座城市的沧桑历程时，其中更令人震撼的是在这些建筑物中生活的人们，是他们的坚韧与顽强、是他们泼辣的生命力使这些建筑物人化为武汉城市厚实的精神象征。而武汉本土的建筑如长江大桥、黄鹤楼的亭台楼榭、新武昌火车站，以及翘檐吊脚的设计，无不是楚风汉韵的实体展现。

（三）汉味文学作品中对武汉地域特色的描写体现了荆楚风韵。水是读者阅读汉味文学作品最大的感受。几乎所有的作品中都会出现对长江、汉江的描写。不仅是作为小说的地理环境，更重要的是成为特有的人物性格呈现、故事进展和作品的整体背景。傍水而生的桥、湖、船，甚至特有的气候条件等，形成了武汉人独特的生活场景和独有的生活方式。这样的民俗与民情毫无疑问得到了民众的普遍认同，也是民众心理的普遍归属。而如若将这一切归结为文化层面，溯其根源都来自遥远的楚文化中不受拘束的传统与现代商业文化浸染合成的地域特色。

（四）汉味文学作品中对武汉市民生活境况的描写所体现的是坚韧个性。人永远是文学作品的核心，人的精神也是文学作品得以流传的根基。汉味文学作品中塑造了大量的武汉人的形象，如来双阳、七哥、曾芒芒、戚润物、水滴等。他们卑微却不卑贱，世俗却不低俗，他们懂得如何在贫苦中生活得更好，如何在艰难围困中寻找自己的出路，哪怕粉身碎骨也在所不惜。在这些原生态的凡人俗世的写作中透出的是一种直面生活的勇气与坚毅，也是武汉人性情中善于忍耐又善于排遣的真实写照。

武汉自古以来是繁华的商业中心和贸易港口，又有着深厚的荆楚文化传统的底蕴，长期以来，其特殊的九省通衢的地理位置形成了武汉开放、包容的个性。优越的商业地理位置和悠久的商业历史，使武汉人具备了精明的生意头脑，经商头脑灵活等特点大量反映在世俗生活中，因此商业文化也已成为武汉城市文化的主要特色之一。

作为文化最直观反映的文学，必然会展现特定地域中的文化。尤其是一些地方特色浓郁的作品，更是足以超越商业广告的效应，本身具有丰富的文化品牌蕴含。中国有很多以文化名人而出名的城市，绍兴、余姚、凤凰、大淖等。作为武汉城市来说，文化的积淀是一种重要的资本。武汉既是水城、桥城，又是古城、诗城，独特的江湖资源，丰厚的文化积淀，已经形成了鲜明的汉派文化特色。武汉的文学作为一种特殊的文化构建活动，也体现着、书写着、表达着武汉的城市文化精神。

学术如何自主?

——评《学术与自主:中国社会科学研究》

段 凡*

(湖北大学马克思主义学院)

【摘 要】邓正来先生的学术作品集《学术与自主:中国社会科学研究》是他"迄今为止个人关于中国社会科学学术自主性这一理论论题的一个比较完整的学术思考脉络"。邓著所设想和要构建的这种学术场域,抛弃了那种混淆了学术场域与其他场域之原本界线的传统学术研究进路。如同邓著所阐释的,中国社会科学研究,要走向整体的"科学观"和"规范化",就必须"对知识品格做'践道'与'学术'之二分的洞识"。所谓"践道",可以理解为实践之道或者生存之道。在社会实践乃至自我生存的道路之中,它可以对社会科学研究和学术研究本身产生重大影响,但是它不能对社会科学研究和学术研究产生直接的牵引力影响。而对于"学术"之于践道的重要作用来说,其要在十分注重旨在捍卫现存社会秩序并为其提供合法性的"法理型"知识的同时,更加注重旨在把社会及法理型知识作为自身研究对象,并保有对一切规范准则的合法性进行批判的知识。

【关键词】邓正来 学术 自主 社会科学研究

---

* 段凡,男,湖北大学马克思主义学院副教授,硕士生导师,博士。

一

邓正来先生的学术作品集《学术与自主：中国社会科学研究》由北京大学出版社 2008 年 1 月出版。著作再次收录了邓先生"学术生涯中最重要的研究题域之一"，而且是他"迄今为止个人关于中国社会科学学术自主性这一理论论题的一个比较完整的学术思考脉络"。① 邓著从知识分子的历史使命出发进行思考，正如他本人所言作为一个"纯粹"的读书人，走上了一条"小路"，对主流形式所构成的"大路"毅然决然地进行批判。这一路上的风景，被邓著以解构又建构的沉思进路，加宏大叙述的批判精神，集中性地进行了表现，几乎达到了邓先生所最喜欢并最迷恋的状态："一人一水一世界。"而这种境界就是对"中国法律理想图景"的"非现代化范式"的危机摆脱，进一步捍卫了"学术研究本身的重要性与研究对象的重要性的严格区别"，从而分割了学术研究场域、经济活动场域、政治活动场域和日常生活的场域，捍卫了学术场域的自主性。

这种超越以往学术研究进路的场域自主性，即是对"对象化实施对象化"。所谓对对象化实施对象化，也就是将以往被对象化了的知识和理论，以及进行对象化的对象化本身之思维与方法，进行一次深度解剖与解构，用通俗的话语来解释，也就是以其人之道，还治其人之身，用布尔迪厄的话来说，就是"同直接得自生活世界的经验常识观念决裂，其次是同产生于学术界的理论理性观念决裂，而唯有最终实现全部两次决裂，才能建构起一个分别超越而又同时综合客观主义或'结构主义'及主观主义或'建构主义'的社会实践理论，以达到对行动者实践逻辑和实践意义的完整把握"。②

邓著所设想和要构建的这种学术场域，抛弃了那种混淆了学术场域与其他场域之原本界线的传统学术研究进路，或者同"传统"的中国法学

---

① 邓正来：《学术与自主：中国社会科学研究》，北京大学出版社，2008，第 1 页。
② 〔法〕皮埃尔·布尔迪厄、〔美〕洛伊克·华康德：《实践与反思——反思社会学导引》，李猛、李康译，中央编译出版社，1998，第 11 页。

研究之进路,或发展的各种"政治—法学","社会—法学"之进路分道扬镳。在这种学术研究之下,坚决反对种种"不经过基本且必要的知识储备就直接将社会日常现象作为知识研究现象的倾向"。①

作为法学来说,而曾经被称呼为摆脱不了"幼稚"的法学,一度无法摆脱作为政治、经济、社会等需求的依附,如果按照邓著所言的这种构建,幼稚的法学会逐渐走向成熟。而这种成熟必然是作为一种新的法学知识系统进行构建,即法学知识作为一种惯习,在新的法治实践下被重新建立。而法学研究,也将在新的学术自主场域之中进行建设。

二

而从法学延伸至于社会科学研究,这种社会科学研究的"大路",不论是反传统的或反现代的、左派的或右派的、西化的或非西化的,即便是主流的,也都成为了邓著毅然决然批判的对象。

这种大义凛然的批判,成为了邓著对中国一些知识分子某种"契合"关系的深刻反思的前景,而这被称为是"中国社会科学所面临的核心问题","涉及生存于这一环境之中的中国学术界能否保有一种批判的精神去直面这些关系的问题"。② 这些被邓著所称呼的"问题",存在于中国社会科学工作或研究的场域里,成为了一种集体共谋的惯习。

在这种社会科学工作或研究的场域里,某些知识分子成为了被共谋的对象。他们在权力意志指挥棒的指引下,或者在经济利益的诱使下,有意或无意地使他们笔下的知识成为他们自我"知识生产机器"下的某种产品。而这种产品的"保鲜期"通常比较短,一转眼就成了被称为"垃圾"的学术产品。他们所提供的知识不再是一种单纯的自由思想活动和精神活动下的产物,而是必须符合生产规则的一种智力活动或游戏安排。这种安排如福柯所言:"这是一种……精心计算、持久的运作机

---

① 邓正来:《学术与自主:中国社会科学研究》,北京大学出版社,2008,第159页。
② 邓正来、张曙光:《走向自主的中国社会科学:〈中国社会科学评论〉创刊辞》,载邓正来:《寂寞的欢愉》,法律出版社,2004,第133页。

制。与君权的威严仪式或国家的重大机构相比,它的模式和程序都微不足道。然而,它们正在逐渐侵蚀那些重大形式,改变后者的机制,实施自己的程序。"①

所以,社会科学工作者或研究者的工作,在一定程度上如诺贝特·埃利亚斯所言,并非完全是"价值中立"或者"价值无涉"的。社会科学的研究,往往带有一定的价值预设或者价值判断,但是这种价值的预设或者判断,并不像有的社会科学家所宣称的那样,必然带有所谓的意识形态属性,有时候恰恰与意识形态没有相应或必然的联系,却和一定的价值体系和相应的评价类型有着关系。也就是说,在某种知识场域的评价体系和类型的制度安排之下,知识产品不再仅仅是一种单纯的智力活动和精神活动的产物,它承载着很多的其他附加属性和思考。金钱、地位、名誉、权力等,某些知识分子能够想到的附加值,成为了促使其进行知识生产的动力和能量,精英阶层的试图迈入,也成了某些知识分子群体身份的理想,而它已经超越了以往对知识分子的单纯定义,有的时候,"这种产品的生产离不开知识分子的集体契合或共谋,甚至这种合谋已经渗透到了场外,成为了内外合谋。而知识分子凭借知识资本的嫁接,培育了自己的社会资本和经济资本,在'知识市场'体制下合法地对知识的生产进行垄断,而知识分子则变成了继政界精英和商界精英之后的第三种精英——知识精英"。②

在现实中,我们可以看到的一些知识精英通过合谋来共同绞杀知识的正当性和公益性,如法官和律师这种知识操作者的合谋、立法者和利益相关者这种知识生产者的合谋。进而,我们终于看到并理解了邓著中所提到的:"我们必须通过打破整体性的'社会概念而将中国社会科学视作相对独立于经济场域、社会场域和政治场域的学术场域,并经由科学资本的增加和同日常性常识或学术性常识的决裂来增进和捍卫中国社会科学的自主

---

① 〔法〕米歇尔·福柯:《规训与惩罚》,刘北成、杨运婴译,生活·读书·新知三联书店,1999,第193页。
② 参见段凡、李媛《法社会学的观察:论制度下的研究生盲评漏洞与弥补》,《学术交流》2009年第3期,第79页。

性。换言之,我们决不能以任何方式把自己出卖给其他场域,进而成为摧毁中国社会科学自主性的共谋者。"①

三

这种共谋将会使社会科学场域、政治场域、经济场域、社会场域乃至文化场域混同,导致在某种公共情势发生的场合、当需要公共知识分子出现的时候,却发现知识分子"集体不在场"或"集体离场"。或者这些知识分子在封闭于自身小圈子的情况下,进行着一种缺失学术传统或者道德传统的自说自话、自言自语,遑论有能力去建构起一种关于人类未来的"善生活"了。而在社会科学研究领域里,则是自己的研究哲学还没有完全建立,或者说在学术论文和著作里,缺少一种哲学立场来对自己的论述进行解释和决定。于是,各种观点和主义都有可能被拿来选择性地使用。学术实用主义和学术功利主义,致使学术本身成了一种谋生而不是谋善的工具。

拿法学研究来说,如果说曾经的纯政治权力依附立场,使得我们的法学以及法学研究一度成为了"政治权力"和"政治学"的附庸,以致不能脱离幼稚的话,那么现在的这种结构改变却带来了功能的不同。我们需要的不仅仅是去解释世界,重要的是去改变世界。然而,到底是我们在改变世界,还是世界在改变着我们呢?如果说这一点不能够厘清的话,那我们的学术研究在自主的道路上,将会陷入一种纠结和迷惘。

如同邓著所透示着的,中国的法学研究包括中国社会科学研究,要走向整体的"科学观"和"规范化",必须"对知识品格做'践道'与'学术'之二分的洞识"。②所谓"践道",可以理解为实践之道或者生存之道。在社会实践乃至自我生存的道路之中,它可以对社会科学研究和学术研究本身产生重大影响,但是它不能对社会科学研究和学术研究产生直

---

① 邓正来:《学术与自主:中国社会科学研究》,北京大学出版社,2008,第56页。
② 邓正来:《学术与自主:中国社会科学研究》,北京大学出版社,2008,第156页。

接的牵引作用。也就是说，社会科学研究和学术研究不能成为注释型研究和饭碗型学术，否则它会失去自身的发展脉络，而成为仅仅是在其位而某其政的断裂研究，呈现出此一时彼一时的研究状态。而对于"学术"之于践道的重要作用来说，其要在十分注重旨在捍卫现存社会秩序并为其提供合法性的"法理型"知识的同时，更加注重旨在把社会及法理型知识作为自身研究对象，并保有对一切规范准则的合法性进行批判的知识。后种知识也曾被布尔迪厄称之为"社会科学"。

宋人张载的千古名句也许会对我们的社会科学研究和学术研究以及学术自主道路做一个好的阐释："为天地立心，为生民立命，为往圣继绝学，为万世开太平。"这也许会成为我们在当下的太平盛世里著书立说而不能够忘怀和抛弃的座右铭和情怀。

会议综述与述评

时代的召唤：构建主流文化之思

——首届"中国与世界：文化发展论坛"（2013）综述

张　卿*

（湖北大学哲学学院）

【摘　要】主流文化的成熟与发展影响着国家和民族的未来，这是世界各国文化发展的共同经验。就当代中国文化发展的现实而言，构建我国主流文化已是当务之急。世界文化虽日益呈现出多元化的格局，但构建主流文化并不是对文化多元的否定和排斥，世界文化的未来发展依然依赖主流文化的发展与成熟。

【关键词】　中国　世界　文化　论坛

由湖北大学举办，湖北大学高等人文研究院、哲学学院、马克思主义学院共同承办的首届"中国与世界：文化发展论坛"（2013）于2013年9月23～25日在湖北大学举行。论坛包括"世界文化发展论坛"和"中国文化发展论坛"。在9月23日举行的"世界文化发展论坛"（2013）上，来自世界12个国家的25位学者围绕"当代世界主流文化的现状与前景"进行了研讨，并签署了《共同推进世界主流文化构建——首届"世界文化发展论坛"（2013）武汉宣言》。在9月24～25日举行的"中国文化发展论坛"（2013）上，来自中国社会科学院、清华大学、北京大学、北京师范大学、复旦大学、武汉大学、湖北大学等院校和科研单位的60余位专家学者，以

---

* 张卿，女，湖北大学哲学学院博士研究生。

"当代中国主流文化的内涵、特质与基本精神"为主题进行了充分的交流。与会专家普遍认为,无论是从中国还是从世界的角度来看,主流文化建设都是十分迫切的问题,需要引起各国和全世界人民的高度重视,尤其需要各国学者加强交流、对话与合作,从理论上回答这一时代提出的迫切问题。

一 构建我国主流文化已是当务之急

文化是民族的血脉,是国家的灵魂,是人民的精神家园。文化的发展状况标志着相应主体自由与全面发展的尺度。在全球化、信息化时代,文化是经济社会发展取之不尽用之不竭的重要战略资源,可以说主流文化的成熟与发展是否顺利影响着国家和民族的未来。中国社会科学院哲学研究所的孙伟平教授在题为"论国家文化软实力与中国的发展战略"的发言中指出,当今世界正处在大发展大变革大调整时期,文化已经不再是经济、政治的附庸,其重要性前所未有地凸显,文化与经济、政治等相互交融,成为民族凝聚力和创造力的重要源泉,成为综合国力竞争的重要因素。主流文化的发展方向必须立足于文化传统,立足于具体国情和人民群众个性化、多样化的文化需求,运用系统思维和协同方法,综合而有重点、有针对性地开展建设。清华大学的万俊人教授在题为"当代中国文化发展中的三个紧迫问题"的发言中提出了当代中国文化发展的三个紧迫问题:战略定位、文化资源和文化的话语权。未来的中国发展必定越来越依赖于中国文化的发展活力,中国特色的社会主义文化道德和核心价值观念体系的构建将是创造中国文化发展活力的决定性因素。中国主流文化的构建实质上就是在这个时代背景下文化的自我认同和自我重构,我们必须清楚地表达作为"中国特色社会主义"之根本价值理想的文化道德和价值方向。来自中国社会科学院的李景源研究员向大会做了"让人文学科的发展成就中国的未来"的报告,他认为,在当前的世界背景和国际环境中,文化兴衰和民族兴衰是紧密相连的,因此中国的未来需要有活力有前景的主流文化,而人文学科的发展正是促进主流文化繁荣的积极因素。

二 对主流文化概念的哲学解读

"文化"一词正如美国学者亨廷顿在《文化的作用》一书中所指出的，在不同的学科与背景中有着多重含义。"主流文化"正是由于文化可以在严格意义与宽泛意义上被定义而产生的。湖北大学高等人文研究院的江畅教授在"主流文化存在的三种样态及我们的战略选择"的发言中将"主流文化"在严格意义的基础上定义为：一定的系统价值观的现实化，在社会生活中占据主导地位、普遍流行的或者为公众普遍接受的文化。无论从时间还是空间的维度来看，主流文化与非主流文化总是共存的。在文化发展日益多元化的当代世界，任何一个社会都面临着需要妥善处理主流文化与非主流文化之间关系的问题。从实质上看，主流文化与非主流文化的关系有四点值得注意：第一，主流文化与非主流文化总是就一定社会范围内而言的，在一定社会范围内的文化与其外的文化不构成主流非主流关系；第二，一个社会内部只有存在着不同的文化，才有可能出现主流文化与非主流文化的情形；第三，主流文化与非主流文化并不等同于统治者推行的文化；第四，主流文化与非主流文化之间的区别是否是实质性的要视具体情况而定。墨西哥学者霍藤莎·居雷尔·贝瑞做了题为"文化与多种文化：世界主流文化之反思"的发言。通过对古希腊、古罗马当时的流行文化与中国古代的儒家思想以及基督教思想的发展历程进行比较和分析，她指出，主流文化应该由国家层面提出，因为文化的展现与流传寄托在对个人的教育与培养上，只有依靠国家的支持才能做到这一点，因此主流文化的形成离不开个人与公共文化的相互交融。地缘则是文化交流的另一主导因素，在现今世界范围内存在着欧共体、拉丁美洲、阿拉伯世界等特定文化区域则是对这一观点的最好证明。世界的多极化带来了文化的多元主义，我们可以期待在尊重多样性的基础上，开放跨文化交流的平台，而这个平台正是世界主流文化应该朝之发展的方向。来自美国布莱恩特大学的保罗·斯威夫特博士分析了宽容作为美国核心价值观的缺陷与价值，提出文化通过音乐、绘画、电影等文化的实践行为展示其内涵，实质上表达的是人类的行为模式。在美国两党相争的政治背景下，很难建立起社会的核心价值观，由于冲突频发，所以宽容成为社会文化的主题思想。

三 主流文化的发展历程

随着人类文化发展的问题日益受到世界各国的关注，为了更好地发展文化，除了采取各种有效的措施之外，还需加强对文化自身的研究，其中一个重要的方面就是认清文化的源流。湖北大学哲学学院的强以华教授对当代中国文化的源流进入深入的思考。他从客观的角度研究了中国当代文化的三个源流：马克思主义文化，中国传统文化（主要是儒家文化）和市场经济文化，认为它们经过一定时期的磨合虽然已经被初步整合成了统一的当代中国文化，但是它们之间依旧存在明显的妨碍整合的差异乃至矛盾，因此，在未来的发展中必须从价值判断的角度分析三个源流在整合中应该具有的不同地位，确定马克思主义文化、中国传统文化、市场经济文化之重要性依次递减的地位顺序。复旦大学的俞吾金教授在"当代中国主流文化三论"的发言中指出，可以从两个不同的角度考察当代中国文化：第一个角度是文化结构，第二个角度是价值体系。由于当代中国文化呈现为一个复杂的有机体，因而需要用复杂的、动态的眼光加以考察，而对当代中国主流文化的认定也应该在上述两个角度考察的基础上得以展开。由此得出的结论是：当代中国主流文化的主导精神，是对以"科学"（science）和"民主"（democracy）为标志的"五四"精神的发展和提升。来自爱尔兰的学者摩尔·尼洛根介绍了爱尔兰的主流文化的主流价值观，探索了时代演变与文化的关系。爱尔兰作为报纸消费国，本国的报纸在20世纪70年代以前无忧其市场占有率，随着1973年英国加入欧共体，英国报业进军爱尔兰，爱尔兰本土报业饱受冲击，失掉了市场份额，爱尔兰民众的思想也随之愈加开放。另外，东欧移民带来的外来文化使得爱尔兰原有的基督教文化受到了影响。总之，爱尔兰主流文化的变迁与经济的发展不无关系。

四 对世界主流文化未来发展的寄望

学者们一致认为，与全球经济一体化趋势相反，今天的世界文化日益呈现出多元化的格局。构建主流文化并不是对文化多元的否定和排斥，而是在承认非主流文化存在和共同发展的前提下，发挥主流文化的主导作用，并使其得到尊重和认同。构建世界主流文化是世界各个国家和各国人民的共同责任，从理论上构建世界主流文化和价值观，或者说提供世界主流文化和价值的理论构架并通过理论与实践的结合进行论证，则应是当代世界各国学者的共同社会责任和重大历史使命。各国学者应当自觉地承担起这一共同社会责任和重大历史使命，为世界主流文化和价值观的理论构建做出自己应有的贡献。来自以色列管理学术研究学院的爱弥儿·莉迪亚阐述了当代世界文化的新怀疑主义世界观。通过对宗教怀疑主义的追溯与分析引出了新怀疑主义世界观的基本特点：不迷信权威、不盲从书本、不墨守成规，执着求实际、坚持真理、勇于创新。人类通过消除欲望、限制理性等手段达到心灵的平和，由此创造出的"同情伦理"无须形而上的假设，而这种伦理观如果能在世界范围内产生影响就能解决许多纷争。印度学者托马斯·门拉帕拉皮尔在题为"从世界伦理智慧中受惠的亚洲未来"的发言中认为，保护文化遗产对于世界各国来说都刻不容缓，当前的文明已有危机浮现，经济发展带来的机遇与挑战永远并存，在这种境况下，亚洲的价值观需要基本原则，新的伦理智慧需要被培养，因为市场经济带来的物质信仰主义终将失败。然而亚洲范围内的伦理原则要想形成也并非易事，跨信仰的文化概念需要以人为主体，培养共同的目标。人的最高价值终将会在全球化的背景下依靠集体心理、利他主义、人与人之间的关爱之情得以体现，建立起适合全体人类共同发展的文化观。韩国国际新人类文化学会的韩康铉学者向大会做了"一体哲学与新人类文化"的报告，他首先提出了人类发展所面临的问题：环境、食品安全以及宗教，然后介绍了韩国的新宗教运动，这场运动的目的是打破旧世界的隔阂，让人类彼此之间不再缺乏沟通，过上至高至善上帝般的生活。其所需要的乃是新的公共哲学——一体哲学（Han-Moum）。这种新哲学倡导无论何种民族都是世界这棵大树的一条分枝，因此并不会存在根本上的分歧，只要多促进各国间的文化沟通，多参与拯救生命的活动，世界必将成为人类的乐园。来自菲律宾亚洲和太平洋大学的克拉松·多拉巴教授对文化基础进行了哲学反思。她指出，随着宇宙中心论向人类中心论的转换，人类已经日益意识到自己的主人翁地位，人类创造了今天世界范围内所有的文化，文化的状态与人类的行为直接相关联。文化的发展总是由年青一代的次文化所推动，所以为了确保文化的发展方向不偏移，必须重视教育的作用，而教育的根本目的在于激发人类的潜力。

当代中国主流文化的特质及其生成[*]

——"中国文化发展论坛"(2013)之所论

周海春[**]

（湖北大学高等人文研究院）

【摘　要】"中国文化发展论坛"(2013)就当代中国主流文化这一主题展开了深入的讨论，从不同的角度、不同的侧面回答了何谓主流文化、主流文化为什么是必要的、当代中国主流文化的内容和结构是什么以及如何构建主流文化等问题。论坛取得了丰硕的成果。

【关键词】　主流文化　价值　特质

由湖北大学举办，湖北大学高等人文研究院、哲学学院、马克思主义学院共同承办的首届"中国文化发展论坛"(2013)于2013年9月24~25日举行。论坛以"当代中国主流文化的内涵、特质与基本精神"为主题，对我国主流文化及其构建的相关问题展开了深入的研讨，提出了很多需要进一步思考和通过实践来回答的问题。

这次论坛主要研讨的是当代中国的主流文化，同时也涉及一般的主流文化。正如江畅教授在《主流文化存在的三种样态及我们的战略选择》

---

[*] 本文系2011年国家社科基金重大招标项目"构建我国主流价值文化研究（项目编号：11&ZD021）"的阶段性成果。

[**] 周海春，男，湖北大学高等人文研究院暨哲学学院教授，博士生导师，主要研究方向为中国传统文化和伦理学。

中所言:"主流文化与非主流文化总是就一定社会范围内而言的,在一定社会范围内的文化与其外的文化不构成主流非主流关系。"这里所说得主流文化是就当代中国这一时空范围中的文化而言的。

一 主流文化为什么是必需的、必要的

在当代中国是否有主流文化?是否还需要主流文化?是否需要进一步建设主流文化?客观地、科学地回答这些问题是进一步讨论主流文化的前提。对大多数学者而言,每个时代都有自己的主流文化,当代中国有自己的主流文化是不言自明的。不过也要看到社会上也有不同的看法出现。如徐贽在《论当代中国主流文化面临的困境及重建条件》中介绍的一样,也有一种"文化多元论"观点认为,当代中国社会是一个价值多元化的社会,各种各样的文化都有其存在的理由,应该以自然的态度对待文化的发展,而不应该过分干预和规范。还有一种"文化虚无主义"和"文化相对主义",或者否定文化的价值,或者强调文化价值的相对性,从而否定"主流文化"这一说法。"文化多元论""文化虚无主义""文化相对主义"不是什么新鲜的事物,在此没有必要去反驳。就一定时代和一定的社会而言,其实没有真正意义上的"多元文化",多元文化之间其实是互相影响、互相吸收从而形成一体的,在一体的文化中,多元中的某一元由于太过耀眼而往往被当作主流。所以就文化的整体性而言,是存在主流文化的,就某一元的耀眼而言,也是存在主流的。就像中国历史上的儒、释、道三家文化,此消彼长,统治阶级时而倡导其中的某一种思想体系,但三家却是一个整体,在中国历史上的很长时期构成了古代的主流文化。宋志明老师曾经用"拿得起、想得开、放得下"来概括儒、道、释三种文化形成的生活态度,可谓简单精准。其中的某一个都不是中国古代文化的主流,主流是三种精神的合一和相机应用。在这种情境下用这个,在另一情境下用另外一个,文化多元集中于一体,又不觉得冲突不适,这是中国古代主流文化的一个重要特征。

如果上面所论不错,当代中国之主流文化亦应以此观点观察之。当代中国之主流文化不应以单一价值系统来观察,而应以多样的价值系统来观

察。我们所习以为常的市场精神和科技精神自是西方化的，而挥之不去的亲情纽带、乡土人情往往被打上传统文化的标签，观察历史和社会的许多方法和角度自然是马克思主义的。我们所要做的，就是要让各种文化价值体系各安其位，在不同的层次发挥作用；就是要让彼此协调，而不是彼此撕裂而感到不适；就是避免人为地制造紧张，从而让本来已经"合适"的关系，变得"不适"。

在当代中国存在着主流文化这确定无疑。接下来的问题是：我们是否需要这种主流文化，是否需要发展壮大之，还是寻求改变？这种主流文化是否还需要建设？答案是肯定的。我们需要当代主流文化，需要发展壮大之，需要建设之。关于需要的理由，学者们于研讨会中多有阐发。

正如前文所提及的，多元化是理由之一。多元价值的存在是一个基本的文化事实。基于此事实可以否定主流文化，也可以肯定主流文化。多元价值的存在使得主流文化建设显得很必要。加之网络空间对于价值观多元化和多种文化的传播起着明显的推波助澜作用，更使得主流文化建设迫在眉睫。立足于多元，所以要建设主流，但其中的"所以"是什么样的"所以"呢？一种思路是：价值的多元，所以会对多元中的某种价值元起到威胁的作用，所以基于维护某种单一的价值元的需要，需要建设主流文化。这种思路不错，不过却不够全面。之所以说不全面，就是因为忽略了另外一个层面的问题：维护多元中的某个价值元的主体地位和主流地位，其实是维护多元价值之间的整体性、层次性和有机性，避免使得多元之间缺乏有机性，无主流和方向。从这个层面来看，多元化和主流之间的关系，其实是多元和谐有机的问题，是避免多元渐行渐远的问题。以此来看，多元化之前提导致主流文化建设之必要的理由在于：单一的、纯粹价值体系的追求会伤害当代中国的主流文化。今日中国之文化主流，已由多支流汇合而成，其中已经没有泾渭分明的分界线。我们需要的是继续壮大这一文化之流，而不是堵塞其中的支流，从而让主流亦渐渐枯萎干涸。我们所要做的是防止社会的价值文化变得各自为政、杂乱无章，变成无特色、无核心、无内在结构的价值文化大杂烩。

全球化也是理由之一。如果说，多元化主要是着眼于中国文化内部的话，全球化则是相对于外部的一个视角。在本次论坛上，主流文化与全球化的关系得到了很多学者的关注。全球化与主流文化的关系极为复杂，从大的方面说，有积极肯定的关系，也有对立冲突的一面。高中华、张德义《当代中国主流文化的困境及主流地位重塑》中把全球化列为当代中国主流文化的困境之一。交往的普遍化引出了在世界不同文化相互碰撞、相互交融、相互竞争中本国、本民族文化的核心竞争力和文化软实力的课题。世界正在依照价值文化进行划分。"文化霸权""文化渗透""普世价值""价值观外交""文明冲突""为价值观而战""文化边界""文化版图""文化主权"等用语越来越被广泛地使用。在这种新的形势下，民族国家的主权消解危机更突出、更明显地体现在文化领域。文化争锋和文明冲突已经越来越危及一国的国家安全。在国际文化交流中，中国必须要保持自身的文化自主权和话语权。这是建设主流文化的理由之一。

全球化与主流文化之间也有积极的关系。胡为雄在提交给论坛的《全球化与中国社会精神文化发展》一文中，论述了中国社会精神发展受到全球化影响的历史进程。其中大部分篇幅肯定了全球化对中国改革开放以来精神生活的积极影响。戴茂堂则强调"塑造我国主流文化的全球品质"。他认为，"正确的选择只能是主动融入、自觉对接，只能是从世界发展大势中来定位和把握我国主流文化的发展前景，主动与包括西方在内的世界各价值主体进行平等的对话。"

高中华、张德义《当代中国主流文化的困境及主流地位重塑》一文把新型文化列为主流文化的困境之一。主流文化建设之必要还在于传统文化载体和文化形式与现代文化形式之间的裂变。"主流"往往占据传统媒体，而新兴媒体更容易给非主流文化提供空间。主流往往更能够占据上层和核心，边缘和下层往往容易孕育非主流文化。尤其是网络技术孕育了具有信息时代特征的文化形态，催生了网络音乐、网络游戏、网络视频、网络文学等新的文化样式。这也是主流文化存在的必要性之一。

主流文化是必需的和必要的，还在于在当代情景下，文化和经济、政治、社会的关系的变化。随着信息时代的来临，文化在经济生活、政治生活、精神生活中的地位和作用日益突出，起着支撑和基础性的作用。经济文化已成为不可阻挡的新趋势，文化与经济相融合产生的竞争力已成为一个国家最根本、最持久、最难替代的竞争优势。一个强大的国家一定是文化强国，具有文化软实力。构建我国的主流价值文化，发展中国特色社会主义文化，提高文化的凝聚力、影响力，是中国特色社会主义建设的重要战略。在这种情况下，需要进一步凝练当代中国文化的精华，并提高各领域表现主流文化的自觉。

文化的软实力不仅仅是价值观层面的问题、文化层面的问题、实践层面的问题，还是各社会领域价值指向和优秀文化确立的问题。孙伟平在《论国家文化软实力与中国的发展战略》中提出文化软实力的六个构成要素，包括文化价值吸引力、文化知识创造力、文化产业竞争力、文化服务亲和力、文化传播影响力、文化体制引导力。文化软实力包括这些文化自身的问题，也包括内蕴于社会各层面的问题。

认识到主流文化建设之必要和必需，还要了解中国文化的历史。中国传统文化曾经高度和政治、经济结合为一体，以至于不需要区分民族、国家和政府、人民。人民、民族、政府和国家都打上了统一的文化标签，都在相对统一的文化逻辑中运作。但自近代以来，这种情况发生了分化，一些领域慢慢地染上了西方文化的色彩。文化、人民、民族、政府、国家之间逐步发生着裂变，"保种""保教""保国"成了不同的历史任务。新文化运动以后，慢慢出现了一种新的文化发展趋势，这就是以文化的标签重新整合人民、民族、政府、国家，以形成统一的文化。这一历史任务还在进行之中。主流文化建设包含了一种浓厚的历史责任感和民族使命感，以文化的生命力保持民族生命力的长盛不衰。李景源研究员在论坛上提及冯友兰先生创造新理学的初衷就是国可亡、文化不可亡。国运的兴衰，也系于文化。中华主流文化始终一以贯之，保持了社会的稳定。构建中华主流文化是中国社会长治久安的需要。

二 主流文化的提出和认定

此次论坛集中了关于主流文化或主流价值文化的很多定义。江畅教授认为：主流文化是在社会生活中占据主导地位的、普遍流行的或者为公众普遍接受的文化。高中华、张德义在《当代中国主流文化的困境及主流地位重塑》一文中则认为："主流文化是在一个社会、一个时代被执政主体所倡导和宣扬的、对国家和社会起着重要影响的文化。"

各种各样的主流文化定义，着眼点有着细微的差异。有的论者着眼于主流文化在文化体系中的地位，强调主流文化在文化体系中占主导地位或起支配作用；有的论者强调主流文化一定是在社会中占据主导地位、起主要的影响，强调公众接受的普遍性和流行的普遍性，强调认同的普遍性，强调整合力和引导力、主导力；有的论者强调时代性，强调主流文化一定是在一定时代有影响力的文化；也有论者强调主流文化是执政文化，是统治者推行的、代表国家意志的文化，主流文化的特征是具有意识形态性、权威性和强制性。

上述意见各有侧重，焦点在于如何认证主流文化。而认证主流文化首先需要确定主体。在上述意见中，有两个主体，一个是所谓的"官"，一个是所谓的"民"。主流价值文化当然是占主导地位的以意识形态为核心的文化，从这一意义上说，主流价值文化就是国家的文化、政府的文化、政党的文化，是官文化。但是也不能仅仅局限于从这一角度来理解。因为如果占主导地位的文化不能反映和代表民众的文化取向，那么就成了"孤家寡人"的文化、失去了民众基础的文化，很难再说是"主导"，也就不能称之为"主流"。官文化只有集中了民众文化的精华和发展方向，才能成为主流价值文化。

另外，民间也有单纯强调民众的文化才是当代中国主流价值文化的看法。这种看法更为关注信奉和践行某种文化的人数比例。这种看法虽然有一定的合理性，但也要看到，任何民众的文化都不是自发形成的，而总是受到上层文化的引导，并且需要从文化精英的思想创造中汲取营养。

另外，进入现代以来，文化发展态势发生了很大的改变。市场机制使得不同地区的联系更为紧密，民间文化日益变成政府的文化，政府的文化日益变成民间的文化。政府要从民间文化中汲取营养，进行概括、提炼和升华，民间文化要从精英文化中汲取智慧，创造自身发展的活力。我国的主流价值文化一定是官民相得益彰的文化。

从价值体系和文化现实化的角度来看，推行的文化不一定就是主流文化，正如江畅教授所言，"在人类历史上，有许多思想家提出了系统的社会价值观，但它们没有被现实化，这种价值观虽然也属于思想文化的范畴，并不是我们这里所说的文化。只有当一种价值观变成了社会现实，成为了社会的价值体系，它才变成了严格意义上的文化。"主流文化面临着双重任务，一个是理论构建的任务，一个是现实化的任务。而每个任务都包含两个层面：一个层面是认清现实，区分优劣高下；一个层面是批判现实，提出理想和应然。提出理论的应然需要进行创新，提出现实的应然需要"武器的批判"。应然应当内蕴在现实中，是现实的发展趋势，如此主流文化的建设才能有效完成。

三 主流文化的常规样态、结构如何

如何估计当代中国主流价值文化？这是一个非常严肃的问题。对当代中国主流价值文化的估计不同，提出的任务和目标就会不同。中国进入近代以来，中华文化发生了重大的变革，中国特色社会主义新文化是当代中国的主流文化，这是一个基本的估计。研讨会的学者坚持这一基本估计。

不容否认的是，社会上有把中国传统文化当成主流文化的声音。我国主流价值文化构建研究课题组围绕党中央的精神，尤其是十八大报告的精神，展开了有关我国主流价值文化及其构建方面的社会调查，并取得了阶段性成果。课题组自2012年以来在湖北、河南、湖南、广东、云南、青海、北京等省市范围内进行了以发放问卷、访谈等方式为主的实地调研。调研以湖北省为主，涉及湖北省的五市（荆门市、宜昌市、武汉市、黄石市、襄阳市）十县（利川县、罗田县、蕲春县、长阳县、秭归县、兴山县、五峰县、南漳县、保康县、谷城县）。调研对象近一万人，收回有效问卷8156份。数据显示，本次调研对象性别比例基本平衡，其中男性占49.3%，女性占50.7%。年龄以中青年为主，低于25岁占57.1%，25~45岁占26.2%，45~60岁占11.7%，大于60岁占5%。调研对象绝大部分生活在城镇，其中21.6%生活在小城镇，32.1%生活在中小城市，

26.7%生活在大城市，在农村生活的人占调研对象的19.6%。

当被问及"您认为主导中国主流价值文化的应是什么"这一问题的时候，"中国传统文化"这一选项受到了很大的关注。从年龄结构来看，25岁到45岁年龄段的人选择"西方价值观"的人数略高于其他年龄段的人数。另外，"马克思主义、中国传统文化"这一选项也受到了较多的关注（见图1）。

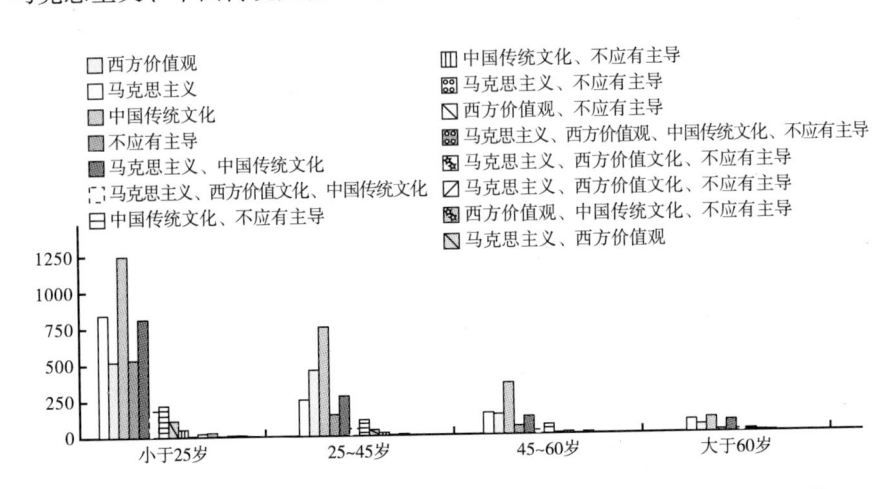

图1 不同年龄关于"您认为主导中国主流价值文化的应是什么"的回答

从性别结构来看，选择"马克思主义、中国传统文化"的男性略多于女性（见图2）。

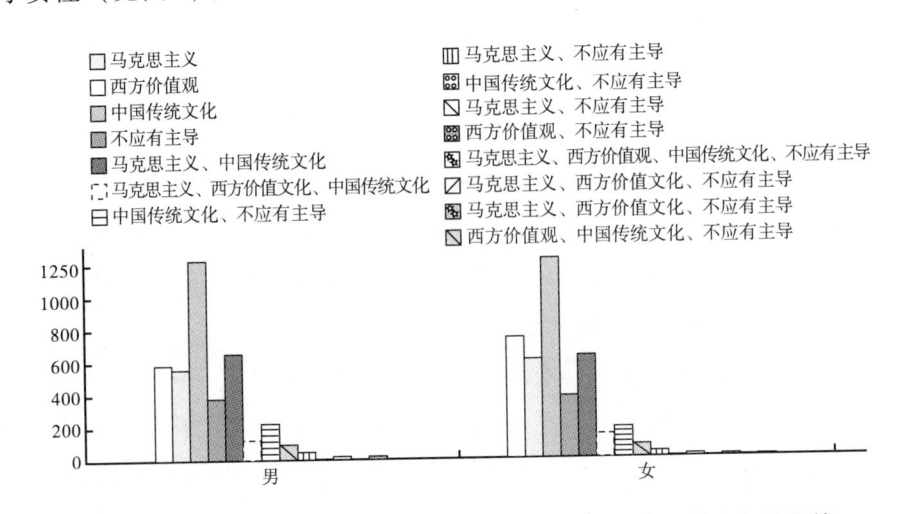

图2 不同性别关于"您认为主导中国主流价值文化的应是什么"的回答

从职业分布来看，除了中国传统文化被普遍关注以外，学生和商人对西方文化的选择略多于其他职业（见图3）。

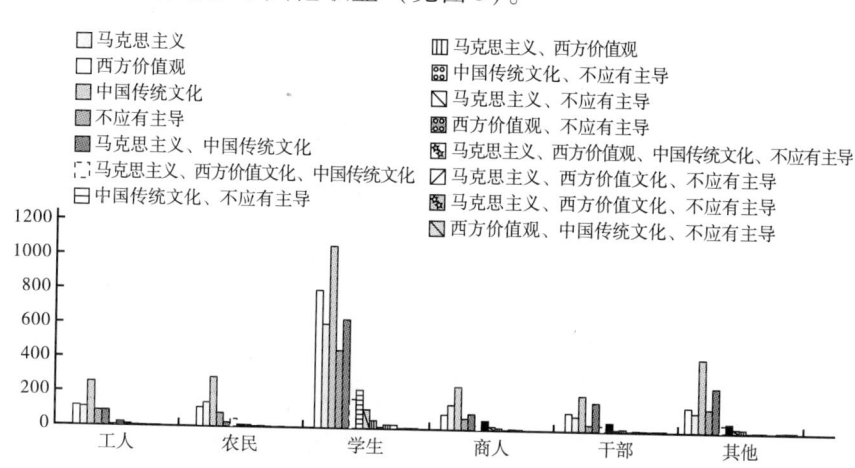

图3 不同职业关于"您认为主导中国主流价值文化的应是什么"的回答

在中小城市和小城镇选择"马克思主义、中国传统文化"这一选项的略多于其他地区。而在大城市，对"西方价值观"的关注度略高于其他地区（见图4）。

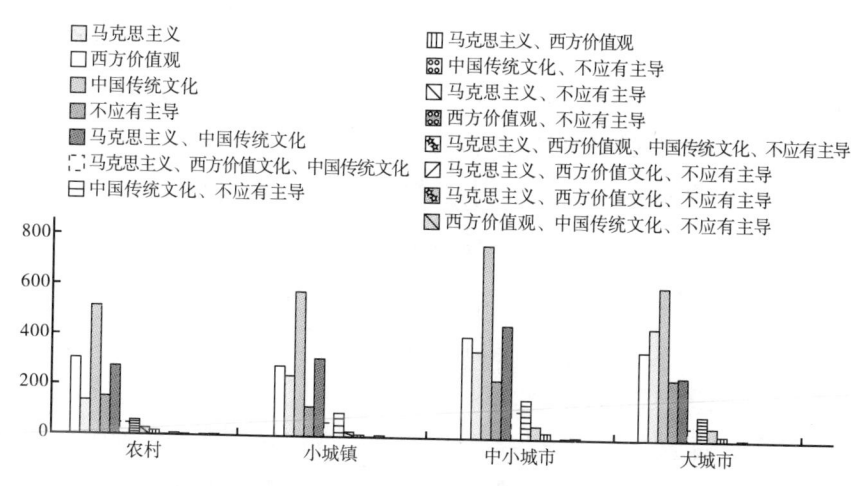

图4 不同地域关于"您认为主导中国主流价值文化的应是什么"的回答

从以上调查结果可以看出，相当一部分民众认为主流价值文化应该由中国传统文化来主导，或者是由中国传统文化和马克思主义来主导。认为不应该有主导的也占有一定的比例,但人数相对较少。可以说,对于中国广大民众来说,很多人对传统文化还抱有一定的梦想,也就是主导梦或者主流梦。钟爱中国传统文化的人,为中国传统文化在近现代遭遇的飘零命运感到痛心,但依然认定中国传统文化是中国的主流价值文化。因为在他们看来,起码中国普通老百姓身体力行的文化依然属于中国传统文化的范畴。其中的个别人还深深地渴望,中国传统文化能够在现代生活尤其是政治生活中再现辉煌。如政治儒学就积极地为当代中国构建儒家式的政治图景。

而对西方文化情有独钟的人则坚信西方文化应该成为中国的主流价值文化。这一思路认为中国传统文化依然是当今的主流价值文化,而这一文化从根本上讲是有问题的。在新批判主义看来,当下的中国主流价值文化依然是传统文化,这一文化带来了社会的种种弊端,所以需要新的启蒙。"中国启蒙的这种自我批判使启蒙者走回到了启蒙前的中国传统,回到了非理性。"[1]

上述说法有一定的合理性,但在反映当代中国大众文化的现实上都有严重的欠缺。上述定位或者忽略了中国近现代以来所发生的文化变革,或者忽略了中国当代大众文化的特殊性。要解释当代中国文化的特殊性就要正确把握历史和现实文化的关系以及当代中国大众文化和其他国家大众文化的区别。一种探索性的思路是:当代现实的中国大众文化不能再归结为儒家文化或者庸俗儒家伦理,或者亚洲价值,或者某种来自西方的工商业和大都市文化,而是一个以马克思主义为指导和主导方向的多种文化要素的混合体。这一混合体包括传统文化与现代文化、本土文化与外来文化、先进文化与落后文化、一元文化与多元文化等。这是一个多样文化要素融合成的一个过渡形态的文化状态。

自马克思主义传入中国并指导中国共产党取得社会主义革命和建设胜利以来,中国文化领域就存在着马克思主义、中国传统文化、西方文化三个主要的文化价值体系。也就是大家所说的"中、西、马"。问题是只有

---

[1] 邓晓芒:《儒家伦理新批判》,重庆大学出版社,2010,第302页。

其中的一个是主流文化，还是三种汇集成了当代中国的主流文化。俞吾金在提交论坛的论文《当代中国主流文化三论》中把当代中国文化的结构分成"中、西、马"三部分，而只把"中国化的马克思主义"或"中国特色社会主义理论"当成主流文化。

江畅教授提出了主流文化的三种样态，向从结构性的角度诠释当代或者未来中国的主流文化前进了一步。其中第一种样式是：主流价值文化一统天下，非主流价值文化完全被压制；第二种样式是：主流文化唯我独尊，非主流文化被排斥、被否定、被边缘化，二者不断对立和斗争；第三种样态是：主流文化兼收并蓄，主流文化吸收非主流文化的合理成分，非主流文化的存在有助于社会的稳定和繁荣。江畅教授虽强调未来完全可以建设"兼收并蓄"的主流文化，但他仍然使用了主流文化和非主流文化的语言表达方式来说明主流文化的三种样式。

让人惊异的是强以华教授把"中、西、马"解释为主流文化的内部结构。他在《当代中国文化的源流思考》中对"中国特色社会主义"这一用语进行了分析。"因此，从形式上看，与'社会主义'相连的'马克思主义文化'应该属于价值地位最高的文化。此外，我们还可以把'中国特色'这一关键词拆分为'中国'和'特色'两个关键词，对于'当代中国文化'来说，尽管中国应该是特色的定语，但是，该词的重心在中国上，'特色'所表达的仅仅是附着于'中国'的一种特色，'中国'这一概念显然比'特色'这一概念具有更加重要的价值地位。这一情形表明：那与'中国'相连的'中国传统文化'在价值地位上应该高于与'特色'相连的'市场经济文化'。"市场经济文化显然属于西方文化的范畴。依此解释，中国特色社会主义其实是马克思主义、中国传统文化和西方文化的结合体。如果此判断不错，当代中国主流文化的构建需要依此结构和实质前进，这规定了中国文化未来发展的基本路径。

四 主流价值化为主流文化之途径

价值观要现实化才能成为现实的文化，推行的文化要为大众所接受才能化为文化，新提出的理想信念和理论建构需要经过历史和大众的检验才能汇入文化的海洋。主流价值需要化为主流文化。这个"化"字聚焦了很多理论的和现实的难题。

此次论坛注意到，主流文化建设需要增加文化的现实关怀，需要与时俱进，需要丰富表达方式。论坛也注意到，把马克思主义和传统文化结合起来，有助于主流文化走进大众。湖北省委宣传部副部长喻立平以生动的实例说明了马克思主义和传统文化的结合可以很好地处理民间文化与精英文化、理论与实践的关系，有助于把意识形态变成民众的信仰。论坛注意到，主流价值的文化化需要落实在保护人权上面。论坛也注意到，科学技术虽然在中国获得了迅猛的发展，但科技文化还没有完全成为主流文化，需要进一步努力让科技文化成为主流文化。也有学者提出需要进行生态价值观教育。学者们比较关注主流价值观的教育。刘丹在《情感德育视域中的社会主义核心价值体系教育》一文中，强调以情感教育为切入点，实施社会主义核心价值体系教育，从而将社会主义核心价值体系的要求转化为每个公民的内在精神信仰和现实行为要求。姚才刚、李平平在《论思想政治教育对于构建我国主流价值文化的作用》中则强调思想政治教育的接收理论对构建主流价值文化的意义。中国社会科学院李景源研究员认为，文化兴衰和民族兴衰是一体的，而人文学科的繁荣和发展作为文化繁荣和发展的基础必须结合特有的国情。具体而言，在中国，就要坚持人文学科与马克思主义的结合，推动马克思主义中国化，才能让人文学科的发展成就中国的未来。

主流价值化为主流文化有很多途径，也有很多工作要做。相关的理论探索虽然还很初级，但是其意义是深远的。

稿 约

2013年9月24日，湖北大学高等人文研究院举行了揭牌仪式，在湖北大学办学历史上，这是一件大事，也是一件新事，在略显沉闷的文科院系激起了一丝涟漪。这丝涟漪不是来源于外部的动力，而是来源于深层的激荡。正如院长江畅教授所言，湖北大学高等人文研究院不是一个实体科研机构，而更多的是一个文化学术平台。正如校党委书记刘建凡同志所表示的那样，学校将借助高等人文研究院的成立，在科学研究的体制、机制上进行大胆的改革与创新，努力使湖北大学高等人文研究院成为原创性理论成果的生产基地、服务地方经济社会发展的重要智库、当代中国主流文化研究的重要力量、中国与世界文化交流的重要桥梁。

湖北大学高等人文研究院学术研究架构将围绕湖北文化发展、中国文化发展、世界文化发展三个领域开展科学研究，相应地举办"湖北文化发展论坛""中国文化发展论坛""世界文化发展论坛"，还将在适当的时候成立相应的三个研究中心。湖北大学高等人文研究院成立伊始即举办了两个论坛。湖北大学高等人文研究院、哲学学院、马克思主义学院共同承办的首届"世界文化发展论坛"（2013）和"中国文化发展论坛"（2013）于2013年9月23～25日在湖北大学举行。在9月24～25日举行的"中国文化发展论坛"（2013）上，来自中国社会科学院、清华大学、北京大学、北京师范大学、复旦大学、武汉大学、湖北大学等院校和科研单位的60余位专家学者以"当代中国主流文化的内涵、特质与基本精神"为主题进行了充分的交流切磋。论坛结合多元化、全球化和当代中国的思想格局回答了主流文化为什么是必需的、必要的等问题，并对主流文化的提出和认定问题进行了深入的研讨，对主流文化的常规样态与结构进行了剖析，提出了主流价值化为主流文化的途径的政策建议，取得了丰富的成果。《中国文化发展论坛（2013）》选取了本次论坛收到的部分论文，以飨读者。

"中国文化发展论坛"还将继续举办，《中国文化发展论坛》集刊还将继续出版。《中国文化发展论坛》将会依据时代需求，集中一定的主题刊发研究中国文化的文章。《中国文化发展论坛》欢迎开展文化争鸣，欢迎开展文化寻根，欢迎基于田野调查的文化研究，欢迎探讨国家文化发展战略的文章。《中国文化发展论坛》将根据来稿情况，组织相应的专栏，欢迎关心中国文化事业的各界人士和广大学者赐稿，也欢迎广大读者来信来稿，本刊将择优刊用。本集刊接受电子版投稿，投稿请寄：haichun70@126.com。

图书在版编目(CIP)数据

中国文化发展论坛.2013/周海春主编.—北京：社会科学文献出版社，2014.3
ISBN 978－7－5097－5694－2

Ⅰ.①中… Ⅱ.①周… Ⅲ.①中华文化－文化发展－研究－2013 Ⅳ.①G122

中国版本图书馆 CIP 数据核字（2014）第 035344 号

中国文化发展论坛（2013）

主　　编 / 周海春
副 主 编 / 徐　瑾

出 版 人 / 谢寿光
出 版 者 / 社会科学文献出版社
地　　址 / 北京市西城区北三环中路甲 29 号院 3 号楼华龙大厦
邮政编码 / 100029

责任部门 / 社会政法分社（010）59367156　　责任编辑 / 张建中　周　琼
电子信箱 / shekebu@ ssap. cn　　　　　　　　责任校对 / 李佳佳
项目统筹 / 王　绯　周　琼　　　　　　　　　责任印制 / 岳　阳
经　　销 / 社会科学文献出版社市场营销中心（010）59367081　59367089
读者服务 / 读者服务中心（010）59367028

印　　装 / 北京鹏润伟业印刷有限公司
开　　本 / 787mm×1092mm　1/16　　　印　　张 / 22
版　　次 / 2014 年 3 月第 1 版　　　　　字　　数 / 330 千字
印　　次 / 2014 年 3 月第 1 次印刷
书　　号 / ISBN 978－7－5097－5694－2
定　　价 / 85.00 元

本书如有破损、缺页、装订错误，请与本社读者服务中心联系更换
版权所有　翻印必究